狼道

道

物競天擇
適者生存

闽钱海题

第二版

罗 宇◎编著

狼道

——强者的成人礼

一部个人、团队、企业的奋斗全书

经济管理出版社

ECONOMY & MANAGEMENT PUBLISHING HOUSE

图书在版编目（CIP）数据

狼道——强者的成人礼（第二版）/罗宇编著.—北京：经济管理出版社，2010.7（2025.5重印）

ISBN 978-7-5096-0944-6

Ⅰ.①狼… Ⅱ.①罗… Ⅲ.①企业管理—组织管理学 Ⅳ.①F272.9

中国版本图书馆 CIP 数据核字（2010）第 057973 号

出版发行：**经济管理出版社**

北京市海淀区北蜂窝 8 号中雅大厦 11 层

电话：(010)51915602   邮编：100038

印刷：唐山昊达印刷有限公司   经销：新华书店

组稿编辑：勇 生   责任编辑：勇 生 王 聪
技术编辑：杨国强   责任校对：超 凡 曹 平

720mm×1000mm/16   15 印张   238 千字
2010 年 7 月第 2 版   2025 年 5 月第 26 次印刷

定价：29.80 元

书号：ISBN 978-7-5096-0944-6

前　言

2004 年，笔者《狼道——生活中的狼性法则》第一版出版以来，承蒙许多读者朋友的关注和厚爱，当年该书数十次登上各大图书排行榜，迄今累计销售已过 60 万册。时光荏苒，转眼 6 年时间过去了，其间得到很多朋友的建议和意见，笔者希望借此书第二版进行一些总结和升华。

中国掀起了"狼道文化"的学习热潮已有数年之久。随着对狼的深入研究，人们从狼性中发现的闪光点越来越多，可以说学习狼道的本质在任何时候都不过时。

"狼道文化"这种返祖寻根式的文化现象如燎原之势席卷大地，也从另一个侧面反映出，国家的崛起、企业的扩张、个人的成长亟须生存拼搏的精神。

我们所要崇尚的"狼道文化"并不是狼这一动物性中的野性、暴虐，而是将狼性精神特质运用到生活、事业之中，它是一种先进的文化样态。

在动物进化过程中，一切动物都有它的共性——原始社会性。即使当今已经理性化的人类，在特定环境也会产生原始的野性，这是诸多科学家的共识。人类在特定环境爆发出的野性，在本质上和狼性中的"野"没有什么区别，这也是一种巨大的"潜能"。

人与狼具有共性，如团队精神、纪律性、协同作战等，但是，令人遗憾的是，部分优秀的品质在渐渐泯灭。越来越多的人以自我为中心，将个人利益置于集体利益之上；越来越多的人自由散漫，无视国家法律、企业制度；越来越多的人失去生活的目标与梦想、激情与动力，整日浑浑噩噩、庸庸碌碌……而"狼道文化"则促使人们对工作和事业孜孜不倦地追求；在追求事业成功的过程中，对一切困难毫不留情地攻克；在事业确定目标后，锲而不舍，不达目的绝不罢休；加强组织纪律性，为事业的成功奠定基础；互助合作，配合协调，团结一致，去夺取事业的胜利……

从这个层面上说，向狼学习，是为了唤起我们潜在的能力、拼搏的精神

以及对生活的激情。同时，在越发激烈的市场竞争中，企业逐渐将"狼道文化"作为卓越企业文化的精髓。海尔、华为、七匹狼、大众、通用电气、联邦快递、加拿大空军、德国 KSK 特种部队、英国北爱联合部队等机构无一不以狼作为个人、团队精神和心灵世界中的"图腾"。

随着全球经济一体化趋势愈演愈烈，全国各地企业都上演着"生死时速"。在这一风起云涌的大潮中，被动就要落后，落后就要挨打。从长远、战略的高度来考虑，企业引入"狼性"是企业在"大鱼吃小鱼，快鱼吃慢鱼"的市场经济中获得竞争力的出路之一。

通过分析个人的成长、企业的强盛，我们发现，在某种程度上，狼道文化是一种发展的必然。

在对狼性精神再次进行深入地挖掘后，本书第二版将"狼道文化"系统地分为四大部分，即回归狼性、狼性心态、狼性精神、狼性本质。

回归狼性部分深入狼道内涵，挖掘出狼族震撼天下的威力，让狼族精神聚焦形成的信仰，为我们搭建精神阶梯，分享终极哲学，挥舞战斗图腾。

狼性心态部分从生存的角度阐述了个人发展最需要的精神力量，由浅入深地剖析了在职场竞争的人生中，人人都应具备这种积极的心态。

狼性精神部分对团队精神进行了总结式的诠释，展现了狼性团队的合作、沟通、纪律、忠诚等精神。希望读者通过阅读本书，真正地领略到团队合作的强大力量，进而积极地融入团队，借助团队力量使自己更快地登上成功之阶。

狼性本质部分主要从文化、竞争等方面进行阐述，主要展现了狼道文化对发展的巨大影响力，希望能唤醒斗志和竞争意识，加速中国企业的国际化进程。

本书的出版要特别感谢经济管理出版社编辑部的勇生主任，是他的关心和坚持让本书顺利出版。还要感谢著名书法家、世界教科文卫组织专家成员、炎黄书画家协会主席闫锐敏老师为本书挥毫题字。本书的出版要特别感谢赵慧、李蕾、李勇军、杜鹏、张华晓、刘清学、高素贞、李静等人所提供的宝贵意见和帮助。

狼族数百万年的传奇，也不是寥寥十余万字所能记述的。由于出书时间仓促和笔者学识有限，书中难免有疏漏之处，还请读者不吝赐教、指正。

罗 宇

2010 年 3 月 28 日

目　录

在波澜不惊的战场上，在遭受挫折的绝境下，我们用拼搏扭转逆境；用韧性等待时机；用胆量把握优势；用无畏、自信泅渡成败得失。在冰冷淡漠的气氛中始终保持热忱勇敢的秉性，用毫无畏惧的胆识攻无不克，战无不胜，坚无不摧！

我是一匹狼，我要用利齿撕咬寒风，用强爪踏破坚冰，放眼天下，唯有我们，在目标恒定中专心致志，在清凉的夜下执著于一个目标。我是威慑大草原的王者，我是大自然不倒的战神！

谁是真正的丛林霸主？老虎？狮子？大象？
纵横大地，舍我其谁。我的种族才是真正的江湖霸主！
我们用生命和智慧驰骋荒野，撕裂长夜的嚎叫便是我征服一切的宣言。

> 我是一只狼，我要吃肉，并竭尽全力去吃。我不要像羊一样安于现状，满足于吃草。我要让牙齿更加锋利，体魄更加强健，技能更加高超，用我更强大的实力去与险恶抗争。

> 黑色的夜，我用闪着幽幽绿光的双眼，疯狂地搜寻猎物，我观察并记住猎物身上细微的个性特征和习惯，把握战机，果断出击，不给猎物一丝一毫的生存余地。我脚踏厚土，仰首向天，我有不屈的颈项和头颅，我活得最真实精彩！

第三部分　狂野的狼性精神——傲然生长的五大逻辑

> 我们身上潜伏着、承载着一种巨大的吸引力，这种看不见、摸不着、虚无却又坚固的东西就是我们伟大的合作精神。我们用狂野、敏捷、傲气、嗜血、忍耐和顽强创造着一群群不死的团队。我们仿佛在向世界宣告我们是一个整体，无论是在草原、丛林，还是雪地、戈壁，我们都是不倒的神。

第九章　傲然生长逻辑之二：钢铁纪律才能产生超常规增长 ………… 111

　　我们从不曾失败，就是因为我们通过严密的组织和纪律将充满争斗的群雄组织起来，在自己卓越成功的巅峰，再通过进退划一的拼搏征战，创造具有征服意义的最大成功，从而获得超强的无可撼动的至高霸主地位。

第十章　傲然生长逻辑之三：忠诚必然奏响强者归来的凯歌 ………… 123

　　我以我的忠诚而自豪，"狼心狗肺"、"狼子野心"对我的形容名不副实。草原上，再没有哪一种哺乳动物能比我对自己的家庭、团体倾注更多的热情。

　　忠诚意味着我与我的伙伴们有共同的理想，而且求同存异，肩并肩为之奋斗，对对方的信念、信任、坚贞和友爱充满信心。

第十一章　傲然生长逻辑之四：责任是创造卓越的原动力 ………… 134

　　我的独行造就了我的孤漠，我冷漠的心善于去感受，更愿意去承担。

　　我要为群体的幸福承担一份责任，我要让我的种群活下去，崇高地活下去，不惜用任何手段、任何牺牲，为我的种族而死，那是最美的命运！

在晨曦初照的黎明、夕阳西下的黄昏，或是万籁俱寂的黑夜，我任风吹雨打，默默向前疾驰。

在孤独、荒凉、寂寞中，我学会了忍耐。在无边无际的荒原，我盘踞于一角，养精蓄锐，屏息以待，终有一刻，激情与体能全面爆发，支持我那勇猛一击。

我们生活在绝对竞争的环境中，生存和竞争都是赤裸裸的。要立身于恶劣环境中，我们必须遵循丛林法则，野性地争霸生存领地，构筑坚不可摧的势力范围，对一切不利于自己的敌人予以打击，甚至痛下杀手，毫不留情。在我们的世界中，这就是最本质的"血酬定律"。

第十四章　永恒卓越文化之二：居安思危，意识文化 ………………… 182

　　我，一生都在往高处攀登。在我的内心深处，在精神的巅峰，是一种团队精神，一种创新精神和顽强的拼搏精神；是一种在劣势环境中求生存和求发展的手段；是一种生命野性、自由天性及征服世界的霸王之气。我要永葆斗志与激情。终有一天，我会站在群山之巅，面对天高地阔，仰天长啸。

第十五章　永恒卓越文化之三：严己律人，执行文化 / 192

　　我们从不等待自然给予恩赐，我们要主动向自然索取，我知道，与其咒骂黑夜，不如点亮一盏明灯。

　　我不听从命运的摆布，但我服从狼王的安排，即使拼死一搏，也不能惧怕，因为这是我的使命，是我的种族永立不败之地的秘密！

第十六章　永恒卓越文化之四：速度至上，效率文化 ………………… 204

　　黑夜紧裹着白地，我如彗星般飞驰在雪野。我饥饿、干渴，为了生存，我必须横冲直撞地扫荡一切已经被自然淘汰的动物。

　　我每天都要去捕食、去奔跑、去厮杀。在生存和死亡之间，一丝一毫的犹豫都可能叫我丧命！

害我者，势不两立，绝不容情，在我们的世界，没有情债，因为我们是狼！

没有谁愿意用自己的死亡去换取别人的生存，我要踏着失败者的尸体走上王者之位！

我竖起灵敏的耳朵，倾听自然界的每一种声音；我睁开泛着绿光的眼睛，探索自然界的每一个秘密。当星空下的我们把头多探几次，森林的幸运女神就开始属于我们了！

目　录

第一部分

回归狼性——生为拼搏，活在当下

我是一匹狼，

用鲜血捍卫着生存的尊严，

看不到乞求与哀怜，

即使肉体与灵魂将要分离，

同样从容，

生不为之乐，

死亦不为之惧，

我，

就是生命中的强者！

——狼

第一章　呼唤狼性：成功者的信仰与追求

我们享受着战斗的畅快淋漓，体验着伴随胜利而来的愉悦和满足。我们孤傲、独立、团结、聪明、不屈、韧性、自由……不竭进取的精神，锐意革新的智慧，让我们高高雄踞生物链的顶端。我们是大自然真正的智者和勇士！

狼道是一种信仰

狼道是一种信仰。

狼道是坚韧者的信仰。自然中，大多数狼生活的环境恶劣，坚韧的品质是狼在森林、荒漠生存数万年的要诀。当您明白狼道的坚韧，您就能轻松地面对生活，这时您与脆弱绝缘，与失败再见。坚韧者的世界里没有失败，只有暂时没有成功。坚韧如冬日绽放的傲梅，大雪压枝依然坚挺的青松，春风吹又生的野草。成功的路没有一帆风顺，挫折总是难免，将狼当做一种信仰便会加入坚韧者的行列，不会再为错过的流星而哭泣。

狼道是一种信仰。

狼道是专注者的信仰。狼目标恒一，确定捕猎对象后，从不东张西望，而是附魔般地盯着猎物，直到捕获成功。三心二意、心猿意马只会浪费您的精力，让您对所有事物都是浅尝辄止，一知半解，没有建树。"欲多则心散，心散则志衰，志衰则思不达"，没有专注，曹雪芹可能会创作出多部小说，

但绝不会出现旷世巨著《红楼梦》；没有专注，爱迪生就不会发明灯泡，人类的夜晚可能还要在黑暗中度过……世界知名企业都很"专一"，英特尔只生产处理器，可口可乐只生产饮料，IBM 只做电脑硬件，这些企业因专注于自己的领域而历久不衰。

狼道是一种信仰。

狼道是奋斗者的信仰。只有战斗而生的狼，没有惧怕怯懦的狼，它们的生活就是战斗，即使死也要死在战场上。人生也是一场无休无止的战斗，为了理想，既要抗拒生活的压力，又要克服事业的困难。一踏上人生征程，苦难、挫折、不幸就会纷至沓来，生活重压下的烦闷、挣扎也会时隐时现，只有具备无畏的精神，才能更坚定、更自信地开创未来。

歌德说："您若失去了财富，您只失去了一点；您若失去了荣誉，您就失去了许多；您若失去了勇气，就把一切都失去了。"成功有时很简单，只在于您是否有勇气敲开那扇奋斗的门。

狼道是一种信仰。

狼道是变革者的信仰。狼是一种具有哲学思想的动物，它们深知环境在不断变化，对手在不断地变化，战况在不断地变化。面对变化，狼会沉着地随势而动，积极地适应环境，及时地调整策略。顺势而变是狼成功的秘诀，是成功者坚定的信仰。

世事变幻无常，成功的道路上要学会变通与变革，思想僵化、保守只会让自己走进死胡同，只有开阔思路，灵活机智地对待已经发生的变化，才能更有创造性地取得成功。

狼道是一种信仰。

狼性是团队的信仰。马克思曾说："我们知道个人是微弱的，但是我们也知道集体就是力量。"自然界您可以看到单独的老虎、狮子，却很少看见单独行动的狼，狼明白自身的力量是有限的，只有善于合作才能捕到猎物。动物如此，人亦如此，一个人要想取得成功，就要懂得与团队合作。一个善于合作的人不一定能成功，而一个不合作的人则一定不会成功。世界首富比尔·盖茨说："我之所以能成功，是因为我能与团队合作。"

我们所处的是一个分工精细、竞争与合作并存的时代，学会团结，善于团结是成功的必要条件。微软公司在开发 Windows 2000 时，共有大约 3000

名开发工程师和测试人员参与，写出了 5000 万行代码。这就需要参与人员具有高度的合作精神，否则如此浩大的工程单靠一个人的力量根本不可能完成。

狼道是一种信仰。

信仰的力量是无穷的，有了狼道的信仰，我们就犹如雄鹰在高空翱翔，把坚定和执著写在展翅的潇洒中；有了狼道的信仰，我们就犹如鱼儿在水中遨游，把追求与渴望写在摆动向上的豪迈中。

比尔·盖茨坚守电脑信息技术能改变人类的信仰，在商界获得了空前的成功；甘地坚守非暴力的信仰，他几十年如一日地用此方法，最后将印度从英国殖民者手中解放出来；科学家们坚守科学服务人类的信仰，因而在无数领域利用发明和创造推动了现代技术和文明，他们都在自己的科学领域里获得了成功。

人生几何，中流击舸，生命中拥有狼道的信仰，生活就会悄然改变。

狼道是个人成功的精神阶梯

在人类兴盛以前，狼曾是世界上分布最广的野生动物。远古的人类对狼充满了崇敬与膜拜。他们把狼的形象刻在岩洞的石壁上，作为自己的图腾，他们尊重狼的勇敢、智慧和坚韧，他们认为狼是最高智慧的神，可以与一切力量抗衡。我国古代的一些游牧民族，他们把狼视为草原的守护神，在他们心中，狼是一个复合的意象，草原精神就是一种狼精神，谁想在草原上生活，谁就必须以狼为师。

浩瀚远古，奔涌着一股狼性精神，这种精神渐渐失落于农耕文明之中。时至今日，激烈的全球竞争，不进则退、不战则亡的残酷现实，让狼性精神悄然崛起。一种高度浪漫的存在，一种个体力争上游的精神，一种团队的不断实现自我的精神在指引着我们迈出全新的步伐。

"物竞天择，适者生存"，人生本身就是一场战斗，倘若不想成为竞争的失败者，就要变成一位强者，强者才能赢得别人的尊重，才能更有尊严地活

着，才能走向人生的成功之巅。

面对生存的选择，狼族从不缺乏野心和胆量。为了活的权利，狼从不畏惧任何猎物，它们永不满足，总是在突破自我中将威力发挥到极致。虽然有时也会惨败，但不冒险就不会有丰厚的收获，这次输了下次必赢，狼族深知这一点。这是狼精神，也是强者的精神。

所谓强者精神，并不是恃才傲物、凶狠、残忍，它的核心本质是一种血性的尊严、强者的心态，是一种不达目的誓不罢休的坚韧，更是一种时刻存在的竞争和危机意识。

狼精神，是一种智者精神，是一种强者精神，是一种成功精神。今天的优秀者、成功者，无不是狼的化身，无不具备桀骜不驯的狼性。当代优秀企业家任正非、张瑞敏、董明珠，他们或凶狠、或凌厉、或坚韧、或顽强，但他们的身上都有强悍狂野的狼性精神。他们不达目的绝不罢休的精神是狼性精神的最好诠释，是强者恒强的精辟解释。

追溯远古，我们的祖先对狼充满敬意。作为人类历史上最古老、最奇特的文化现象之一，图腾崇拜是早期的一种神和权威的象征。由于当时物质生活条件、文化环境以及认识根源的差异，使得不同的民族存在着不同的图腾信仰。在游牧部落，狼图腾受到了人们的顶礼膜拜，深深地扎根于族人的灵魂之中。

古代草原骑兵不是靠蛮力横扫先进国家的。从成吉思汗，以及犬戎、匈奴、鲜卑、突厥、蒙古一直到女真族，他们凭借骨子中的狼性以及从狼那里学来的军事才华和智慧，牢牢地守住了草原，抗住了汉军后面的铁与火、锄和犁对草原的进攻。

在狼性强者哲学的极限体验下，我们每一个人都应该将狼精神灌注全身每一个细胞。因为拥有狼性之力、野性之强的"狼精神"，更能适应当今社会的发展。

现在社会竞争激烈的程度可以用白热化来形容，置身其中，我们必然要面对优胜劣汰的竞争规则。有竞争，就有胜负强弱。如果不想成为任人宰割的羊，现在就要奋起向狼学习，以狼为师，成为强者。

不要再四处哭诉命运的不公，不要再为平庸找借口，开始向狼学习吧，让狼道作为精神的阶梯，让每个人成为强者，走向成功。

狼道是企业壮大的终极哲学

"狼来了！"中国企业界常常这样形容外资企业的进驻，当企业的保护层消失，需要与外资企业"短兵相接"，中国企业要一改往日的"温柔作风"，依靠狼的血性精神与外资企业争夺市场。

"欲独霸世界，先逐鹿中国"，一句话凸显了外资企业对中国市场的野心。外资企业不是慈善机构，进入中国后，一定会竭尽所能地抢占中国市场，而不会发善心地给中国企业留有余地。面对来势汹汹的外企，我们要与狼共舞，更要打造狼团。只有一个强悍的狼性团队，才能让敌人闻风丧胆，逃之夭夭。

综观现今的国际舞台，战场上的硝烟渐渐散去，而商场上的火药味却越来越浓。单干的时代已经过去，一个企业仅靠个人的能力显然难以生存，唯有依靠团队的智慧和力量，才能使其获得长远的竞争优势和发展潜力。狼性团队已经成为一个企业立足当今信息时代的核心竞争力。

在所有动物之中，狼是将团队精神发挥到极致的动物。它们的团队精神是一种可怕的力量，而这种精神正是我们团体所迫切需要的。

狼道精神是为了团队的利益和目标而相互协作、尽心尽力的意愿和作风，是将个体利益与整体利益相统一，从而实现组织高效率运作的理想工作状态。

狼道精神是所有团队成员为了一个共同的目标，自觉地担负起自己的责任，并甘愿为了团队而牺牲自己的某些利益。分工合作，相互照应，以快速敏捷的运作有效地发挥角色所具有的最大潜能。

狼道精神是一种服从领导、通力协作的生存智慧，是一种顽强执著、永不言败的进攻精神，是一种永不自满、不断进取的精神，是一种所向披靡、战无不胜的进攻艺术，是一种钟爱伙伴、同进同退的团队精神。

"饿虎难敌群狼"，"群狼能败狮"，狼道精神是高绩效团队的灵魂，是一个团队发展壮大，在竞争中永远保持领先的精神内核。一个没有狼道精神的

7

团队，只会是一盘散沙。

海尔集团董事局主席张瑞敏曾这样说，狼的许多难以置信的做法值得借鉴。其中最值得称道的是战斗中的团队精神，协同作战，甚至不惜为了胜利粉身碎骨、以身殉职。商战中这种对手是最令人恐惧，也是最具杀伤力的。

"狼性文化"的精髓是成功团队中不可缺少的特质，是一个团队在市场中超越竞争对手的重要利器。一个企业，只有当它像狼群那样融为一个整体，才能有前进的力量，才能"乘风破浪会有时，直挂云帆济沧海"。

在国内企业中，将狼道精神有效注入团队的杰出代表是华为公司。华为人，犹如一群眼睛泛着绿光的狼群，他们疯狂掠夺人才，形成了一支巨大而高素质的战斗团队。他们"胜则举杯相庆，败则拼死相救"，团结起来，战无不胜，攻无不克。自1988年创立以来，华为凭借着强大的狼性团队，将各国列强苦心圈好的领地搅得七零八落，并采用蚕食策略，从一个区域市场、一个产品入手，逐渐将它们逐出中国市场，而自己以爆炸的速度成长为中国通信行业的领头羊。

狼道精神是一个团队在商业战场上永立不败之地的法宝，是企业走向辉煌的最有力保障。一个没有狼性的团队，在残酷的竞争中只会被撞得头破血流，败下阵来。大事业的成功，一定要有狼道精神来作支撑。

狼道是中华崛起的战斗图腾

2006年，12集大型电视纪录片《大国崛起》，气势磅礴，振聋发聩，在海内外引起强烈反响。该片以15世纪后陆续崛起的葡萄牙、西班牙、荷兰、英国、法国、德国、日本、俄罗斯、美国九个国家作为解读对象，以全球的视野和思辨的眼光，总结了强国兴盛背后的原因及其经验教训。

综观西方大国早期的崛起之路，我们看到了强者的身影，看到了狂野的狼性，看到了与竞争规律相吻合的生存法则。历史的演变向我们证明：只有具备狼性的国家，才更强盛、更霸气，才能不被欺负、奴役和屠宰！

500年间，世界舞台上演了一幕幕大国崛起和衰落的悲喜剧。而在这原

始积累的残酷无情与争夺生存空间的战争中，具备狼性的国家始终立于世界之巅。翻开现代世界史，从在英国压迫下崛起的美国，到在美国打压下成长起来的日本，哪一个不具备在逆境中奋起的狼性精神？

作为一个后起的资本主义国家，美国在大约一个世纪的时间里，赶上并超过当时世界上最先进的资本主义国家——英国，并成为世界头号经济强国。美国将头狼的霸气、欲望、坚韧演绎得惟妙惟肖、淋漓尽致。

与美国崛起有着异曲同工之妙的是素有狼性民族之称的日本。日本是个崇拜强者的民族，从古至今莫不如此。1853 年美国的东印度舰队用大炮轰开了它锁国的大门。美国的炮舰让日本醒悟过来，之后，它进行了明治维新，开始全面向欧美学习，后来成为强国。成为强国后，日本开始谋求霸权，并向昔日赢了自己的美国挑战。第二次世界大战失败后，日本又一次表现出忘记屈辱、以对手为师的理性务实的精神，再一次将对手先进的精神和文明化为自己的强悍，迅速从废墟中崛起。日本表现出的狼性坚韧、逆境生存的精神，无不令人瞠目。

一个民族的性格决定了它的命运，一个没有狼性的民族注定会被人欺辱和掠夺。华夏几千年的历史已经走过，几百年的风风雨雨也许早已涤荡了那康乾盛世的辉煌，然而，渗透史书的丧权辱国、割地赔款的历史并没有被覆盖。中国近代屈辱的百年历史用血的教训告诉我们，中华民族不注入狼性，只会任人侮辱，任人宰割，任人践踏。

几千年来，中华民族以农耕为主，从拥有文明的那一天起，就选择了比较温顺平和的生存方式，以安居乐业为生存目标。虽然羊性的农耕有利于生产力的发展，但那种骨子里强悍的狼性却是任何一个时代都不能缺少的。

而竞争永远是血性的法则。如果我们没有变得足够强大，没有积极求存的精神，没有摈弃落后的魄力，我们只能任由别人"吸"我们的血，"啃"我们的肉。

在 2009 年 8 月出版的美国《时代周刊》亚洲版的封面上，一只熊猫正在给瘪了气的地球打气，在这幅生动的漫画上面，几个黑色的英文单词尤为醒目——"中国能否拯救世界？"无论答案如何，中国作为迅速崛起的经济大国，正在世界经济的舞台上扮演着越来越重要的角色，这一点毋庸置疑。

在国际金融危机的肆虐下，世界经济陷入了全面衰退。但是，中国却完

第一部分 回归狼性——生为拼搏，活在当下

成了历史上的又一次跨越——经济总量突破 30 万亿元，位列世界第三。同时，中国对世界经济的贡献率也大幅提升。从 1978 年的 2.3%一跃达到 2009 年的 20%以上，位居第二，仅次于美国，更是遥遥领先于主要发展中国家。

然而，站在崛起成为世界强国的风口浪尖上，中国的下一步该如何走？如何抓住这一历史性机遇？

这需要一种精神——狼道！作为一个经济、科技等各方面日渐发达的东方国家，我们危机四伏，我们亟须的是增强狼性，增强狼的雄心、霸气、进攻、计谋和凝聚力。当中华民族"注入"狼道强悍的进取精神后，未来的中国巨龙才能真正腾飞，飞向全球。

狼性宣言

我知道：

只有像狼一样坚忍，我才能始终心存希望；

只有像狼一样专注，我才能永远斗志昂扬；

只有像狼一样勇敢，我才能不受制于迷茫；

只有像狼一样灵活应变，我才能更加自由地翱翔；

只有像狼一样团结，我才能具有无穷的力量；

只有拥有狼性信仰，我才能不惧任何惊涛骇浪。

如果弱肉强食是生存的法则，我就要成为生活中勇猛的强者。

如果软弱的后果是任人宰割，我就要成为战斗不止的强者。

如果人生非要战斗不可，我就要有尊严地活着。

如果强者的命运注定坎坷，我就要勇往直前，永不后撤。

如果生命是条激情澎湃的长河，我就要卷起骇浪，击碎脆弱的沉疴。

第一部分　回归狼性——生为拼搏，活在当下

11

第二部分

血性的狼性心态——强势生存的六大铁律

我是一匹狼，

享受着战斗的畅快淋漓，

体验着胜利的愉悦和满足，

我不去等待命运的降临，

而要竭尽全力成为群峰之巅，

我，

就是自然界最伟大的奇迹！

——狼

第二章 强势生存铁律之一：坚韧顽强，生存第一

我们可以死，但是永远不会变节。我们的身体里流淌着高贵正统的血液，我们要刺穿风雪和清冷的夜，在千里冰封的天地间长嚎，酣畅淋漓地去奏响生命的乐章，因为，气吞万里唯我独尊！

活在当下就要顽强地生存

"优胜劣汰，适者生存。"在无法改变的自然铁律面前，只有不断强大自我，以坚韧武装自己，才是成功的唯一途径。

狼深深地知道这一点。于是，在恶劣的生存环境中，在众多物种无法适应环境而从地球上纷纷消失，越来越多的动物濒临灭绝时，狼依然顽强地活着。

狼在捕杀猎物时，常常会遭到猎物的拼死抵抗。尤其是捕杀一些在体重、力量、速度等方面比自身强大几倍的猎物时，很可能会伤及狼的生命。

狼的食谱中常见的几种蹄类动物的特征：

麝牛：高约 1.7m，长约 2~2.5m，体重可达 400kg，是北极最大的食草动物。狼对它发起进攻时，麝牛头上的一对角会进行反抗，这对角无比坚硬，碰到狼的要害处时，能使之瞬间毙命。麝牛是一群很团结的动物，强敌来临时，它们会自动围成一圆阵，把弱小者围在中间，用其庞大的身体，组成一道有效的防护墙。

驼鹿：身长 3m，肩高 1.9m，重达 700kg，是世界上最大的一种鹿。雄鹿头上长着大角，角的枝杈间互相融合，形成侧扁掌状或叶状。大角是雄鹿抵抗狼的利器。

马鹿：体长 2m，肩高约 1.5m，体重一般为 150~250kg。马鹿是仅次于驼鹿的大型鹿类，头上也有一对坚硬的角。马鹿的性情机警，奔跑迅速，听觉和嗅觉灵敏，而且体大力强，所以能够对狼造成威胁。

驯鹿：体重 100~140kg，雄雌鹿都生有一对树枝状的犄角，幅度可达 1.8m。

野猪：体重 80~200kg，皮肤坚厚、牙齿锋利、头部肌腱发达，咬合力惊人，野猪的鼻子非常有力，可以拱动 40~50kg 的重物，是抵抗狼的有力武器。另外，野猪机灵凶猛，警惕性很强，奔跑速度很快，可以连续奔跑 15~20km，可以摆脱狼群的追赶。

狼要成功捕杀这些大型动物，除了精湛的捕杀技巧外，还需要越挫越勇、不达目的绝不罢休的精神。一旦锁定目标，不管路程多远，耗费时间有多长，狼绝不会轻易放弃，直到成功。

毋庸置疑，狼性坚韧！

2008 年 5 月 12 日，当自然灾害猝然来袭时，中国人民让世界看到了人类的坚韧。那一刻，山摇了，地动了，空间似乎无尽扭曲，大自然咆哮着、愤怒地吞噬着我们的同胞。那一刻，生命面临着前所未有的考验！

然而，我们没有倒下，在这片祖辈留给每个华夏儿女的共同土地上，我们不抛弃、不放弃，用不可击破的坚韧向大自然怒吼："坚持就是活着！"

废墟上飘扬的国旗，帐篷里响亮的歌声……都在告诉世界：我们不畏惧任何困难，因为我们的血液里流淌着狼性的坚韧。

活着就要顽强地生存。漫漫人生路，总要承载一些苦难，每次苦难经历都能磨炼一种品质——坚韧。平心而论，人总是向往平坦和安然，没有人希望自己的生命经历太多坎坷。然而，它却没有因此而不来。

日子一天天流逝，岁月在脸上留下一道道印痕，慢慢地我们意识到：生活远不是吃喝玩乐，更多的是不断的烦恼和困难。

"该来的总会来"，既然如此，我们为什么不勇敢地去迎接这些挑战呢？

我们可以失败，甚至可以一而再、再而三地失败，但我们绝对不能丢掉

信心，不能丢掉顽强和坚韧的精神。

活着是人的最高境界。我们已经远离了饥寒交迫的年代，苦难对于我们而言也许有了新的注解、新的姿态、新的内容，但活着依然是活着，活着就需要一种狼性的坚韧。

"活着就是一种忍耐。"这是被誉为"当代保尔"的张海迪在接受记者采访时的感言。张海迪自幼高位截瘫，忍受着常人无法忍受的歧视和孤苦。但她依然不向命运低头，坚韧地前行。时至今日，她已学会4门外语，翻译了16万字的外文著作，获得了哲学硕士学位，并当选为中国残疾人联合会主席，受到了亿万青年的敬仰。

要生存，就要进取；要成功，就要坚韧。库雷博士曾说："许多青年人的失败都可以归咎于恒心的缺乏。"也许你是一个刚刚从温室中走出来的大学生，也许你是一个准备创业的有志青年，也许你是一个普通的公司职员，但无论你是谁，成功都需要恒心，需要坚韧。

在第五届全国十大女杰评选中，广西金嗓子有限责任公司董事长、总经理、党委书记江佩珍榜上有名。作为一个普通女人，她无论学识、资历还是与社会上层的关系，都是一个弱者。然而，她凭借着一股韧劲，把一个小小的糖果厂发展成为年产值达6个亿的企业。

江佩珍常说："什么事、什么时候当你坚持不懈时，困难就会灰溜溜地走开！"于是，当世界球星罗纳尔多在北京参赛时，她凭着锲而不舍的毅力，最终争取到这个世界球星为金嗓子喉宝做广告。

在生活和工作中，正确的决策往往很难做出，但在江佩珍面前，办法总比困难多。她的坚忍不拔，她的刚毅形成了自己独具的魅力。

活着就要顽强地生存。不久前，一个十七八岁的女孩悬坐在一个高达20层楼的高压铁架上，决定在这里结束她年轻的生命。"110"来了，消防官兵来了，新闻在线也来了……但都无力阻止这场悲剧的发生——女孩走了。

泰戈尔说："很多我不明白的东西，总会弄明白的，只要我们活下去。"生命本该绚丽多彩、生机盎然，但她居然选择放弃。她有什么理由放弃？难道死了比活着更好吗？

佛曰："活着即炼狱。"活着要面对死的痛彻，面对亲人的离去，面对命运的折磨，活着要承受一切。当困难和挫折摆在我们眼前时，要勇敢地绕过

去，如果绕不过去，就跳过去，如果跳不过去，就在地上挖个洞钻过去。但请记住：绝不放弃！

冰天雪地中，花草树木败落、枯萎了，只剩下光秃秃的枝干，没有半点生机。但它们的根却稳稳地扎在大地的土壤中，积蓄着生命能量，待到春暖花开时，再放新枝。

悬崖峭壁，路边石缝，只要有一丝生的希望，都能迸出一点青绿，那是对生的热爱与渴望。

无论这一刻是什么困难挡住了你，你都要相信明天会有转机，我们可以带着痛苦，但一定要怀着希望。

活着就要顽强地生存。顽强坚韧，不屈不挠，洪水荡不尽，干旱烤不死，地震摧不毁……这就是狼性心态，这就是生命的本质！

挫折造就强者

有人说："狼不是上帝的宠儿。"的确，与能够随意变化自己的体色来捕捉猎物和抵御危险的变色龙相比，狼不具备先天优势。即使在食肉动物中，它也没有庞大的身躯和绝对的速度，连唯一的武器——锋利的爪牙也是大部分食肉动物都具有的。

狼没有绝对的优势，甚至面临的环境更加恶劣，但也正因为如此，狼群才得以优化，锻造了适应性更强的生命力。

毫无疑问，狼不是上帝的宠儿，但一定是挫折造就出的强者。

我们为何经常赞美狼的强势？为何经常歌颂凌寒傲霜的秋菊？为何经常讴歌乘风破浪的弄潮儿……因为它们面对挫折，永不服输，用坚韧为自己开辟出成功的通途。

冰心曾说："成功的花朵，人们只知道它的娇艳，却不知道当初它的芽儿，沐浴了奋斗的泪泉，洒遍牺牲的血雨。"每个人都希望成功，但很多时候，人们眼里只有成功，而忽视了从梦想到现实之间的距离。

俄国大文豪高尔基说："平静的湖水练不出精悍的水手，安逸的环境造不出时代的伟人。"的确，有人成功，我们为他欢呼，对他羡慕，可谁又知道，当初他经历多少风雨，忍受多少痛苦，才取得这般辉煌的成就。

巨人、阿里巴巴、盛大、腾讯、网易、网龙，无疑是中国互联网的六大骄子企业，它们的创始人——史玉柱、马云、陈天桥、马化腾、丁磊、刘德建，更成为众人争相追捧和羡慕的对象。

然而，有谁知道他们在创业初期曾举步维艰，甚至遭遇重大挫折？

史玉柱曾在 5 年时间内跻身财富榜第 8 位，也曾一夜之间负债 2.5 亿元，成为无数企业家引以为戒的失败典型。失败带来的是史玉柱公众形象上的巨大转变，他突然从全国最著名的青年企业家变得一文不名。一时所有的合作伙伴都出现在媒体上，责难巨人如何欠款不还。

然而，当人们以为他已经从商界消失时，他却在很短的时间内东山再起，成为身家数十亿元的资本家。执著与毅力让他从跌倒的阴影中爬起，迈向成功。

阿里巴巴创始人马云在演讲时说：起初，阿里巴巴基本上是一个"三无"企业，无资金、无技术、无计划，但我们最终存活了下来。我们每一分钱都用得非常仔细，公司的办公地点就选在了我的公寓里。阿里巴巴曾犯下 1001 个错误。我们扩张得太快，在互联网泡沫破裂后，我们不得不裁员。到 2002 年，我们拥有的现金只够维持 18 个月。阿里巴巴网站的许多用户都在免费使用服务，我们不知道如何获利。

马云说："我是一个普通人，如果我能成功，中国 80% 的人都能成功。"的确，如果我们有如马云一般坚忍不拔的毅力，中国将诞生越来越多具有国际影响力的世界级企业。

有人说，盛大没有遭遇过什么重大挫折。其实，回顾盛大的创业之路，也可谓腾挪跌宕：投资方突然撤资；与合作伙伴对簿公堂；黑客的大规模袭击；竞争对手举报偷漏税……用陈天桥自己的话说："一年里承担了别人十年的风险。"

很多人认为腾讯的诞生和发展是中国互联网的一个传奇。但马化腾知道，"传奇"光环的背后，是许多不为人知的艰难而困惑的日子。创业之初，为了能赚钱，马化腾率领他的团队什么业务都接，做网页、做系统集成、做程序设计……据说，当时在深圳，像腾讯这样的公司有上百家，马化腾唯一

的想法是：只要公司能生存下来就是胜利。

由于不懂市场和市场运作，腾讯的产品常常被运营商拒之门外。虽然马化腾备受打击，但毅然决定"坚持到底"。结果，"奇迹"发生了，腾讯QQ在不到一年的时间里发展了500万用户。

……

无论是马云、史玉柱，还是陈天桥、马化腾，他们的成长经历或许有所不同，但他们有一点共通：他们是狼的化身，是挫折造就的强者。

青年们常常这样表白自己的心愿：希望自己具有海燕般的翅膀，钢铁般的意志，松树一样的品格。但你要知道，海燕的翅膀要在与暴风骤雨的搏斗中练就，钢铁的意志要在艰难困苦中磨砺，松树的风格要在傲霜凌雪中长成。

弗里德里希·尼采说："任何不能将我毁灭的东西都会使我变得更强。"挫折是造就强者的唯一途径，屈膝是为了跳得更高，任何成功都没有捷径可走！请将这一伟大的秘诀植入你的意识，并实践下去。

越挫越勇，直到成功

一只被猎人打断了一条腿的狼被猎人追到了一个山大沟深、寒冷贫瘠的地方，但是，这只三条腿的狼还是顽强地活了下来。也许，世界上没有任何力量可以摧毁狼顽强不屈的意志。

狼群有一个规律，即子女成年之后，父母亲会毫不留情地把它们从自己的身边赶走，无论离开父母的子女是死是活，能否在恶劣的环境下生存。正是这种方式，练就了狼坚韧的意志。

处在艰难困苦的逆境中，成功的机会对每个人都是均等的。然而，并不是每个人都能获得成功。不同的人，遭受同样的挫折，结果却相距甚远。对于具备狼性的强者而言，挫折逆境是通向成功的垫脚石，而对于弱者，只会是绊脚石。

从前，一个名厨的儿子总是抱怨自己的生活不如意，整日闷闷不乐。父亲了解情况后，把孩子叫到身边，给了他一个鸡蛋和一根胡萝卜，问他哪一

个更坚硬。鸡蛋掉在地上便会摔碎，胡萝卜则不会，儿子当然选择了后者。

父亲没有说什么，只是把鸡蛋和胡萝卜同时放进水里，并将水烧沸。20分钟后，父亲取出鸡蛋和胡萝卜，再问孩子哪个更坚硬。孩子惊奇地发现鸡蛋变硬了，而胡萝卜变软了。

巴尔扎克说："挫折和不幸，是天才的晋身之阶，是弱者的无底深渊。"成功者之所以成功，是因为他与别人共处逆境时，别人失去了信心，他却下决心实现自己的目标。

挫折是否能造就强者？面对逆境，是继续前进，还是从此一蹶不振，完全取决于自身。正如人们常说："挫折并不可怕，可怕的是没有战胜挫折的勇气和决心。"

美国前国务卿赖斯，短短20年间，从一个备受歧视的黑人女孩成长为著名外交官，奇迹般地完成了从丑小鸭到白天鹅的嬗变。她一直相信这样一条真理：黑人的孩子只有做得比白人孩子优秀两倍，他们才能平等；优秀三倍，才能超过对方。因此，有人问她成功的秘诀，她简明扼要地说："因为我付出了'八倍的辛劳'。"轻描淡写的一句话却包含了无数失败的痛楚和奋斗的艰辛。

然而，在日常生活中，常常有这样一种人：当他们遭遇挫折时，总是怨天尤人，抱怨命运不公，恰如堂吉诃德的随从桑丘，一碰到不如意的事，便恶狠狠地诅咒："命运女神是个喝醉酒的婆娘，喜怒无常，而且双目失明，一味瞎干瞎撞。"

但是，生活绝不会因为他的抱怨和诅咒而变得顺风顺水，命运好像偏爱与人作对，越抱怨越诅咒，它越汹涛恶浪。这往往就是弱者常经历的情形——越害怕困难，困难反而越多。

万古旷世，面对挫折，有多少心胸狭隘之人因此一蹶不振；有多少意志薄弱之人因此志气消沉；有多少内心懦弱的人因此葬身于万劫不复的深渊……

成功的关键在于你对待挫折的态度，而不是周围的环境。对待挫折，态度不同会导致不同的结果。同样是失恋，日本相扑力士清水川堕落了；而歌德却写出了千古名作《少年维特之烦恼》。

爱迪生曾说："失败也是我需要的，它和成功对我一样有价值。只有在我知道一切做不好的方法之后，我才能知道做好一件工作的方法是什么。"

人可以失败，可以付出代价，但关键是要像狼一样，懂得吃一堑，长一智。

狼群惧怕人类，尤其是人类手上的枪。所以，狼群一旦对牧民的羊群发动袭击，往往就会选在晚上，因为到了晚上，牧民手上的枪就基本上失去了作用。而这正是狼经历了许多血的教训之后，得出的结论。

困境是人生的教科书，从挫折的教训中学到的东西，往往比从成功中学到的还要深刻。当一个人身处顺境时，尤其是春风得意时，往往很难看到自身的不足和弱点。唯有当遭遇挫折后，才会反省自身，弄清自己的弱点和不足，以及自己的理想、需要同现实的距离。

失败之后，挫折之后，我们应该保持平常心，仔细查找原因，自觉克服不足，进而提高认识水平和实践能力，为以后的前进清除障碍，创造条件。一个不善于从失败中总结经验教训和提高认识水平的人，不可能越挫越勇，更不可能最终成为强者。

有些人遭受挫折之后，虽然做了一番痛苦的反思，总结出一些教训，但依旧与成功无缘。缘何如此？奋斗目标不正确。

有时候，我们之所以失败，不是我们没有能力，不是我们没有毅力，不是我们没有总结，而是我们不懂得调整奋斗目标，不能使自己的潜能最大限度地发挥出来。从这个意义上讲，挫折也是一种机遇，是调整目标、重整旗鼓、走向成功的转机。

俄国作家肖洛姆·阿莱姆，小时候常遭到后母咒骂。每天晚上，他含着泪把后母骂他的话偷偷记下，日久天长，竟记了一大本，取名为《后母的词汇》。后来，他作品中许多尖酸刻薄的话，都取自这本"词汇"。对于懦夫，这些都是不可想象的。

事实上，人与人之间仅有细微的差别，然而也就是这细微的差别决定了你的人生。小小的差别体现在思维方式上，仅在于你应对困境的方式究竟是积极的还是消极的。

99%的失败者是自己放弃了成功的希望，而不是被打败的。

在绝境中求生存

据说，狼族已经在地球上生存了100多万年。在这期间，它经历了人类大规模的捕杀、栖息地的破坏、食物链的断裂……虽然狼群的数量一直在减少，但在世界的各个角落依然能见到狼的身影。

狼的一生充满了艰辛。在野外生存，狼必须争夺食物和领地，如果领地内的猎物分布较密集，狼不必奔袭很远便可获得一顿美餐。但如果在较荒凉的栖息地，狼必须要跑很远才能猎到猎物，而且研究表明，狼捕猎的成功率只有7%~10%。

狼不是冬眠动物，不会像其他动物那样在巢穴中储藏足够的食物，于是，严冬便是对狼群最大的考验。

狼能够很好地认清自己的生存环境，它们知道自己不够强大，知道对手异常凶狠，知道狂风暴雨、冰雪严寒时常侵袭栖身之所，因此，无论在什么地方生存，都无法摆脱恶劣环境的影响。

然而，在如此险恶的环境中，狼奇迹般地生存了下来。我们不得不感叹狼在绝境中求生存的韧性。

面对困境，狼无疑是积极乐观派，它们更注重未来，更善于在困境中寻找机会。更重要的是，它们的行为指向都是如何解决问题而非问题本身，它们考虑的是现在能够做些什么，而不是曾经发生些什么，以及谁应对发生的一切负责。

2008年金融危机席卷全球，世界经济大萧条。在这种大困境面前，我们应该做的不是为已经发生的事情和应该承担的责任耿耿于怀，而是专注于目前可采取的措施，把注意力从问题本身转移到解决办法上。

在金融危机面前，我们要有狼性绝境求生的精神，做战胜金融危机的主人，做市场的主人，做企业的主人，做社会的主人。中国的金融危机要靠中国自己来解决，中国的金融困境要靠自己走出来。世界的金融危机也要靠世界各国人民自己来想办法、出决策解决。

23

无论面临多么大的困难，危机与机遇同在，困境与希望并存。战胜危机靠寻找机遇，走出困境就是希望。

在绝境中求生存，就要懂得如何在困境中寻找机遇。机遇往往和困境连在一起，因此，只有那些通过自身的努力，创造能增强自身能量的环境，谋得有利于发展的资源，才能成就大业。

当所有人遇到相同的困难和问题时，只要你能先于他人攻克难关、化解难题，那么，普遍的困难和问题，就成了你超常的独特良机。

安德鲁·卡内基，一个饱受苦难的童工，一个毫不起眼的小纺织工，移民美国的穷小子。几十年后，他创造了美国钢铁时代的一个又一个神话，成为美国名副其实的"钢铁大王"。

追寻他的成功足迹，我们就会发现，卡内基是一个善于抓住机遇的人，他总是不断地寻找机会，在机会来临时，总能很好地把握，在没有机会时不断地创造出机会。

1873 年开始的经济恐慌，对美国经济，尤其对刚刚开始兴起的钢铁业冲击很大。各地的铁路工程支付款项中断，现场施工戛然而止，钢铁制造企业破产倒闭时有所闻。

面对如此境遇，卡内基并没有将其看做是问题，反而断言："在经济恐慌的不景气下，才能廉价买到钢铁厂的建材，工资也比较便宜。其他制铁公司相继倒闭，向钢铁挑战的东部企业家也不再插手。这是千载难逢的好机会。"

于是，为了实现自己的理想，卡内基积极采取得力措施，使公司尽快从罢工问题中解脱出来，积累处理罢工问题的经验，并积极储备资金，密切注意各个竞争对手的状况。万事俱备后，他抓住时机，吞并了多家处于罢工困境中的钢铁公司。

至此，卡内基的公司在这次看似困境的环境中获得了超时代的发展，其钢铁在全国市场上的占有率从 1/7 一跃达到 1/3。不久，卡内基把公司名称改为"卡内基钢铁公司"，成为世界上最大的钢铁公司。

很多事情就是如此，即使面对一片沙漠，如果你能抱定一种积极进取的心态，也能在其中发现生命的绿洲，植下成功的种子。

世界上没有绝望的处境，只有对处境绝望的人。无论你遇到任何困难，马上停下来问问自己："我现在在做什么？""下一步该怎样进行？""我们前进

的方向是什么?"……在一瞬间将思想从消极转变为积极，并将其内化为自己的习惯，便能在困境中找到机遇。

如果你有值得追求的目标，你只需找出为什么能达到这个目标的一个理由足矣，而不要去找为什么你不能达到这个目标的几百个理由。

人生处处充满着困境，但困境中往往又孕育着无数生机，唯有强悍进取的强者，才能及时发现机会，把握时机，改变自己未来的命运走势!

狼性宣言

我来到这个世界上不是为了失败，我要做失败者不屑一顾的事。

我每天要给自己一个坚持下去的理由，我要顽强地活着，不找任何理由放弃。

我不再考虑失败，我不允许自己的字典里再出现失败、不可能这类字眼。

我避免绝望，我放眼未来，只要一息尚存，我就要坚持到底，直到成功。

每一个穷人变成富人，都不是偶然。他们具有成为富人的资本，但这资本不仅仅是金钱，更重要的是他们能在逆境中看到希望的曙光，能有战胜困难的决心和能力。

我要做拼搏进取的强者，不要做安逸平静的弱者；我要做逆流而上的强者，不要做放大困难的弱者；我要做解决问题的强者，不要做害怕问题的弱者；我要做在困境中寻找机遇的强者，不要做在困境中沉沦的弱者。

我轻视厄运、嘲笑逆境，我是有本领、有骨气的人，我能将"失望"变为"希望"。

我会微笑面对一切困难，因为我知道，当我陷入困境时，沉沦只会使我更没有机会。

我会从危机中寻找转机和生机，把每一次磨难都当成人生转变的机会。

我不让别人的行为左右我的人生，我不能因为别人的放弃就让自己的意志一直松懈。

我相信任何失败和问题都能通过积极思考来解决。

第三章　强势生存铁律之二：
无畏无惧，雄行天下

> 在波澜不惊的战场上，在遭受挫折的绝境下，我们用拼搏扭转逆境；用韧性等待时机；用胆量把握优势；用无畏、自信泅渡成败得失。在冰冷淡漠的气氛中始终保持热忱勇敢的秉性，用毫无畏惧的胆识攻无不克，战无不胜，坚无不摧！

无畏者，无往而不胜

只有为战斗而生的狼，没有因惧怕战斗而生的狼。狼的生活就是战斗，即使是死也要死在战场中。狼常常嚎叫，那悲凄的长啸仿佛是在诉说生命的苍凉，但是从它们的眼中，我们看不到丝毫祈求和哀怜，即使面对死亡，它们也同样从容。这就是狼能够一直生存的法则——无畏。

人世间有许多让人畏惧的事。人们会畏惧丑恶的东西，会畏惧严格的教育，会畏惧激烈的辩论，会畏惧高难度的舞蹈动作，会畏惧深不可测的大海，会畏惧阴冷凶险的森林，会畏惧恐怖的自然灾害……许多人遇到困难时，习惯于退缩以求自保。

于丹在《庄子》心得中讲了这样一个实验：

一名科学家在一个黑暗的屋子里面，铺了一条独木桥，桥的下面是一个水池，水池里面有十几只鳄鱼来回游着，在桥与鳄鱼之间有一层防护网。第一次，在教授的带领下，10 名实验者都如履平地般顺利通过；第二次，教授打开了一盏灯，当实验者看到桥下面水池里游着的鳄鱼时，结果没有任何一个人再敢过桥；第三次，教授将所有的灯都打开，当大家看到在桥与鳄鱼之间还有一层防护网时，大多数的人又一次顺利地通过了桥。但最后还是有两个人因对防护网安全性的担心，死活不肯过桥。

美国第 32 届总统罗斯福说："我们没有什么可以恐惧的，唯一可以恐惧的只是恐惧这个词本身。"科学家的实验正是对这句话最好的证明。

胆怯与无畏同时植根在我们的身体里，当胆怯大于无畏时，我们会缩手缩脚，对成功望而却步；当无畏大于胆怯时，我们会信心百倍，朝着目标奋勇前进。

无畏者，无往而不胜。任何方面的成功人士，都是靠勇敢面对多数人所畏惧的事物，才出人头地的。面对困难、挫折，面对人生的一次次重创，勇者的态度永远是无所畏惧。

中国香港已故富豪霍英东，从两手空空到资产亿万元，他的独到眼光和经营艺术，在中国香港富豪中，除李嘉诚与其比肩而立，再无出其右者。作为一位创业大师，他的传奇发家史，对于今天的创业者来说极具启迪意义。

霍英东曾经说："在中国香港这些富豪里，我的出身是最苦的。"年轻时，家境贫寒，无论寒冬酷暑，全家人都是赤脚行走。从事船运接驳生意的父亲在他 7 岁时去世，全靠母亲做工养家。为了省一点钱，霍英东每天花半个钟头急步上学。在学校里他最喜欢的课外活动是踢球，但又不敢踢得太久，因为要回去帮助母亲记账和送发票。霍英东回忆说："这种紧张生活，经常弄得我筋疲力尽，头昏眼花，甚至神经衰弱。不过，这对于我又是一个极好的锻炼，使我后来走入社会以后，不管生活多么艰辛，工作多么繁忙，自己也不畏惧，能够从容应对。"

朝鲜战争爆发后，他看准时机经营航运业，崭露头角。1954 年创办立信建筑置业公司。靠"先出售后建筑"的竞争要诀，他成为国际知名的香港房地产业巨头、亿万富翁。他的经营领域从百货店到建筑、航运、房地产、旅馆、酒楼、石油。

鲁迅先生说："真的猛士，敢于直面惨淡的人生，敢于正视淋漓的鲜血。"如果霍英东在苦难面前选择了退缩，就很难取得今天的成就。

上帝赐给每一个人的机遇都一样，但就像美丽的玫瑰花总带刺一样，机

遇总是伴随着风险。在人的一生中，随时都会遇到荆棘，随时都会放弃前行的冲动和念头。但是，要明白，这些荆棘刺不伤勇者的无畏，挡不住通往曙光的路途。

2008年，一场突如其来的汶川大地震，让世界看到了中国人的无所畏惧！人民子弟兵对灾难无所畏惧，写下遗书，从万米高空空降灾区；受难的中学生对死亡无所畏惧，被压在废墟之下，互相鼓励；灾区人民对未来生活中的种种艰辛无所畏惧，携手在废墟上重建家园。无所畏惧，也是我们的国家、民族屡遭不幸但越发顽强、越发青春的原因。

美国著名拳击教练达马托曾经说过："英雄和懦夫同样会感到畏惧，只是英雄对畏惧的反应不同而已。"在岁月的长河中，总有这样一些英雄，他们不缩手缩脚，不瞻前顾后，尽情宣泄激情，把人生演绎得缤纷而精彩。

荆轲无所畏，大风起兮云飞扬，带着使命上路无畏前方的艰险；李白无所畏，敢让玄宗调羹，贵妃研墨，也敢放鹿青崖，仰天大笑出门去，阔步踏回自己的道路；三毛无所畏，敢去茫茫大沙漠寻找幸福，看黄沙漫天，听驼铃阵阵，无拘无束，享受浓烈的人生滋味。

每个人的生活中都会有荆棘、暗礁和急流。每一次战胜的过程都是走向"无所畏惧"的精神洗礼。马克思说："生活就像海洋，只有不畏风浪的人，才能到达彼岸。"无畏者，无往而不胜！让我们高呼："让暴风雨来得更猛烈些吧！"

失败后不过是从头再来

狼的一生是坎坷的，处境是危险的：有成年后独游草原的孤独，有孤军作战的悲烈场面；也有恶劣环境下饥肠辘辘的穷窘，甚至在你死我活的生存大战中，生命就像风中的一盏孤灯……然而，面对困境、挫折、失败，狼并没有恐惧，而是卧薪尝胆地等待机会，始终保持一种强者的心态，迎接扑面而来的一切挑战。

人在旅途，没有一帆风顺的，从我们呱呱坠地起，命运之神似乎就在每

个人成长的道路上布满了荆棘。拥有"不管风吹雨打，胜似闲庭信步"心态的人很少，多数人在经历了一些失败后便开始消沉，认为做任何事都不会成功。

浮生若茶。茶叶因沸水才能释放出深蕴的清香，生命也只有遭遇一次次挫折，才能留下人生的幽香。那些不经风雨的人，平平静静地生活，就像温水沏的淡茶平静地悬浮着，弥漫不出他们生命和智慧的清香，而那些一次又一次被坎坷和不幸侵袭的人，在风风雨雨的岁月中沉沉浮浮，就像沸水一次次冲沏的茶一样溢出了他们生命的脉脉清香。

现实生活中，我们总要经历各种各样的失败，如考试、竞赛、投资、求职等。一个人如果因为失败就觉得无脸见人，不敢再尝试，那么，他就很难再有出头的机会。

其实，失败并不等于毫无所得，失败能让你知道什么是行不通的。你失败了，可以肯定的是，你不会再往回走，你可以站在跌倒的地方，环顾四周，再沿着一条新的道路走下去。

已过世的克雷吉夫人说过："美国人成功的秘诀，就是不怕失败。他们在事业上竭尽全力，毫不顾及失败，即使失败也会卷土重来，并立下比以前更坚韧的决心，努力奋斗直到成功。"失败只能证明你成功的决心不够大，那些一心要成功的人即使失败，也不会把失败作为最后的结局，他们会在每次遭到失败后再重新站起，比以前更有决心地向前努力，不达目的绝不罢休。

有人向一位溜冰爱好者请教他是怎样学会溜冰的，溜冰爱好者回答说："哦，跌倒了爬起来，爬起来，再跌倒，再爬起来继续滑，于是就学会了。"人生的过程都是一样的：跌倒了，爬起来，再跌倒，再爬起来。在这个过程中，只不过是成功者跌倒的次数比爬起来的次数要少一次。

有人曾为林肯做过统计，说他一生只成功过3次，但失败过35次，不过第3次成功使他当上了美国总统。

失败是什么？失败没有什么，只是更走近成功一步。成功是什么？就是走过了所有通向失败的路，只剩下一条路，那便是通往成功的路。

古人云："天将降大任于斯人也，必先苦其心志，劳其筋骨，饿其体肤，空乏其身，行拂乱其所为，所以动心忍性，增益其所不能。"苦难是磨炼人意志最好的学校，没有人生下来就无所不能，也没有人做任何事情都能够尽

善尽美，所以我们要坦然面对失败，害怕失败、裹足不前，结果只能是离成功越来越远。

印度著名诗人泰戈尔说过一句话："如果你因为失去了太阳而流泪，那么你也将失去群星。"意在暗示我们，失败了，要勇于从失败的阴影中走出来，而不是沉溺于失败的痛苦中不能自拔。

失败了，并不意味着你比别人差；失败了，也不意味着你永远不会成功；失败了，更不意味着你到了人生的终点。那些越是害怕失败、越是犹豫的人，越容易遭遇到真正的惨败。遭遇失败时，我们更应该有置之死地而后生的勇气。

"牛仔大王"李维斯的西部发迹史充满了坎坷与艰辛，他的制胜法宝是：每当遇到挫折、遭受打击时，便对自己说："太棒了，这样的事情竟然发生在我的身上，又给我一次成长的机会，凡事的发生必有其因果，必有助于我。"

当年他像许多年轻人一样，带着梦想前往西部追赶淘金热潮。然而造化弄人，淘金之路并不顺畅，先是一条大河挡住了他前往西部的路，苦等数日，被阻隔的行人越来越多，但都无法过河。此时，有知难而进者，亦有畏难而退者。

李维斯静下心来，开始慢慢思考……他先后做过摆渡、卖水等生意，当这些生意经营失败以后，又一次调整自己注意的焦点。他发现西部的人衣服极易磨破，且到处都有废弃的帐篷，于是他把那些废弃的帐篷收集起来，清洗干净，就这样，他缝成了世界上第一条用帐篷做的裤子——牛仔裤，结果广受欢迎，他也因此成为举世闻名的"牛仔大王"。

我们成长的过程曲折坎坷，而失败好比一块锋利的磨刀石，我们的生命只有经历了它的打磨，才能闪耀出夺目的光芒。"不经历风雨，怎能见彩虹？"失败其实是一笔财富，经历了失败的成长才更有意义。

请永远记住一个信念：失败的本质就是这世界根本就没有失败，只是暂时没有成功；只要不服输，失败永远不会是定局。

一名记者访问一位事业有成的企业家："为什么你的事业经历了如此多的艰难和阻力，你却从未放弃呢？"企业家反问道："你观察过一个正在凿石的石匠吗？他在石块的同一位置上恐怕已敲过了 100 次却毫无动静，但就在他敲第 101 次的时候，石头突然裂成两块。"

许多时候，失败与挫折是上帝在考验你，其实你离成功没有几步了，甚至就在眼前。只要你再多花一点力气，再坚持一点点，就会成功。

没有失败，就没有成功；惧怕失败，就等于拒绝成功。年轻人应有宽广的胸怀，千万不要去计较失败带来的微不足道的创伤。记住：人生唯一的失败，就是在失败的时候选择放弃。

不懈拼搏，拒绝平庸

在狼的身上有一种顽强拼搏、不屈不挠的精神。世界上几乎所有的动物，无论大小都被人类驯服了，而唯一没有被人类驯服的就是狼。

《狼图腾》中有一个故事，人要给小狼搬家，小狼不从，人就用牛车上的绳子套住小狼的脖子，拉着它走。小狼根本无法抵抗牛的力量，就用四个爪子杵在地上，一直杵到它四个爪子都烂了，十个指甲全都掉了，却依然躺在地上打滚，宁死也不屈服。最后连想驯服它的人都哭了。

相比之下，被人类驯服的狗更加悲惨，它们早已经丧失了生存的能力。为了生存，狗不得不依靠人类，它们摇头晃尾地讨好主人，仅仅是为了获得一点食物。它们的身上没有狼嚎的悲壮与激昂，更不再有顽强拼搏的风骨。

人生一世，草木一春，在历史的长河中不过是弹指一瞬，然而在这极短的岁月中，有多少人平淡地耗费了易逝的时光，庸碌地虚度着所谓的年华，在无知中降临这世界，又在叹息中离开这世界。但每个人要在有生之年奋发进取才能不枉费一生。活着就要拼搏，唯有拼搏，才能焕发生命的光辉。

现实生活中，常见有些人自甘平庸、懒惰度日，结果一事无成。而不少人凭着自己的智慧和顽强拼搏的精神，成就了一番不平凡的事业。

范仲淹是北宋时期著名的政治家和文学家。他出生在苏州，两岁时丧父，随母亲改嫁，生活艰苦贫困。10岁时，母亲把他送到当时的醴泉寺读书。范仲淹学习很刻苦，常一个人伴灯苦读，直到东方破晓之时才休息一会儿。

寒来暑往，范仲淹在寺中一读就是几年，学业大有进步，但他并不满

足，渴望能到更广阔的天地里摄取知识，以成就一番大事业。于是，他独自一人，风餐露宿、风尘仆仆来到南京，进入思慕已久的南都学社。

范仲淹在南都学舍昼夜苦学、备尝艰辛，为了抓紧时间，甚至5年未曾解衣就枕。滴水成冰的冬夜，困倦不堪时，就用冷水浇头，继续学习。最终成为才学过人的学者、忧国忧民的政治家。

身居显贵之后的范仲淹常如此教育儿女："一个人，尤其在青少年时期，要拼搏进取，千万不能贪图安逸，否则，就会缺乏进取心，难以成功。"这也正是范仲淹一生的准则，更加值得我们后辈人学习和思考。

成功并不遥远，它只是降临在那些甘心拼搏、奋进的人头上。拼搏会让平凡的人变得不凡，让渺小的人变得高大，让灰暗的人变得光辉。成功不会抛弃那些为了它而拼搏的人，它虽来得迟，来得不易察觉，但它最终会属于你。让我们学着拥有这种力量吧，只要拼搏，成功就会向你招手。

有一个故事是这样的：一条世世代代生活在黄河口的鱼逆流而上，最后穿过山涧，挤过石罅，经历了千难万险终于游上了高原，然而它还没来得及欢呼一声，瞬间就被冻成了冰，鱼的命运是悲哀的。若干年后，一群登山者在唐古拉山的冰块中发现了它，却嘲笑鱼为了追求而丧失了生命。

其实，那条鱼不甘平庸，勇于挑战自我，同命运抗争的精神是值得我们敬佩的。在现实生活中，安于现状，甘于平庸，整天浑浑噩噩度日如年者举目皆是。

人只有拒绝平庸，不断追求新的高度、新的境界，才可以做到不虚度此生。拒绝平庸，生命将因此而华彩四溢！

敢于向世俗挑战的人，他们不愿在平庸的泥潭中慢慢被腐蚀，勇于挣脱平庸的牢笼飞向理想的天堂，他们早就做好了承受一切的准备，根本不需要那些平庸者来哀叹、同情，用实际行动证明自己的坚定决心，绝不苟且偷生，浑浑噩噩。社会呼唤那些坚持梦想，真正愿意为伟大的事业献出宝贵生命的人，只有这样，他们的青春才会闪光。

奥斯特洛夫斯基在《钢铁是怎样炼成的》一书中这样写道：

"人的一生应当这样度过：当他回首往事的时候，不因虚度年华而悔恨，也不因碌碌无为而羞愧；这样，在临死的时候，他就能够说：'我的整个生命和全部精力，都已经献给世界上最壮丽的事业——为人类的解放而奋斗。'"

如果人生真的只有两种方式——腐烂或燃烧，那我宁愿逆流而上，做高原上冻死的精灵，也不愿做河滩里庸碌无为的一个躯壳。

曾经有句广告语说："人生如登山，往上走，即使一小步，也有新高度。"是的，生命是有高度的，平庸地活着还是激越地拼搏，决定了你生命的境界和质量。只有不断拼搏，才会不断地提高。

看看历史，可以知道：那些拼搏的人，往往能有所成就。明代著名医学家李时珍，从小立志学医。他翻山越岭，走遍了大半个中国，访名医，尝草药，经过二十几年的不懈努力，终于写成了药学巨著《本草纲目》；现代著名画家齐白石，在他数十年的艺术生涯中，始终没有停止过挥毫作画。他的画室里，挂着他用以自勉的条幅"不教一日闲过"。就是到了晚年，也仍然坚持每天作画三幅。正是因为白石老人坚持不懈地创作，他的技艺才达到炉火纯青的境界……

在第 29 届北京奥运会上，人们见证了美国游泳名将菲尔普斯的非凡成就，也见识了他与众不同的天赋和魅力。他以坚持不懈、顽强拼搏的精神更好地诠释了奥运理念，以勇夺 8 枚金牌的骄人战绩享誉北京奥运会，改写了奥运会的多项世界纪录。

事实再一次证明：只要努力，只要拼搏，就可以逐步改进现状，长期坚持不懈，日积月累，生命就会奏出华丽的乐章。

正如俞敏洪所说："在浩瀚的生命之岸，你应该自豪地告诉世界，你追求过，你奋斗过，你为辉煌的人生从来没有放弃过希望，从来没有停止过拼搏。而这个造就了万物的世界也将自豪而欣慰地回答你：只要奋斗不息，人生终将辉煌。"

如果你踏踏实实地去做好一切，抛弃那些来自失败者的怨言，那么总有一天你会惊奇地发现，自己已不是那个庸碌无为的人，拼搏、奋进使你发生了质变，你的生活将因此而升华。

秀出真我，勇敢地做自己

狼群是一个整体，又是各个不同的个体，每一位都以其独特的方式为集体贡献自己的力量。狼群行动时之所以声势浩大，令人惶恐，主要原因是每一匹狼在嚎叫时，都发出自己独一无二的声音，注意不模仿其他狼的声音。在大自然里，再也没有一种声音比百狼齐鸣更令人感到畏惧！

有一个美丽的花园，那里有苹果树、橘子树、梨树和玫瑰花，它们都幸福、快乐地生活着。只有一棵小橡树愁容满面，它被一个问题困扰着，那就是——不知道自己能做什么。

苹果树说："做一棵苹果树吧，只要努力，就会像我一样结出美味的苹果。"

玫瑰花说："不对，你看我开的花多漂亮。还是做玫瑰花吧。"

小橡树听了他们的话，努力地伸展枝叶、汲取养分，但却没有在苹果树上结满了苹果的时候结出一个苹果；也没有在玫瑰花开满枝头的时候开出一朵小花。小橡树很难过。

一天，天使来到了花园，在知道了小橡树的困惑之后，说："你不应该把生命浪费在努力成为别人希望你成为的样子。你就是你自己，你要试着了解你自己，倾听自己内心的声音。"说完，就飞走了。

听了天使的话，小橡树闭上了眼睛，静静地倾听自己内心的声音，终于感觉到了自己。这时，小橡树大声地说道："我永远都结不出苹果，因为我不是苹果树；我也不会每年都开花，因为我不是玫瑰。我是一棵橡树，我的使命就是要长得高大挺拔，给鸟儿们栖息，给行人遮阴。我有我的使命，我要努力去完成它！"

小橡树开始为实现自己的目标而努力。很快它就长成了一棵大橡树，填满了属于自己的空间，赢得了大家的尊重。

地球上生存的生命，尽管它们有的很相似，可是没有完全一样的两个生命体。正如"世界上没有两片完全相同的树叶"一样，每个人都是独一无二

的，有自己的独特的风格和特点。

在生活中，每个人都有属于自己的位置和自己应该完成的使命。倾听自己内心的声音，了解自己，做自己，实现自己的价值。

徐大隆曾在《雪漠印象》中写到雪漠的一段经历：

"2004 年，雪漠随中国作家团访问罗马尼亚，全球 50 多个国家的作家会聚一堂。有一次，一位英国作家要教他唱歌。那人按美声唱法，教他运气，开始雪漠认真地学，越学越失去了自己。后来，雪漠对翻译说：'凭什么按他的规则？告诉他，叫他跟我学。'说着一亮嗓门，石破天惊，竟赢得满堂掌声。"

雪漠没有盲目跟着别人学唱歌，而是用自己独一无二的声音，赢得了掌声。契诃夫说："真正成功的人生，不在于成功的大小，而在于你是否努力地去实现自我，喊出属于自己的声音，走出属于自己的道路。"没有成功的经验可以借鉴，只有失败的教训可以警示。

庄子一生不肯违心用学问换荣华富贵，即使贫穷也仍旧我行我素，安贫乐道自由自在地生活着，高洁洒脱真性流露地生活着，因而给世人留下了一部宝贵的巨著《庄子》。

鲁迅有一副铮铮铁骨，坚定不移地走自己的路。在中国最黑暗的时期，凭着自己的满腔热血，在"御用文人"的冷嘲热讽、尖锐谩骂声中，将中国的文艺传承下去。

没有放之四海而皆准的真理，每个人都拥有一条属于自己的路。当你勇敢地秀出自己的时候，会发现自己才是真正的天才。

人生而不同。拿别人的标准来衡量自己，盲目地改变自己、要求自己，多半是"东施效颦"的结局。

查理·卓别林刚刚进入电影业时，导演让他模仿德国当时一位著名的喜剧演员，可他的表演水平一直很一般，直到后来找到自己的戏路，才成为举世闻名的喜剧大师。

金·奥特雷刚出道时，想要改掉他得克萨斯的乡音，为了使自己像个城里的绅士，便自称为纽约人，结果大家都在背后耻笑他。后来，他开始弹奏五弦琴，唱他的西部歌曲，开始了他那了不起的演艺生涯，成为全世界在电影界和广播界最有名的西部歌星之一。

上天并没有创造一个标准人，每个人都是独一无二的。你要敢于保持自己的本色，不必执著于同别人比高低。无须羡慕崔永元的口才、姚明的球技、韩寒的文笔。人各有所长，勇敢地做自己，世界会因每个人的不同而变得更加美丽。

美国田纳西州有一个人，他拥有 6 公顷山林。在美国西部掀起淘金热时，他变卖了全部家产，举家西迁。在那里，他买了 90 公顷土地进行钻探，希望能找到沙金或铁矿。5 年过去了，折腾光了家底，也没有淘到金子。当他回到故地时，发现原来被他卖掉的那个山林就是一座金矿，新主人正在挖山炼金。如今这座金矿仍在开采，它就是美国有名的门罗金矿。

在这个世界上，每个人都潜藏着独特的天赋，这种天赋就像金矿一样埋藏在我们平淡无奇的生命中。一个人一旦丢掉了属于自己的东西，就有可能失去一座金矿。秀出真我，勇敢地做自己吧。

第二部分　血性的狼性心态——强势生存的八大铁律

狼性宣言

平庸只意味着无能无志，而我绝不做无能无志之人。

平庸只能让弱者退缩，我要用拼搏奏响胜利的凯歌。

平庸只能让愚昧自怜者陷入无底深渊，我要撕破愚昧的皮囊，荡平懦弱的老窝。

平庸只能把弱者蛊惑，在这个充满争斗和悲伤的世界里，战斗不止只会让我活得比以前更快活。

生而为人，就应当无畏无惧地活。

我不退缩，亦不躲闪。因为一切的痛苦与磨难只会让我的精神更为振作；风霜雨雪的打磨，只会让我更加雄心勃勃。

我从不需要命运的施舍，因为，唯有拼搏才能让我燃起更加旺盛的生命之火。

不要因失败而哭泣，生命的奖赏被藏在旅途的终点，而非起点。

不要因失败而遗憾，因为每次发起的挑战，足以让恶魔感到难堪。

不要因失败而畏惧，因为一个从未失败过的人，必然是从未尝试过的人。

不要因失败而颓废，因为每一次的失败都会增加下一次成功的机会。

不要因失败而沮丧，因为沙漠的尽头必是绿洲，而失败的尽头则必是成就。

我受造物主的眷顾，生命给了我独一无二的礼物。我要强调自己与众不同之处，头脑和身体都超过以往的帝王与智者，我在人生的战斗中从不认输。

第四章 强势生存铁律之三：锁定目标，持之以恒

> 我是一匹狼，我要用利齿撕咬寒风，用强爪踏破坚冰，放眼天下，唯有我们，在目标恒定中专心致志，在清凉的夜下执著于一个目标。我是威慑大草原的王者，我是大自然不倒的战神！

专注：百战百胜的先决条件

狼在捕猎时，会把所有精力集中于捕猎的目标上，对一个目标始终"咬定青山不放松"。

在寒冷的冬天，狼难以寻找到食物。一次偶然的机会，狼群在山岭上发现了一只犀牛。但犀牛是一个强大的野兽，它比狼的身体要大上几倍。狼要想捕获犀牛，其难度可想而知。但是，狼并没有放弃，因为它们知道，现在这只庞大的猎物是它们活下去的希望。

狼群开始一直专注于犀牛的动向，连续几天下来，它们终于发现犀牛的一个致命弱点——视力不好。最后，狼群利用犀牛的这一弱点将犀牛变成口中之物，解决了几天积累下来的饥饿。

如果没有长远的目标和专注的精神，狼不可能发现犀牛的弱点，也就很难战胜比自己大数倍的犀牛，反而有可能会被犀牛杀死；如果没有专注的精神，狼可能早就放弃了犀牛，只能在寒冷的冬天等待死亡的降临。

专注是狼赖以生存的重要技巧，同样是人类强大力量的来源所在。董必

39

武说："精通一科，神须专注，行有余力，乃可他顾。"如果一个人，能够把自己的时间、精力和智慧凝聚到所要做的事情上，从而最大限度地发挥积极性、主动性和创造性，便可"捕获"自己的目标。

马克·吐温说："只要专注于某一项事业，就一定会作出使自己感到吃惊的成绩来。"在对 100 多位在其本行业获得杰出成就的成功人士进行分析之后，美国著名心理学家和人际关系学家卡耐基发现一个事实：他们都具有专注于一件事情的优点，最起码在一段时期里要专注于一件事情。

马化腾，改变了数亿人沟通习惯的 QQ 孕育者，在世界和中国经济界可谓抢尽风头。2004 年，马化腾被美国《时代周刊》（Time）和有线新闻网（CNN）评为 2004 年全球最具影响力的 25 名商界领袖之一，荣膺中国香港理工大学第四届紫荆花杯杰出企业家奖，捧走"2004CCTV 中国经济年度人物新锐奖"奖杯。多年来，腾讯都在做而且只做完善和规范 QQ 服务的工作，是国内唯一专注从事网络即时通信的公司。马化腾说：对 QQ 的专注成就了今天的自己。

在 2006 年的博鳌亚洲论坛年会上，年轻的李彦宏作为全球最大的中文搜索引擎"百度"（baidu）的创始人和当家人，在回答成功的秘诀时只说了两个字：专注。

一位运动员为了能够在高手如云的奥运赛场上力夺冠军，他需要花几年甚至几十年的时间专攻一个项目，而有的项目甚至只有少数几个动作。如果没有专注，怎么会有邓亚萍、伏明霞、刘翔的迷人风采？五星红旗怎么会飘扬在奥运会场上空？中华人民共和国国歌怎么会响彻整个赛场？

司马迁写《史记》花了 18 年；李时珍写《本草纲目》花了 30 年；哥白尼写《论天体的运动》花了 30 年；达尔文写《物种起源》花了 22 年；弥尔顿写《失乐园》花了 21 年；马克思写《资本论》整整花了 40 年。如果没有专注，又何来这些人类的文化遗产？

英国大物理学家牛顿有一次请朋友来家里吃饭，饭菜做好后，可朋友还没到，他便进了实验室继续自己的实验。

朋友来后找不着牛顿，就独自把饭菜吃了，并把吃剩的鸡骨头放在盒子里。傍晚时，牛顿做完实验，准备吃饭。当他看见盒子里的鸡骨头时"恍然大悟"，哈哈大笑地说："我以为自己还没吃饭呢，原来早就吃过了。"

因为对物理学的专注，牛顿在工作时常常处于一种如醉如痴的状态，这正是他成功的一个最重要的因素。

无数事实说明，专注是百战百胜的先决条件。一个人什么都可以没有，但是绝对不可以缺少专注的态度。

古人云："欲多则心散，心散则志衰，志衰则思不达。""锲而舍之，朽木不折；锲而不舍，金石可镂。"

成就一番事业，实现人生价值，是一切有志者的追求。然而，通向成功的道路往往并不平坦，影响成功的因素复杂多样。有的人耐不住寂寞，经不起诱惑，好高骛远，见异思迁，对学业、事业缺乏一种专注精神，结果一事无成。

一个人挖井，在挖第一个坑的时候，刚挖了没一会儿，就遇到了石头，挖不动了。于是，他放弃这个坑，换个地方重挖。结果第二次又遇到了石头，他又换个地方。最后，他挖了十几个坑，却一个也没挖出水。事实上，早在挖第一个坑时，挖井人只要再深挖一米，就能见到水源。

挖井人寻找水源失败的根本原因，是他做事不够专注。一生专注一项事业，每天都专注于本职工作，这是成功的方法，更是实现成功人生的捷径。

一个人的精力毕竟有限，如果精力过于分散，结果可能会导致一事无成。专注的力量在于，它能使你把精力集中起来聚焦于一点，并以最快的速度找到解决问题的方法。

专注是一个人性格的体现，更是成功的关键。只要全身心地投入，就能成就自己意想不到的结果。成功者走出的人生之所以比平常人辽阔得多，是因为他们的心中只装了一条路。

选对目标才能掌好方向之舵

"有的放矢"是大家耳熟能详的一个成语，汉语词典对其的解释是——的：箭靶子；矢：箭；放箭要对准靶子，比喻说话做事有针对性。通过这一成语人们可以看出选对目标对于行动本身所具有的决定性意义。

狼族生存的最重要技巧，就是能够把所有的精力集中于捕猎的目标上，它们一旦瞄准合适的猎物，不达目的绝不罢休。

在一条宽阔的河边，河岸上长满了嫩肥的青草，草丛中有一群羚羊在美美地觅食。此时，羊群并没有觉察到危险正在一步步向它们靠近。一只狼远远地隐藏在草丛中，竖起耳朵四面旋转。它觉察到了羚羊群的存在，然后悄悄地接近羊群。

100米、50米、30米……狼离羊群越来越近了。羚羊有所察觉，停止了进食，四散逃跑。说时迟那时快，只见狼突然像百米运动员般瞬时爆发，箭一般地冲向羚羊群。在散乱的羊群中，狼选定了一只未成年的羚羊，猛追不舍。终于，未成年的羚羊因为体力不支，速度慢了下来。狼顿时使出全身的力气猛冲上去，前爪搭在了羚羊的身上，锋利的狼牙向羚羊的脖子狠狠地咬下去。

狼的体形不大，往往会选择羊这类体形较小、对自身威胁性较小的食草动物当做自己的捕猎对象。加之，未成年的羚羊在逃跑速度和逃跑经验上都处于明显的弱势地位，所以，未成年羚羊是狼的最佳追捕目标。

选对目标才能掌好方向之舵。狼如此，人亦然。

曾经有一个很能干的人，40多岁了还在为生计而奔波。他算得上是一个经历丰富的人。他遇上了改革开放的大好时机，做过很多事情：当过打工仔；干过建筑工地包工头；搞过装潢生意；开过服装店；还倒卖过钢材、水泥等物资。在他涉足的领域他挣到了不少钱，但是又都被他稀里糊涂地花了出去，20多年下来，他身上也没剩下几个钱。

他就好比《小猴子下山》那篇文章中的小猴子，做什么事情都没有恒心，最后一事无成。对他来讲，最大的失败就在于他没有给自己选对目标。目标的缺失必然导致他掌握不好自己奋斗的方向。

有一位成功的电影人，自从他参影以来，出演的电影不仅数量多，而且故事也非常精彩，尤其动作镜头最为出色。他的所有动作戏全部自己出演，无论有多危险，他绝不使用替身。因此，他常常徘徊在生死的边缘。他就是著名影星成龙。

成龙之所以会这样做，是因为他的奋斗目标是要成为一名受人尊敬的影星，所以他才能牢牢掌握好自己奋斗的方向之舵。

当寂寞蠢蠢欲动的时候，你要学会掌握方向，驱赶寂寞；当无声的诱惑开始蔓延心头的时候，你要学会抵制，不能乱了方向；当无边的黑夜来临的时候，千万要告诫自己，用心去走路，不能盲目自失……从心灵的深处，一艘小船正在扬帆起航，它的方向是正前方，它的目的地是你选定的目标。

为了保证它的航行方向是正确的，你就要选对目标。那么如何才能选对目标呢？

"知己知彼，百战不殆。"选择目标时首先应该做到的就是要客观地认识自己。当你选择目标的时候，必须要先对自己进行全面的了解。你只有在对自己的长处和短处、爱好和特点、智慧和能力有适当的评估后，才能正确地把握住人生的奋斗目标。

选择人生目标时，不能感情用事，要理性对待它。就像你在看到一件非常漂亮的衣服时，尽管很喜欢，但是先别忙着把它买下来，你还要看看它是不是真的适合你。聪明的人"扬长避短"，愚蠢的人"人然亦然"。当社会上兴起"经商热"，多少人由于不顾自身的条件并不适合风起云涌的商海，而迫不及待地下了海，结果身陷旋涡而不能自拔。

在制订目标时，要根据自身的实际情况，选择切实可行的奋斗目标。这样，在实现目标的过程中，才不会因为目标选择过大而受挫、灰心、自暴自弃；也不会由于目标选择过小，而难以激发斗志、埋没才能。因此，选择目标时一定要合乎自身的条件，发挥自己的优势，量力而行，这样才能选择到真正适合自己的目标；在实现目标的过程中，你才能事半功倍，更有效、更出色地发挥自己的作用和价值，掌握好自己的生命之船的正确航向。

目标既定，则需持之以恒

在围攻猎物时，狼常会遇到猎物的殊死抵抗，一部分猎物甚至还会伤及狼的生命。但只要锁定目标，不管等待多长的时间，跑多远的路程，承担多大的风险，狼都会不达目的誓不罢休。

在北美洲的草原上，一群狼突然向驯鹿群冲去，驯鹿聚成一群奔跑以确

第二部分 血性的狼性心态——强势生存的六大铁律

保安全。这时，狼群中的一匹狼猛地从狼群中蹿出，冲到鹿群中，抓破一头早已瞄准的驯鹿的腿。北美驯鹿群非常强大，且善于奔跑，狼群不可能一次成功捕获，所以，这头驯鹿又被放开归队了。

攻击，再放开，这一幕，一遍一遍、一天一天地重演着，狼群耐心地守候着。

可怜的驯鹿旧伤未愈又添新创，所流失的除了血液和力气，还有反抗的意志。狼群最终胜利的形势越来越明显了。最后，当这头驯鹿已极为虚弱，再也不会对狼群构成严重威胁时，狼群开始出击……

在面对捕获整个驯鹿群的诱惑时，狼对目标给予了始终如一的关注，心无旁骛。在旷日持久的攻击与等待中，狼真正做到了持之以恒。这是狼的生存要诀，同时也是人类成功之本。

英国有这样一句谚语："对一艘盲目航行的船来说，任何方向的风都是逆风。"根据物理学可知，帆船只能在跟风的方向成锐角的时候前进。顺风扬帆，风对船帆的张力可成为推动帆船前进的动力。若遇上逆风，风对船帆的张力则转变成阻力，阻碍前行。

相同的道理，一个人做事若能目标坚定，持之以恒，则如顺水行舟，目标就是前进的动力，成功在望；若犹豫不决，遇到困难就不停变换目标，则每个方向的风都会成为阻碍，成功的彼岸将很难到达。

有一个人带了一篮子鸡蛋在市场售卖，他在一张纸板上写着："新鲜鸡蛋在此销售。"一个人说："何必加'新鲜'两个字，难道你卖的鸡蛋不新鲜吗？"他想一想有道理，就把"新鲜"两个字涂掉了。不久，又有一个人说："为什么要加'在此'呢？你不在这里卖，还会去哪儿卖？"于是"在此"也被涂掉了。路过的一个老太太过来对他说："'销售'二字多余，不是卖的，难道还会是送的吗？"他又把"销售"擦掉了。这时，又有一个人说："你真是多此一举，大家一看就知道是鸡蛋，何必写上'鸡蛋'两个字呢？"于是，所有的字全都被涂掉了。最后，别人的鸡蛋都卖完了，他还有半篮子鸡蛋没有卖出。

成功总是更青睐能够持之以恒的人，人若没有持之以恒的精神，势必像断了线的风筝在空中摇摆不定，最终会因失去了方向和动力，而滑向失败的泥沼。

卖鸡蛋的人举着"新鲜鸡蛋在此销售"的牌子，是为了宣传篮子里的鸡蛋，以便更顺利地卖出。但在向目标努力时，卖鸡蛋的人摇摆不定，各种各样的意见变成了自己的逆风、阻碍，使自己失去了目标和方向，最后变得无所适从。

目标的坚定是性格中最必要的力量源泉之一，没有它，天才也会在迷径中徒劳无功。"一切皆有可能"、"我能"这样精彩的广告语整日整夜地回响在耳畔。马云、王石、史玉柱等成功人士的创业故事总是让人心潮澎湃。21世纪的中国瞬息万变，随处都充斥着成功的机遇。于是，"浮躁"和"急功近利"难免成为渴望成功之人的普遍心理。殊不知，机遇的"馅饼"看上去很美，却有可能是请君入瓮的诱饵。

2001年，PC巨头联想推行多元化发展战略。在实施多元化战略的3年中，联想的发展并不尽如人意，与预期差距甚远。在"IT行业春天"的几年里，联想累计只完成了50%的销售增长、26%的利润增长。相比于业内其他公司所取得的收益，联想这样的成绩算是很失败的。联想不仅新拓业务前景暗淡，核心业务也面临来自戴尔等竞争对手的严峻挑战。

2004年年底，联想决定收购IBM在全球的PC业务，从多元化重新回归到专业化，这才使联想集团的发展进入了一个崭新的阶段。

2008年，《财富》杂志公布了全球500强排行榜，联想以167.8亿美元的年销售额首次杀入世界500强，成为最大的亮点。

沉迷于成功的神话很容易，但一不小心航行者就会丧失对既定方向的把握，偏离了最有可能成功的航向。联想今日的成功，正是因为及时意识到自身的偏离，选择了回归。

中国房地产龙头企业万科在总结自己过去20年的发展经验时发现：万科最宝贵的经验，就是在中国经济从粗放走向集约的历史过程中，自觉地完成了从多元化到专业化的战略调整。

成功者可贵，就贵在能持之以恒，不会三天打鱼两天晒网。日本人齐藤竹之助曾经在前后大约3年的时间内，往一位顾客那儿跑了300余回，终于成功地签订了合同；我国古代地理学家徐霞客，野外考察34年，曾三次遇险、四次断粮，在战胜各种艰难险阻后，最终写成《徐霞客游记》；一名药物专家，为了发明一种专治梅毒的药物，在连续经历605次挫折后，不断总结

经验，直到第606次药物终于试制成功。从此，人们就把这种药物称为"606"……

成就一番事业，实现人生价值，是一切有志者的追求。当确定自己喜欢，并适合做的事业时，一定要铭记：自己是在准备做一个长期项目，5年内所有的注意力都要关注在此目标上。只有当自己最终牢牢站稳脚跟时，我们才可以再分出精力追求新的机遇，成就新的事业。

北宋著名文学家王安石，20岁时，师从杜子野勤奋苦读，每至深夜。一天，王安石翻阅王仁裕《开元天宝遗事》得知，某夜李白梦见所用的笔头上，长出了一朵美丽的花，因此才思横溢，后来名闻天下。于是，王安石求恩师杜子野给他一支生花笔。杜子野拿来了一大捆毛笔，对他说："这里有999支笔，其中有一支是生花笔，你自己寻吧！"从此，王安石每日苦读诗书，勤练文章。

几年后的一个深夜，王安石把998支笔都写秃了，仅剩最后一支。这时，他突然觉得文思潮涌，行笔如云，一篇颇有见地的策论一挥而就。他高兴得跳起来，大喊："我找到生花笔了！"

所谓绳锯木断，水滴石穿，其实世上哪来生花笔。王安石年复一年、日复一日地苦读诗书、勤奋练笔，做到了持之以恒，所以才能妙笔生花，一挥而就，写出脍炙人口的诗文来。

对于职场人士而言，我们一旦选定了一项事业、一份职业，就全身心地投入，做到思之、想之，把它弄懂、弄透、弄精，尽最大努力，调动全部资源和力量做到最好。只有这种十年磨一剑、持之以恒的精神，才有可能在有生之年成就一番事业，实现自己的理想和价值。

第二部分　血性的狼性心态——强势生存的六大铁律

忙要忙到点子上

狼群在围击猎物时，不但有目标，而且目标非常明确，从不会盲目追逐或者骚扰猎物。它们会寻找猎物中最适合攻击的目标，攻击的目标绝不会是整个猎物群，而只限定于其中特定的几只最衰老的、幼小的、虚弱的或者有明显弱点的动物。

被饥饿催逼着的狼群终于在一片水源地发现了一群野牛。狼群迅速在下风处小心翼翼地向它们靠近。经过观察，狼群的袭击目标锁定为一只行动有些迟缓的母野牛。

狼群已经包围了野牛，并且逐渐缩小包围圈。一只野牛突然发现了狼群。在母野牛还没来得及反应的一瞬间，狼群的头目已经第一个向行动有些迟缓的母牛扑了上去，用牙齿狠狠地扼住了母野牛的喉咙，把身体吊在了母野牛的脖子上……母野牛最终停止了痛苦的扭动。

野牛群的力量非常强大，狼群不会妄图捕获所有的野牛，单单选中了行动迟缓的母野牛作为攻击目标。正因为攻击目标明确，狼群才能集中力量奋力出击，最终成功获取食物。狼对目标的准确选取，对我们日常工作生活的启示是：忙要忙到点子上。

办公室里每天都有人在感叹："我真是忙糊涂了！""每天，我都在努力地工作，几乎每天都加班，可还是有很多工作没法完成。""我每天都会计划第二天要做的工作，但计划总是赶不上变化，一进入办公室，所有的工作计划就全被打乱了。"……

我们忙的结果常常是越忙越乱，越乱越错，最后忙而无果。到底是因为忙，所以糊涂了，还是因为糊涂了，所以忙呢？我们不妨把手上的工作暂时放下，冷静思考一下：

我在忙什么？

我为什么这么忙？

我的目标是什么？

我的目标实现了吗？

如果得到的答案是否定的，那我们就该反思一下是否该改变工作方式了。因为我们很可能是在盲驴拉磨——瞎转一气。忙，但没有忙在点子上！

现代社会，一切似乎都在与时间赛跑，忙碌已成为我们多数人不得不面对的现实。

然而，忙得多、忙得快，并不代表忙得对、忙得值。事实上，忙碌是容易的，难的是有成效地忙碌。很多人都在勤勤恳恳地工作，但我们必须承认的是，结果并不总是令人满意。

一家公司广告部客户经理何正，每天都忙得恨不得自己是三头六臂的哪吒。

早上，何正刚进公司，就有几个人找他汇报工作。前台小丽告诉他，早上有客户打电话投诉，说是等了一个晚上都没有收到何正答应回复的电子邮件。何正立即去查，发现邮件太大已被退回，于是，赶紧把邮件分批发出。

接着项目执行部的同事又来了，说活动场地布置不符合要求。这时候，何正想起客户说过场地的问题，但是何正以为客户自己会与项目执行部的人直接沟通，但客户并没有这么做。结果何正只能忙着跟客户解释，并马上做出补救的安排。

两件事处理完之后，已经中午了。这时，策划部同事提醒说，第二天是某个提案的截止日期了。但是，何正还没有提供充分的资料给客户。结果何正中午饭都没吃就忙着准备资料……

何正在工作上的被动，正是我们很多职场人士工作状态的真实写照。每天都在处理成堆的事情，但做起事来毫无头绪，完全被烦琐的事务牵着鼻子走，消耗了大量的时间和精力。

忙，原本是件好事，是努力工作的表现，也是成功的基础。但是，正如何正一样，很多时候，忙，是因为我们没有目标、没有方向、没有规划。整天忙忙碌碌、晕头转向，做了大量的毫无意义的事情后，忙碌却失去了价值，时间就这样都被耗费在弯路上了，所做的努力都成了无用功。

我们既然已经不能摆脱忙碌，那么就选择让自己忙在点子上。要想忙而不乱，首先必须发现问题，找准问题所在，才能忙在点子上。

罗曼·罗兰说：人生最可怕的敌人，就是没有明确的目标。目标是一盏明灯、一个路牌、一具罗盘，它具有极强的导向作用，可以指导个人的行为，为个人的忙碌提供行进的方向。

要忙在点子上，我们就必须要有明确的目标、周密的计划。

公元 756 年，唐朝爆发"安史之乱"。安禄山的反叛军连连大捷，其勇将尹子奇率领十万劲旅直逼睢阳。

兵临城下，张巡认为，驻守军队的首要目标就是捕杀敌军首领尹子奇。可惜张巡从未见过尹子奇。于是，张巡心生一计，让士兵用秸秆削尖作箭，射向敌军。尹子奇率领之官兵发现自己所中之箭竟是秸秆所造，心中大喜，

以为张巡军中已弹尽粮绝，于是争先恐后向尹子奇报告。张巡见状，立刻辨认出了敌军首领尹子奇。张巡让弓箭手向尹子奇发射真正的箭，尹子奇当下立即毙命。敌军首领之死立刻让叛军一片混乱，大败而逃。

张巡在此次守城战役中能出奇制胜，正在于他要杀死敌军首领尹子奇的目标明确，计划周密。

对于职场人而言，即使工作或琐事让自己常常感到焦头烂额，也应该不时地静下来扪心自问："我到底在忙什么？""我的目标又是什么？"唯有如此，我们才能使自己忙碌而不盲目。

造成人与人之间命运悬殊的，往往不只是谁比谁卖命或谁比谁更聪明，更重要的是看谁有目标，且目标更明确。

有的人忙不到点子上，是因为完全没有目标，但在我们的生活中，也有这样一部分人，他们也有清晰的目标，并不算瞎忙，但问题在于，他们制订的目标过多，而每个人的精力、时间却是有限的。

成功学大师奥里森·马登曾经进行过这样一项调研：奥里森·马登要求参与调研的人写下自己的目标，个数不限，但是要相信自己这些目标都能够完成。

多年后，奥里森·马登在回访时发现：那些只写下少量目标的人，他们所立下的大部分目标都达成；而写下多个目标的人，则基本上已经放弃了绝大多数的目标，剩下的有限目标完成得也是大打折扣。

由此可见，没有目标固然不好，但目标太多也不可取。在某一阶段，我们必须要限定有限的目标，一次保证只做一件事，这样才能真正做到忙在点子上。

为了忙得正确，忙得舒心，忙得更有成效，忙得更有价值，职场人士必定要有明确的工作目标，掌握并找到最适合自己的忙碌技巧，合理规划自己的工作和生活，最终才能忙到点子上，收到事半功倍的效果。

第二部分 血性的狼性心态——强势生存的六大铁律

49

狼性宣言

　　我要清醒地选择最适合自己的目标。

　　我要用自己选对的目标来指引我行动的方向，保证我的生命之船沿着正确的航线勇往直前。

　　我不是被困难轻易吓倒的懒汉或懦夫，我对目标总是全神贯注。

　　我不是只拥有一时激情与狂热的莽夫，我不会听由短暂激情的任意摆布。

　　我不是为失败而生，我不是为退缩而活，我只为前方的目标全力以赴。

　　我不是漫无目标的猎户，对前方的猎物，我从来都心无旁骛。

　　从今天起，我要活得比以前更快乐。

　　从今天起，我要挣脱束缚我灵魂的枷锁。

　　从今天起，我将要扬起风帆，扼住命运的咽喉。

　　从今天起，我要在心中栽培冷静的种子。

　　从今天起，我要在这个充满竞争和挑战的世界里变得更加勇敢，更有热情。

第五章　强势生存铁律之四：绝对自信，勇者无敌

谁是真正的丛林霸主？老虎？狮子？大象？

纵横大地，舍我其谁。我的种族才是真正的江湖霸主！

我们用生命和智慧驰骋荒野，撕裂长夜的嚎叫便是我征服一切的宣言。

纵横大地，舍我其谁

狼是陆地动物的强者、草原上的霸主。它们在险恶中抗争，在竞争中成长，在它们自信的眼神里永远充满着舍我其谁的霸气。在辽阔的草原上，只要有狼，即使是雄狮也不敢靠近它们，这就是狼的自信所产生的力量。

"舍我其谁"的豪气冲云霄，"舍我其谁"的霸气拔千钧。无论是在机会还是在困难面前，我们都要对自己说："舍我其谁！"当我们有这样的豪气和霸气时，必定可以无往而不胜。

不管我们的情况多么糟糕，或是屈居于多么低下的地位，我们绝不与任何人调换身份。这种唯我独尊的"霸气"会操纵我们的命运，让我们出人头地，高高在上。

拿破仑也曾说："不想当将军的士兵不是好士兵。"理想和自信是一个人成功的关键所在，而霸气则是这种自信和理想必定实现的保证。

自古以来，胸怀霸气者往往能比胸无大志者取得更多更大的成功。美国

第二部分　血性的狼性心态——强势生存的六大铁律

51

著名成功学大师罗杰·马尔腾说："你成就的大小，往往不会超出你信心的大小。不热烈地坚强地希求成功、期待成功，却反而能取得成功，天下绝无此理。成功的先决条件就是自信。"

信心十足、胸怀霸气的人，敢于大胆地去想象，敢于发表自己的见解，能够不失时机地捕捉机会。因此，不管前进的道路多么艰难，他们最终都能跨过崎岖、越过坎坷，登上成功的巅峰。

在我国乒乓球运动员队伍中，邓亚萍的名字可谓如雷贯耳。前任国际奥委会主席萨马兰奇曾经称她为"中国最美丽的姑娘"。

假如说是热爱把身高仅149厘米的邓亚萍领进了乒乓球王国，那么，她"舍我其谁"的"王者之气"则是她击败一切敌手的根本原因。她的条件并不算优越，但她的自信心却足以战胜对手。在一次与日本运动员小山智丽的比赛中，邓亚萍凭借着高昂的斗志和无比的自信，在比分落后的情况下，连扳两球，最终取胜。

邓亚萍用她的出色成就，改变了世界乒坛只在高个子中选拔运动员的传统观念。她用自己永不言败的精神去谱写生活，不断地改善自己，时时刻刻地体现着自信与坚定的生活态度。

自信可以创造出奇迹，当我们的心中装满"争当霸者，舍我其谁"的自信时，即使本来非常平庸，最终也能取得事业上的辉煌成功。

在变幻莫测、竞争激烈的商界，自信之重要尤甚。信心充足者，常常让许多"看似不能"变为"居然成功"；自信可以让他们屡败屡战，直至成功；自信可以让人们受到他的感染，与其一道共同开拓事业。

马云说："自信是你看自己的样子，魅力是别人看你的样子。"

阿里巴巴创立之初，公司运作非常艰难，只有18个人，而且很快遇到了互联网经济寒流。阿里巴巴集团资深副总裁金建杭回忆公司建立时说："那个时候我负责拍照片和录像，现在我看过去，照片里大家的眼神都是迷茫空洞的。除了马云，在创业之初谁都不敢说自己真的信心十足。"

既然如此，这18个人为何还要追随马云呢？阿里巴巴副总裁戴珊一语道破："无论什么时候看到他，你在他眼中看到的都是自信，我一定能赢的信心。你跟他在一起就充满了活力。"

自信是一面充满魅力的旗帜，它会把助你成功之人招至旗下，共创未来。

自信是在你的眼睛没有看到之前你就相信你会成功，其最终结果是你真的看见。很多时候，不是因为事情难以做到，我们才失去自信；而是因为我们失去了自信，事情才难以做到。在现代社会，一个没有强烈自信的人，很难赢得机会与成功。

世界华人成功学大师陈安之曾讲述过他的一次求职经历，他在一家公司面试结束后，迫不及待地问人事部门主管："先生，我想问一下，我是否被贵公司录取了？"主管回答道："等明天下午我给你通知！"陈安之继续说："我非常想进入贵公司，请您录取我吧！请问，贵公司业务第一的人是哪位？"主管指了指身后的人说："他是我们公司业务第一。"陈安之毫不犹豫地说："我一定会超过他！"结果，陈安之被这家公司录用了。

凡是有自信心的人，都表现出一种强烈的自我意识。这种自我意识使他们充满了激情、意志和战斗力，没有什么困难可以压倒他们，他们的信条就是：我要赢！我会赢！结果，他们赢了。

沙比尔·巴迪亚曾说过："创业是一座独木桥，这是一个艰难的选择。你经常独自一人，只有思想的力量与你在一起。这就是为什么自信最重要。"

如果你是一名创业者，那么你切记，在激烈的竞争中面对的困难远比想象中大得多，而这更加需要自信。

新希望集团董事长刘永好说："创业最重要的就是自信。创业初期，需要资金、激情、勤奋，更要信心和充足的准备。"

美国《财富》杂志推出的 2003 年全球 40 岁以下 40 位富豪的排行榜，中国内地有 6 位榜上有名，网易创始人丁磊位居第 14 位。在 2003 年的《福布斯》"中国百富榜"中，丁磊位居"2003 年福布斯中国富豪榜"第一名。

丁磊取得如此大的成功与其充足的自信密切相关。丁磊大学的一位老师说："让我印象最深刻的是，1992 年冬天，丁磊大四上学期，我搞了一个电磁场 CI 软件的成果展示。丁磊和其他几个同学下来主动找到我说，他们对此十分感兴趣，如果交给他们做，一定能把这个软件做得更好。那自信的模样让我感动。"

丁磊毕业后被分配进宁波市电信局，但他很快辞职了："这是我第一次开除自己。有没有勇气迈出这一步，将是人生成败的一个分水岭。"

因为自信，丁磊在两年内三次跳槽，最终决定创立网易。据说，后来今

53

日资本集团总裁徐新当时之所以选择投资网易，正是因为丁磊的自信。

当时，徐新和丁磊见面后，问："网易在行业内的情况怎么样？"丁磊毫不犹豫地回答："我们会是第一！"徐新知道网易并不是门户网的第一，但他认为："他很有上进心，而不是吹牛——是有实质的自信。我觉得企业家有这种精神是很重要的，你有这么一个理想跟雄心去做行业排头兵。我投的就是他这个自信。"

蒙牛乳业集团董事长牛根生说："有信心和行动不一定能成功，但没有信心和行动则一定不会成功。"的确，自信是一个人想要成功的关键所在，无论是创业还是做其他什么，都不能缺少自信。

任正非说："10年之后，世界通信行业三分天下，华为将占一分。"这充分体现了任正非的霸气与自信。

通过对当代世界成功人士成长经历的研究，人们发现，成功者都非常自信。正是因为相信自己的选择，相信自己能赢，所以他们才会坚持到底，直至达到目标。

中国古谚："天生我材必有用。"每个人都有自己的特性和长处，值得看重和发挥。别人不相信你没关系，重要的是，你要相信自己。自信的秘密是相信自己有能力。

阿基米得说："给我一个支点，我就能够撬动地球。"这是多么豪迈而自信的语言。"夫天未欲平治天下也，如欲平治天下，当今之世，舍我其谁也？吾何为不豫哉。"孟子的话也同样充满了十足的霸气和自信。也许你会认为孟子自负、狂妄，但是，2000多年来，在儒学的建树上，能与孔子比肩并排的只有孟子一人。这足以说明一切。

"舍我其谁"的王者霸气是人生不竭的动力，是世界上伟大的力量。人只有在相信自己是最棒的时候，才会有无与伦比的力量与精神上极度的巅峰状态，进而带来强烈的行动力、影响力，最终迈向成功。

我是独一无二的

每一匹狼都有自己独特的气味、叫声、毛皮和举动，狼群可以根据每只狼不同的特点准确找到其所在位置。

狼群尊重团队中每匹狼的独特个性，每一只狼在团队中都有自己独特的价值。正是由于不同个性的狼组成的群体中，既有很强的单兵作战能力，又有很强的整体配合能力，才使狼创造了生命的奇迹。

在我们的社会生活中，每个人也都是独一无二、不可复制的。人就应当像狼一样，拥有各自独特的个性，团队才会越强大。

著名的遗传学家阿蒙兰·辛费物曾经这样说过："在世界的全部历史上，从来没有一个人和你没有一点不同，在遥远的将来也绝不会再有一个你。"所以我们每个人生来就是独一无二的。也许我们并不完美，但我们每个人都有自己独特的气味、爱好、需要和语调。就像苏格拉底说过的一句话："每个人身上都有太阳，只是要让它发出光来。"在人生的旅途中，每个人都有属于自己的独特的航行方向。

1978年愚人节这天，有个叫舟舟的男孩出生在中国的武汉。舟舟的出生曾给父亲胡厚培带来了欢乐和希望。但不久后，胡厚培就被告知儿子是医学上被认为不可逆转的中、重先天愚型患者。

因为父亲胡厚培是武汉交响乐团低音提琴手，所以从两三岁起，舟舟就常随父亲泡在排练厅里。舟舟就像一株无人在意的植物在乐团宿舍大院自由自在地生长着，音乐进入他的生命犹如阳光雨露之于世间万物。

一次排练休息时，有人和舟舟开起了玩笑。"舟舟，想不想当指挥？""想！"舟舟爬上了指挥台，举起了指挥棒，从此一发不可收拾。

1998年末，在北京保利剧场，智商仅相当于3岁儿童的舟舟与赫赫有名的中央芭蕾舞剧院交响乐团有了历史性的合作。随着舟舟一个漂亮的起拍手式，音乐响起。舟舟的动作优美而流畅，第一首乐曲结束，观众被震撼了。从此以后，每当舟舟登上指挥台挥舞他那神奇的指挥棒时，全场就会爆发出

热烈而又带着无限惊喜和痴迷的掌声。

在这个世界上，有人认为自己很独特，同样也有人一直在抱怨自己的平凡。抱怨自己外貌平凡、个性平凡、智力平凡、爱情平凡、事业平凡……

于是，有人花钱去复制一张刘德华的脸，有人开始努力向那些他们认为优异的人学习、模仿，总希望自己有一天也可以复制别人的成功，甚至可以超越他们。在不断地学习、模仿过程中，人们不知不觉忘记了自己原来的个性、原来的风格。

2000多年前的燕国有位少年，他不愁吃不愁穿，论相貌也算得上中等人才，可他就是缺乏自信心，经常无缘无故地感到事事不如人，处处低人一等。衣服是人家的好，饭菜是人家的香，站相坐姿也是人家高雅。他见什么学什么，学一样丢一样，虽然花样翻新，却始终不能做好一件事，不知道自己本来应该是什么模样。

有一天，少年听说邯郸人走路姿势非常优美。少年对此羡慕不已，于是就到邯郸去学习走路。少年在邯郸学习走路很长时间了，可是他不仅没有学会邯郸人的走路姿势，反倒把自己原来走路的步伐忘得一干二净，最后他只好爬回了家。

这则故事出自《庄子·秋水》，成语"邯郸学步"就由此而来。我们若是像少年一样生搬硬套，机械地模仿别人，不但学不到别人的长处，反而会把自己的优点和本领也丢掉。

爱默生在《自赖》中说过："上天赋予你的能力是独一无二的，只有当你自己努力尝试运用，才知道这份能力到底是什么。"

诗人马洛许说，如果你不能成为山巅的劲松，就做一棵谷中的灌木吧！但，要做一棵溪边最好的灌木。

走别人已经走过的路，做别人已经做过的事，即使成功了也难引起轰动，更可怕的是，人可能因为不适合扮演别人的角色而陷入失败的境地。

人生最大的悲剧就是，虽然我们每个人都拥有一个完全属于自己的独特生命，但我们却不敢把独特的自己完全表现出来。根据遗传学知识我们知道：每个人都是由父母亲各自的23条染色体组合而成，每一条染色体中有数百个基因，任何单一基因都足以改变一个人的一生。因此，每个人在这个世界上都是全新的个体，是独一无二的，我们应该充满自信才是。

信念是一种不可抗拒的力量

在漫天飞雪中，草原上没有任何地方可以躲藏，于是狼群就依偎在一起抵抗严寒；干旱少雨的季节，狼群常常连续几天都找不到任何食物，饿得皮包骨，却依然不会低下它高傲的头颅……

因为，狼的心中始终有一种自信的信念在支撑着它，于是，生存的压力在狼的眼里，只不过是前进的动力，是取得成功前的历练。

著名成功学家拿破仑·希尔说："只要你能想象得出，并且坚信它能够实现，那么通过你的不懈努力，你就一定能够获得成功。"

瑞士心理学家和精神分析医师荣格指出："人总需要有一种肯定的信念，使他感到生命有意义，以及自己在宇宙中的位置。他可以忍受一切最艰辛的困苦，只要这些困苦对他有意义；否则他将被压得粉碎而出现各种病态。"

威尔博士曾做过这样一个实验：他把100名学生平分为两组，然后用红色胶囊装上镇静剂，并告诉他们说这是兴奋剂；用蓝色胶囊装上兴奋剂，并告诉他们说这是镇静剂。结果吃了红色胶囊的学生感觉很兴奋，吃了蓝色胶囊的学生则感觉很平静。威尔博士认为，药物要对身体产生作用，不仅取决于药性，还取决于病人的信念。

科学家们对诸多事情都能做出合理而正确的解释，但他们却至今都无法说明人的信念为何可以改造人类的大脑。

作家罗曼·罗兰说："最可怕的敌人，就是没有坚强的信念。"有志者事竟成，破釜沉舟，百二雄关终属楚。千年后我们的耳边似乎依然回响着项羽"力拔山兮气盖世"的豪言。

年少得志的项羽在弱冠之年便立下"彼可取而代也"的壮志，23岁就随叔父项梁起兵，25岁时已经在巨鹿与秦军鏖战，九战九捷，破秦军30万，成为统帅。当秦军围困赵军46天，诸侯屯兵数十里外皆不敢向前时，是项羽断然杀掉宋玉，怀着必胜的信念，带着他的军队破釜沉舟向那俨然不可战胜的秦军发起了冲锋。项羽胜了。这一战，不仅改变了秦末战争的力量对比，而且也使项羽本人达到了人生辉煌的顶点。成就项羽的，正是信念。

然而，自封西楚霸王、企图称霸天下的项羽，在短短 5 年时间内就败了。当被刘邦的军队重重包围时，项羽的精神大厦轰然坍塌。他叹道："此天之亡我，非战之罪也！"项王横剑一挥，生命之劲松瞬时间枯槁成秋风中的悲壮。那伟岸矫健的身躯划过滴血残阳的背景，乌江幽咽，苍穹黯然，吴人哭之如父。

信念是人生成功的支柱，失去了信念，生命便失去了所有绚烂的华章。这千古悲剧产生的根本原因是项羽信念的破灭，因此既不知"胜负兵家事不期，包羞忍辱是男儿"，亦不知"江东子弟多才俊，卷土重来未可知"。

佛家说："心如工画师。"在这个变化无常的世界上，如果你的信念不倒，就没有人能使你倒下。信念是人精神世界里的擎天柱，是力量的源泉，是胜利的基石。它影响一个人的际遇和成败，左右一个人的健康和幸福。

如果单从日常的一些琐碎的工作来看，任何一个伟人，无疑都与你我一样，只是个平凡的人。取得非凡成就的人，其唯一超于常人的地方就是他们相信信念的力量。

曾有人请教拥有八佰伴的日本企业家和田一夫："到底是什么在左右人们的命运？"和田一夫回答说："是信念在左右人一生的成败。"

1973 年，和田一夫答应静风县长的请求，把累积债务超过 4 亿日元的"花菱"大型百货店收购下来。结果耗费巨资，却无法盈利，连偿还贷款都成了问题，只好挪借其他八佰伴赚到的钱来补贴，使八佰伴处于负债经营状态。和田一夫一时间变得愁眉不展，坐立难安。他自问："难道我能让一间收购来的'花菱'拖垮吗？不能，绝对不能。"

面对眼前的危机，和田一夫坚信突破口一定就在某个不起眼的角落。皇天不负有心人。机会终于被他逮到了。和田一夫最后使出的奇招，竟是让风马牛不相及的保龄球馆解了"花菱"之困。事后，和田一夫回忆起这件事，曾不无感叹地说："要不是凭着一股不肯屈服的信念，八佰伴可能早就垮掉了。"

信念的力量有多大？这是一个难以估量的结果。或许我们从和田一夫的话语里，可以领略到一点。

数千年来，由世界上众多科学家、权威人士的研究得出这样一个结论：

由于骨骼、肌肉等各方面因素的限制，人类要4分钟跑完1英里是件不可能的事。因此人们一直认为，这是人类不可能打破的纪录。但1954年，罗杰·班纳斯特打破了这个信念障碍。

之所以能够创造这一惊人的佳绩，一是归功于罗杰·班纳斯特体能上的苦练；二是得力于信念。在此之前，罗杰·班纳斯特曾在脑海中无数次地模拟以4分钟的时间跑完1英里，长此以往便形成了强大的成功信念。结果，班纳斯特真的做到了，做到了人类数千年来一直认为不可能的事情。而在班纳斯特打破纪录的第二年，又有37个人同样也做到了。因为他们看到有人做得到，才相信自己也能做到。可见，是信念创造了奇迹！

同样，在飞机被发明之前，科学家认为飞行是不可能的；在麻醉药被发明之前，医生认为无痛手术简直是天方夜谭；在原子弹被发明之前，科学家同样认为原子是不可能分裂的。事实上，"做不到"并不是真的，除非你确实尝试过，否则没有人能肯定地说"不可能"——因为没有任何人能肯定什么是可能的，而什么又是不可能的。失败常常并非因为我们不具备实力，而是在心理上默认了一个"不可跨越"的高度限制。

信念是人生的一轮朝阳，它影响一个人的际遇和成败，左右一个人的健康和幸福。但可悲的是，世界上只有极少数的人对自己的信念坚定不移。那些已经登上金字塔顶端的成功人士，他们所拥有的信念，却往往让人觉得没有任何理由和根据。但信念不是自欺欺人，不是退让认输，也不是阿Q式的精神胜利。成功的人，总是先相信，然后就会看到结果；而不成功的人，总是看到了才会相信结果。

古今中外有无数铁的例证都说明：只有当心中的世界模式发生了改变时，现实的世界才会随之改观，使人适应并与之达到和谐。

所以，别人是否相信不重要，重要的是自己一定要坚持信念。即便身边的人都持怀疑态度，我们依然要相信自己，并付诸行动，成功就一定会来临。

薄一波曾说过，如果把人生比之为杠杆，信念刚好像是它的"支点"，具备这个恰当的支点，才可能成为一个强而有力的人。所以，你的支点在哪里？

59

发现自己的优势

身体条件并不突出的狼，却能在群雄争霸的草原上生生不息，缘由何在？很简单，狼能发现自己的优势。

狼深知自身的不足，但更明确自己拥有的优势。因此，不管围捕任何猎物，狼都会尽一切努力做到对信息了如指掌；不管做任何事情，狼总能依靠团队的默契达成目标；不管围猎需要耗费多长时间，狼总能以最为坚忍的意志去打败对手。

狼知道，成功之道不是克服弱点，而是最大限度地发现自己的优势。默契的团队、坚忍的意志、无所畏惧的勇气、敏锐的观察力以及铁的纪律才是狼的优势、狼生存的关键。

成功心理学有这样一个理论：让兔子去跑，别让猪唱歌。这就是说，要想取得成功，就要懂得扬长避短。

孙子曰："知己知彼，百战不殆；不知彼而知己，一胜一负；不知彼不知己，每战必败。"道理非常清楚，人们在行动时往往只记得强调要"知彼"，而忽略了"知己"，不知道自己的优势何在。若是此时此刻有人问：你能否说说你的优势是什么？很多人可能都会呆呆地看着对方，在思考良久后给出一些文不对题的回答。

在中国西北的一个农村，有一个小姑娘叫吴桂花。村里人都说她笨。因为桂花上小学时，算术、语文从来没有及格过。等到上初中时，由于桂花成绩太差，已经没有学校愿意接收她。父母只好百般恳求，校方这才勉为其难收下了。但学校有一个附加条件：一年内，如果桂花没有进步，就要自动退学。一年后，小桂花依然没有进步，无奈而着急的父母只好让桂花跟着舅舅到城里的饭店去当服务员。

一天，舅舅来到一个雅间，看到桌上摆着一小盘苹果雕花。舅舅一边看一边赞不绝口，随口问道："这花是谁雕的？"桂花说："是我。"舅舅不禁抬起头，吃惊地望着她："真的？"桂花当即拿出一个苹果雕了起来，几分钟一

第二部分　血性的狼性心态——强势生存的六大铁律

只雕花苹果便成功了。桂花能把苹果雕得这么好，完全是因为平时喜欢跑到自家的苹果园里玩，看见地上的苹果，就拿小刀削着玩。舅舅看着桂花激动地说："真没想到，你还有这个特长。太好了，这回你总算有用武之地了。"

从此，饭店宴席上摆上了吴桂花雕的龙凤鲜花，顾客们见了都赞赏不已。等到17岁这一年，桂花参加了在美国举行的世界宴会雕花大赛并一举夺冠。当这个身材娇小、脸上依然带着稚气的中国小姑娘站在领奖台上时，整个会场都沸腾了，掌声雷动。曾经为桂花担心不已的父母也激动地流下了眼泪。

记者们纷纷问桂花："你的天才是怎么发展起来的？"当翻译把记者的问话告诉吴桂花后，她用西方人习惯的语言回答说："我不是天才，我是一个笨女孩，上帝只给我苹果，别的什么都没有了。"

每个人都有自己天生的优势和局限，但即便上帝给予我们的只有一个苹果，同样不会影响我们创造生命的辉煌。

一直以来，我们都在提倡，干一行，爱一行，往往忽略了自己内心真正的需要。这种精神固然是负责任的一种表现，但不得不承认的是，我们干得痛苦，爱得艰难，结果也往往难以如人所愿。

随着社会的发展，我们的口号逐渐转变为爱一行，干一行。我们爱名誉、地位、金钱，我们渴望成功。我们开始不厌其烦地研究和模仿成功人士的"成功之路"。结果，我们却遭到"东施效颦"般的奚落。于是我们开始埋怨、指责。可是，埋怨无济于事，因为我们在寻找通往成功的道路时，忘了问自己：我的优势是什么？

按照传统的思维模式，我们从来都是不随便夸耀自己的优点，从来都主张不断花费时间与精力去寻找和改正自己的缺点。即使我们已经懂得看重优势，却依然不知道自己优势何在。而有一些人明知自己的优势所在，却更愿意去追逐他们认为含金量更高的、别人拥有的优势。出现的结果就是：我们常常骑马找马，占尽优势，却不懂得珍惜和发挥，与成功失之交臂。

以己之短比人之长毫无意义。因此，与其每天为自己不能拥有什么而感到遗憾，不如充分利用自己拥有的资源与优势。

一个穷困潦倒的青年，流浪到巴黎，期望父亲的朋友能帮助自己找到一份谋生的差事。

61

"数学精通吗?"父亲的朋友问他。青年摇摇头。"历史、地理怎样?"青年还是摇摇头。"那法律呢?"青年窘迫地垂下头。

"那体力活呢?""我体力也不行。"青年涨红了脸回答。

父亲的朋友接连不断地发问，青年只能接连不断地摇头告诉对方：自己丝毫的优点也找不出来。

无奈之下，朋友只能说："那你先把你的联系方式留下来吧。"

青年写下了自己的住址，刚转身要走，却被父亲的朋友一把拉住了："你的名字写得非常漂亮，有这样的才能，你不该只满足找一份糊口的工作。"

青年恍然大悟，从此坚定地踏上文学之旅。数年后，青年果然写出享誉世界的经典作品。他就是家喻户晓的法国 18 世纪著名作家大仲马。

大仲马既不擅长数学，也不擅长法律等，体力活也不会干，大仲马不擅长的事情实在是太多了，要去弥补如此多的缺陷实在是太不现实。大仲马之所以获得成功是因为他发现了自己写字漂亮的优势，继而抓住了这个优势，才获得了以后的成功。

所以，发现优势不是无视不足，而是扬长避短。只要欠缺不妨碍优势的发挥，尽可以由它去。

成功心理学家发现，目前人类有 400 多种优势。这些优势本身的数量其实并不重要，重要的是我们应该知道自己的优势是什么，之后要做的则是将我们的生活、工作和事业发展都建立在自己的优势上，这样才会成功。心理学家克利夫顿说：判断一个人是不是成功，最主要是看他是否最大限度地发挥了自己的优势。因此，我们首先要做的是发现自己，而非全面地改造自己。

很多成就卓著人士能够成功，首先得益于他们充分了解自己的优势，根据自己的特长来进行定位或重新定位。对于职场中人而言，发现自身的职业优势有利于职业生涯的顺利发展，只有找到自己的职业优势才能帮助我们更好地认识自身的职业位置和价值所在，从而最大限度地运用职业优势实现个人的最高职业目标。

自信与自负仅一步之遥

在动物界，捕食目标最大的是号称"兽中之王"的老虎吗？还是体重超过 300kg 的熊？或者是威猛的草原雄狮？都不是。动物界捕食目标最大的动物是体重只有 30~40kg 的狼。

狼不但敢于袭击体型大于自己数倍的牛、鹿等动物，而且，当狼成群活动的时候，甚至会同时围捕数百只黄羊。由此可见，狼的自信非同一般。

但是，在与人类交锋时，充满自信的狼往往是退却的一方。因为狼知道，自信与自负仅一步之遥。当实力相差悬殊、竞争的法则不再公平的时候，狼清楚地知道，退却才是保存实力的最好方法。

自信的狼身上充满攻击力，而自信的人身上则充满活力。自信的人不仅对自己所具备的能力有一个正确的判断和把握，而且能看得到自己的缺点，并有信心克服。成功的概率也因此增大。

自负的人则对自己的能力估计过高，在竞争中容易轻视对手，看不到自己的缺点，从而招致失败。因此，自信与自负二者最根本的区别就在于：是否对自己以及对手的能力有正确的认识。

号称要做一家世界级互联网公司的马云，人称"互联网界独一无二的侠客"。当有人认为他缺乏大公司领导应有的相貌和气质时，马云却信心十足。对于自己的长相，他说："人又瘦，还那么丑。不过我觉得绝大部分的情况下，一个男人的长相和他的智慧是成反比的。"

当 Ebay 收购易趣进军中国 C2C 领域时，曾明确表示要在三个月内将淘宝置于死地，最后却被淘宝的免费战略彻底击垮。而自称拿起望远镜都找不到对手的马云，可能根本就没有把易趣放在眼里。

马云是个喜欢目标的人，很多目标甚至让人觉得不可思议、遥不可及，就连马云的高管们都觉得不可能实现。好赌的马云和高管们赌上了，最后马云都是赢家。看来久赌必输的规律并不适合马云。

从马云今天的成功来看，可以说如果没有高度的自信，马云就不可能取

63

得今天的成绩，故而成就不了今天的阿里巴巴，这也再一次验证了英特尔前首席执行官的名言："只有偏执狂才能生存。"

然而，在哈佛演讲的时候，马云曾总结其成功的三个原因：一是没有钱；二是不懂技术；三是不做计划。

此番言论令哈佛学生难以琢磨，因为这三个理由的确不能让众人信服，甚至有人认为这是马云骗人的把戏。但我们不妨换个角度来看问题，马云之所以成功是因为他自信，但不自负。恰恰是他对于自身存在的问题有清醒的认识，所以才能在竞争中始终处于不败之地。

人不是全知全能的，任何人的理性都不足以判断或掌握所有的变化。一旦人的自信不加控制，就可能转变成致命的自负。

自负是人性中普遍的弱点。在思想上，人们往往将自信与自负混为一谈；在行动上，人们也常常将自负炫耀成自信。特别是那些已经取得一定成就的人，一旦骄傲自负，就可能会止步不前，甚至会一落千丈，令人扼腕。

"刚而自矜"、"性颇自负"的关羽曾熟读《春秋》，颇知文韬武略，他英勇善战，甚至连曹操都曾议迁都以避其锋芒。温酒斩华雄、诛文丑斩颜良、过五关斩六将和单刀赴会与水淹七军的战绩使关羽的声威达到峰巅。不过，同时达到峰巅的，还有关羽身上的自负。

荆州作为战略要冲，一直是魏、蜀、吴三方必争之地。尤其对于刘备蜀汉一方来说，荆州具有举足轻重的战略意义。诸葛亮在移交荆州印绶时，曾再三嘱咐关羽："北拒曹操，东和孙权。"关羽亦曾"慨然领诺"。

当孙权提出联姻时，由于过于自负，关羽根本不理会诸葛亮"联吴抗曹"的良苦用心，怒拒孙权善意的表示，从而与孙权结怨。最后，在关羽败走麦城时，孙权派朱然、潘璋断了关羽去路，在临沮捉获关羽和其子关平，随即将其处死。

高傲自负使关羽勇往直前、无人可敌。但对自己的胆力和才能深信不疑，目空一切的性格导致了其"败走麦城"的悲剧结局。

自信是成功的首要条件，但自信过了头，轻飘飘往前再迈一步，便走向了自负，真可谓失之毫厘，谬以千里。

史玉柱当年非要把"巨人大厦"由 38 层盖到 70 层，且在资金上以不求银行而骄傲，结果呢？栽了个大跟头。

本田汽车公司总裁曾在一次晚宴上被问到这样一个问题：为什么本田公司里两位资历相近的人，一个升到高级主管而另一个却时时受到排挤呢？本田先生回答说："那位成功者平易近人，自信而不自负，能与人相处得很好。"

职场上，我们同样要有自信，但绝不要自负。自负的实质是无知，一旦陷入自负泥潭难以自拔，就可能与成功失之交臂。

把自卑踩在脚下

黄羊在拼命地奔跑，后面跟着的是一群被饥饿折磨已久的狼。不久后，一只年老的羊慢慢地跑不动了。狼王第一个扑了上去，用牙齿狠狠地钳住黄羊的脖子⋯⋯

但并不是所有的狼都会如此幸运，公羊在遭到狼的攻击时甚至可以用头上的长角挑开狼的肚膛。面对自身所暴露出来的缺陷，狼唯一要做的是选择攻击的角度，避开猎物犀利的长角，同时努力使自己变得更加强壮和敏捷。狼从不会因为自身存在的缺点而自卑，只会让自己的牙齿变得更锋利，团队变得更团结。这才是狼生存的关键。

在现实中，强者最大的竞争对手是自己，而自己成功最大的障碍是缺乏自信。

在生物中，一旦提到 DNA 的双螺旋结构，大家都会想到霍森和克里克，很少有人会提到弗兰克林这个名字。其实，DNA 双螺旋结构的最初发现者不是霍森和克里克，而是英国女科学家弗兰克林。

1951 年，弗兰克林发现了 DNA 的螺旋结构。经过研究，她大胆提出假设，并为此专门举行了一次报告会。然而，生性自卑的她又怀疑自己论点的可靠性，因此放弃了这个假说。

两年后，科学家霍森和克里克也发现了 DNA 分子结构，并自信地提出了 DNA 双螺旋结构的假说，从而带领人类进入生物时代。霍森和克里克因此获得了"1962 年度诺贝尔奖"，而弗兰克林却与之失之交臂。

与弗兰克林形成鲜明对比的是"日心说"创始人哥白尼。他第一个对影

响人类达千年之久的托勒玫"地心说"提出怀疑、否认，并提出了太阳是宇宙中心的"日心说"。虽然他的理论遭到无数人的反对和压迫，但他始终相信自己。最终，他凭借着那份自信推翻了社会甚至是人类所公认的谬论，让"日心说"得到了印证。

自卑的人，在机会到来时，总是犹豫不决，想抓住又怕没把握，想放弃又不甘心，结果与成功擦肩而过。

世界著名演讲家萧伯纳曾说："有信心的人，可以化渺小为伟大，化平庸为神奇。"萧伯纳的自信众人皆知，可谁能想到，他曾经是一个内向胆小又有点自卑的人呢？

萧伯纳自己曾回忆说："我是个很害羞的人，在鼓足勇气敲朋友家的门之前，已在河边徘徊20分钟之久，曾有几次我都想干脆回家算了，但转念一想，在一生中若想要有任何成就的话，实在不能这么懦弱，于是才断了打退堂鼓的念头。我想大概没有一个人像我年轻时那么内向，也没有一个人像我对内向感觉那么羞耻。"

萧伯纳为了克服自己怯懦自卑的弱点，毅然参加了一些辩论团体，开始对自己进行演讲训练。起初，他内心惶惶不安，手和腿会不自觉地抖。而后，他便有意识地摆出一副自信的样子不断延长自己的讲话时间。渐渐地，他将自己从怯懦自卑中一步步拔了出来，最终成为了20世纪上半叶最出色的演讲家之一。

有人曾问萧伯纳："您是怎样学会声势夺人地当众演讲的？"他回答说："我是以自己学溜冰的方法来练习演讲的——我固执地、一个劲地让自己出丑，直到娴熟为止！"

成功和失败只有一步之遥。当你选择了自卑和屈服，就等于选择了100%的失败；你选择了自信和抗争，可能就争取到了那0.01%的希望。

在一次战役中，由于没有交通工具，拿破仑派一个士兵骑自己的战马去前线送战报。看到拿破仑威武雄壮的战马，士兵胆怯地说："您的战马太高贵了，我不配使用它！"拿破仑则说："在法国士兵的眼中，没有一件东西可以称得上高贵。不要贬低自己，相信自己是最好的士兵。"士兵听了拿破仑的话，战战兢兢地骑上战马走了。

科雷说："如果我们把自己当做金子，那么我们就能发出耀眼的光芒；如

果我们把自己视为泥块，那么我们就将真的被别人踩在脚下。"如果连我们自己都看不起自己，如何去让别人看得起？当我们被别人看不起时，自尊心往往就会受到严重打击，因为自卑的人往往自尊心极强。而自卑与自尊一旦发生冲突，这种冲突就会造成极其浮躁的心理，对人危害甚大。

自卑是一种精神细菌，它会像蛀虫一样啃噬着你的人格，而且会不断地在你的头脑中长大，渐渐地影响你的行为、感觉、心态。但是，这种细菌无法用药物消除，只能靠自己。当你把自卑的细菌从大脑中驱除之后，你会发现一道新的曙光射入了你的世界。

微软亚洲研究院的主任研究员周明，拥有无数重大发明，其中最奇特的一项是，他在根本不懂日语的情况下，发明了中日语翻译软件。这些成就让他成为计算机自然语言领域中公认的、最有才华的科学家之一。尽管如此，他心里最珍惜的"第一"，还是那"108个瓶子"。因为那是他从自卑走向自信的转折点。

周明小时候，家境贫困，在学校经常遭到同学的欺辱、嘲笑，连说话都不敢正视别人的眼睛。但是，自卑的周明内心深处始终有一个声音在呐喊，那便是对成功的渴望。

周明10岁那年夏天，机会终于来了。那次，周明跟随老师和同学们到一家食品厂劳动，任务是刷瓶子，瓶子是回收回来的，不仅脏，而且很容易划伤手指。为了鼓励孩子们，老师开展了劳动竞赛，看谁刷的瓶子最多。周明对此很兴奋，心想："自己还从来没得过第一，今天我得好好努力，一定要得到它！"于是，他低头不语，一个又一个，刷得极为认真和卖力。当其他孩子放慢速度时，周明干得更加起劲，一整天都没有停过，一双小手被水泡得泛起一层白皮。比赛结束后，一种自豪感在周明心中沸腾，他以108个瓶子的好成绩得到了他生命中第一个"第一"。

周明说："我原来一直是没有自信的，但是这件事给了我自信，就是从那天起，我知道无论什么事情只要我肯干，就一定可以干好。我发现了天才的全部秘密其实只有6个字：'不要小看自己'，那一瞬间值得我一辈子记忆。我知道我的生活完全不同了。"

有的人因为身体矮小或相貌丑陋而感到自卑；有的人因为自己身体有残疾而自卑。其实，这都大可不必。美国总统林肯相貌丑陋，同样受到了人民

67

的尊敬和爱戴；海伦·凯勒出生后不久便严重残疾，同样在文学上取得举世瞩目的成绩。

一切成败，关键都在于自己，条件只不过是阻碍你的一种假象罢了。千万不要做自卑的奴隶。自我轻蔑、自我鄙视的人，不但什么事也干不成，还将沦落到十分悲惨的地步。你要相信，你一定会战胜自卑。

如果说自卑是个诅咒，那么，能够解除咒语的法师其实只有我们自己；如果自卑是种毒药，那么，能够配制解药的也只有我们自己。事实上，超越自卑并不像我们想象中那么无望，我们完全可以踩着自卑的肩膀登上成功的殿堂。

奥地利小说家卡夫卡出生于布拉格一个犹太商人家庭。犹太民族的"贱民"身份以及父亲性情暴躁专制，使卡夫卡从小就形成了敏感、自卑的性格。在事业最不顺的时候，卡夫卡甚至说过："巴尔扎克的手杖上写着'我粉碎了一切困难'，我的手杖上写着'一切困难粉碎了我'。"

卡夫卡的自卑深深地影响了他的学习、创作、工作和生活各个方面。不过，卡夫卡没有放任自己的自卑，而是一直企图利用自卑超越自己。童年生活中的不幸、超越自卑的渴望，激发了卡夫卡写作的热情和决心。经由写作，他终于得以面对内心的恐惧，超越自卑，最终创作出《变形记》、《城堡》，成为西方现代派文学的鼻祖。

任何人都会出现自卑的心理，关键在于你是否能直面自卑，把自卑转化成一种向上的动力，让自卑的土壤中长出自信和自尊。

不要让昨天的错影响今天的你

这个世界上有很多人害怕犯错，他们害怕因犯错而失去机会，害怕因失败的打击而一蹶不振。对于狼来说，一次失败的猎捕行动只会磨炼它们的技能，增添它们对成功的渴望。狼从不纠缠于曾经所犯的错误，而是迅速检讨挫败的原因，将其作为成功的开始。

西方有句谚语：不要为打翻的牛奶哭泣。既然牛奶已经打翻，不管你如何悲伤或哭泣也无济于事，牛奶不可能重新装回杯子里。对于无法挽回的错误，自责、埋怨、消沉都无济于事，反而会阻碍新的前进步伐。

西班牙著名作家塞万提斯说："对于过去不幸的记忆，构成了新的不幸。"对过去的错误，如果无法补救，就坚决将其丢到一边。如果终日想着那些不幸的经历和已经错误的路途，只会越来越加剧自己的伤痛，而那样的过去只会让你未来的看法越来越厚重黑暗，越来越可怕。

覆水难收。为过去的错误而烦恼，并长时间地陷入其中不能自拔，不但毫无意义可言，而且会增加精神上的痛苦。

生活中，失败、错误和挫折都是难免的，我们无法拒绝它们的发生，但是我们可以选择不被它们影响，以乐观的态度来看待失败和错误。既然已经发生过的是无法改变的事实，那么我们就勇敢地去面对它，冷静地分析过去的失误和原因，吸取有用的教训，重新投入到新的事情中去。

任何一个人走向成功的发展之路，都不会完全笔直，都要走些弯路，都要为成功付出代价。这代价就是犯错。

成功者也会犯错，但他们之所以成功，就在于他们犯错以后，不是为自己的失误掩面哭泣，而是从跌倒的地方爬起来，于是，成功也就接踵而至。

春秋末年，为报越国人杀父之仇，吴王夫差亲自率领大军攻打越国。越国有个很能干的大夫叫范蠡。范蠡对勾践说："吴国为报仇练兵已快三年。这次吴国士气如虹，来势凶猛，我军不如守住城，不要跟他们直接交战。"然而，勾践不顾范蠡等人的反对，坚持出兵与吴军作战，结果被夫差奇兵包围，大败而逃。

越王勾践逃到会稽后对范蠡说："懊悔当时没有听你的话，弄到这步田地。现在该怎么办？"于是，大臣范蠡献计向吴王求和，而议和的结果则是勾践必须到吴国为仆。三年后，饱受屈辱的勾践终被放回越国。

回到越国后，勾践暗中训练精兵，立志报仇雪耻。最后，越王勾践仅用3000兵马，就灭亡了吴国，成为春秋时期吴越争霸的最终赢家。

越王勾践当初不听范蠡的规劝，一意孤行，导致失败。但在失败后，勾践并没有从此沉迷于失败与悔恨中，而是忍辱负重，从此奋发图强，才赢得了最后的胜利。

事情既然已不可挽回，就别再为它苦恼了。看似简单的一句话，说起来

虽然很轻松，但却很少有人能真正做到。一部分人在失败之后，不是积极地从失败中总结教训，而是从此一蹶不振，始终生活在失败的阴影里。

公元前202年，项羽孤军陷于重围，败至垓下，兵少食尽。韩信、彭越诸军，合围愈急。为动摇楚军军心，汉军夜唱楚歌，项羽闻楚歌，惊惶之中感到大势已去。

入夜，项羽飞身上马，率护从骑兵800多人冲破重围，向南疾驰，然后渡过淮河，到达阴陵，迷失道路。逃至乌江，乌江亭长舣船而待，劝项羽急渡，然后称王于江东，待时再起。但项羽此时陷于失败与自责的旋涡中难以自拔，早已没了斗志，更是感到无颜见江东父老，于是手持短兵，独自搏杀汉兵数百人，最后自刎而死。

才气过人的项羽自刎乌江固然悲壮，但与卧薪尝胆最后赢得成功的勾践相比，不免让人心生几分遗憾。人要做成一些事情，总要经受磨难与锻炼，切不可因为一时的失误而陷于长久的自责与悔恨中，应该奋起直追，在哪儿跌倒，就在哪儿爬起来。

无论过去，我们是成功抑或失败，都可以从头开始。

泰国商人施利华，是商界上拥有亿万元资产的风云人物。在1997年的金融危机中，施利华破产了。人人都在诅咒可恶的金融危机时，施利华只说了一句："好啊！又可以从头再来了！"他从容地走进街头小贩叫卖三明治的行列。不久后，施利华靠三明治实现了东山再起的梦想。

犯下一个错误到底意味着什么呢？无非有三种可能：一是此路不通，从此以后，我们需要另外开辟一条路，不会重返这条通向错误的途径了；二是某处有故障作怪，既然如此，我们就应该想办法寻找发生障碍的环节，最后解决问题；三是还差一两步，如果我们付出的努力还不够，那就做更多的探索。若是经历了成功前的挫折，并能将之转化成自己的智慧和下次努力的资本，这样我们将具备别人不具备的经验。

在不断尝试职业生涯中，我们可能会犯很多错，可能耗费了时间与心力，却只能证实某个提案是无用的。然而这种渴求进步的态度与决心却让我们积累和吸取别人没有的经验，激发出最大潜力，为成功提供可贵的契机。

狼性宣言

我行，我可以，我是独一无二的！

我坚信"天生我材必有用"。

从今天起，我不再神情茫然、愁眉苦脸，我要挺胸直立，面带微笑，从头到脚焕发自信的光彩。

我要立即振作，精神饱满地迎接每一天升起的太阳。

自信是指向胜利的导航塔，是所向披靡的推动力。

自信是一种很强大的力量，大到可以与恶习对抗，与命运抗争。

自信是命运的主宰，人一旦拥有了坚定的信念，就拥有了不可战胜的力量。

人生最大的损失莫过于失掉自信。如果我连自己都不相信，我还能相信什么？

自卑是一种毒药，我绝不让它毒害我。我内心深处的尊严绝不会向自卑妥协。

一个人的成就往往不会超过他的信念，放弃信念，无异于死亡。

第六章　强势生存铁律之五：自动自发，奋勇争先

我是一只狼，我要吃肉，并竭尽全力去吃。我不要像羊一样安于现状，满足于吃草。我要让牙齿更加锋利，体魄更加强健，技能更加高超，用我更强大的实力去与险恶抗争。

积极主动

　　狼群的捕猎方式是十分灵活的，在与各种猎物血腥搏杀的漫长岁月中，狼群积累并具备了高度的智慧，尤其是以狼王为首的中坚力量，更是注意时刻把握作战的主动权，务求捕猎的全胜，使狼群能够顽强地生存下去。

　　狼群掌握了一系列战略战术，能够运用地形、气象神出鬼没，能够正确地选择时机，能够制订切实可行的作战计划，能够集中优势兵力打歼灭战，能够熟练地运用游击战、运动战、闪电战、偷袭战等，从而把捕猎的主动权牢牢抓在手中。

　　对于人类而言，主动权意味着积极主动地去掌控人生、掌控命运。在竞争异常激烈的时代，被动就会挨打，主动就可以占据优势地位。我们的事业、我们的人生不是上天安排的，是我们主动去争取的。如果你主动行动起来，不但锻炼了自己，同时也为自己未来的成功积蓄了力量。

　　前任谷歌全球副总裁李开复在他的自传《做最好的自己》中讲述了这样一个发人深省的故事：

"5 岁的时候，我觉得幼儿园的功课太简单了，于是就主动跟我的父母说：'我想跳级读小学。'父母建议我还是按部就班地读书，等到有足够的能力时再去读小学。

为了学到更多的知识，我大胆地提出：'让我试一下好不好？如果我的能力不行，就不可能通过小学的入学考试；可是如果我考过了，就表明我能、我行，那你们就要让我去上小学。'父母很爽快就答应了。于是我努力读书，最后以高分考进私立小学。

这件事让我懂得，只要积极进取、大胆尝试，就有机会得到自己期望中的成功。这也为我日后的积极与自信奠定了坚实的基础。"

积极主动的人是环境改变的创造者。虽然那时李开复只有 5 岁，但是他已经懂得积极主动地去为自己的目标争取和努力。谁都不愿扮演逆来顺受的被动角色，那么就要发挥你内在的主观能动性，以从内向外、由表及里的方式改变自己，积极地面对一切。

第二次世界大战结束后，日本出现了一家土木工程公司，名叫"间组建设公司"。在当时的日本，最负盛名的是鹿岛、清水、竹中、大成、大森等五大建筑公司，而间组建设公司的实力较弱、规模较小，与它们无法相提并论。每当公司老板神部去和客户洽谈生意时，客户总要以怀疑的眼光对他打量半天，使他心里很不舒服。

神部明白，如果不能改变客户对公司的这种成见，那么，公司在市场上就永远无法把握主动权，只能仰人鼻息，看人脸色，低三下四地求活，就连十拿九稳的生意都会被别人轻易地抢走。于是他想方设法地让各大报纸、杂志在今后的报道中和广告中，把自己和那五大公司并列，统称为"六大建设公司"。

"六大建设公司"的广告刊登出来后，很多人都对神部冷嘲热讽，但神部一概视而不见。过了不久，凭借"六大建设公司"的宣传影响力，越来越多的客户慕名而来。对此，神部要求公司的每一个员工都要以高度的事业心和责任感，确保自己工作的万无一失，确保每一个客户高兴而来，满意而去。热情周到的服务使公司的声誉蒸蒸日上，生产规模逐渐发展起来，很快超过了一些比自己强大的公司。

三年后，间组建设公司足以与那五大建设公司平起平坐、并驾齐驱了，

成了名副其实的日本第六大建设公司。到了这个时候，就再也没有人敢对神部冷嘲热讽了。

神部就这样使公司掌握了主动权，从那些同等规模的公司中脱颖而出，直接与第一流的公司画上了等号。尽管他的广告宣传有欺骗之嫌，但他的出发点是好的，他的目的并不是制造假冒伪劣产品，而是想为自己争取更好的声誉，把命运完全把握在自己手中。

在被动的处境中主动地想办法，提高自己的知名度，改善自己的经营状况，就掌握住了经营主动权。进一步发展下去，就会完全掌握自己的命运，成为屈指可数的大型企业，所获得的利润也会更加惊人。

在工作中，如果什么事情都需要别人来告诉你，那么你已经落后了，这样的职位也挤满了那些主动行动着的人。

比尔·盖茨曾说："一个好员工，应该是一个积极主动去做事，积极主动去提高自身技能的人。这样的员工，不必依靠管理手段去触发他的主观能动性。"

没有一种成功会自动送上门来，任何机会都需要主动争取。爱情如此，幸福如此，财富如此，健康如此，友谊如此，学习如此，机会如此，时间如此，工作亦如此。在工作中，你如果不付出努力，积极主动地做事，就无法得到任何发展的机会。优秀员工和普通员工的区别在于：是否拥有主动工作的积极性。

曾经有一位成功学家聘用一名年轻女孩当助手，替他拆阅、分类信件，薪水与相关工作的人相同。有一天，这位成功学家口述了一句格言，要求她用打字机记录下来："请记住：你唯一的限制就是你自己脑海中所设的那个限制。"

她将打好的文件交给老板，并且有所感悟地说："你的格言令我深受启发，对我的人生大有价值。"

这件事并未引起成功学家的注意，但是，却在女孩心中打上了深深的烙印。从那天起，她开始在晚饭后回到办公室继续工作，不计报酬地干一些并非自己分内的工作——譬如替老板给读者回信。

她认真研究成功学家的语言风格，以至于这些回信和自己老板写的一样好，有时甚至更好。她一直坚持这样做，并不在意老板是否注意到自己的努

力。终于有一天，成功学家的秘书因故辞职，在挑选合适人选时，老板自然而然地想到了这个女孩。

在没有得到这个职位之前已经身在其位了，这正是女孩获得提升最重要的原因。当下班的铃声响起之后，她依然坚守在自己的岗位上，在没有任何报酬的情况下，依然刻苦训练，最终使自己有资格接受更高的职位。

故事并没有结束。这位年轻女孩如此优秀，引起了更多人的关注，其他公司纷纷提供更好的职位邀她加盟。为了挽留她，成功学家多次提高她的薪水，与最初当一名普通速记员相比已经高出了四倍。

主动去做老板没有交代的事情，并把这些事做好，你就能提升自己在老板心目中的位置，就会被调升到更高的职位，获得更大的成功。

现在，许多年轻人大多是茫然的。他们每天在茫然中上班、下班，到了固定的日子领回自己的薪水，高兴一番或抱怨一番之后，仍然茫然地去上班、下班……然而，我们固然是踩着时间的尾巴准时上下班，但是我们对工作的热情、对生活的憧憬、对理想的追求早已消失殆尽，我们只不过是"混日子"罢了。

没有自愿走向狼的羊，天上更不可能会掉"馅饼"。成功靠的是积极主动，不管外部环境怎样，我们都应该把自己的命运和事业的成功稳稳地抓在自己手中。

"知道"更要"做到"

头狼之所以能够成为头狼，源自于它知道成为头狼是它奋斗的目标，正因为清晰、明了自己以后的目标，激发了它体内的潜能，让它无论在什么样的处境中都能保持积极进取的心态，从而成为狼族的精英。

在目标确定后，不断地进取是头狼所显现出来的一个典型的特征，也是值得我们人类学习的地方。然而，很多时候，我们大多数人虽然有目标，但是在还没有着手去做的时候，就开始懈怠或者打退堂鼓了。

美国众议员艾德·佛曼曾经在一次演讲中对那些不愿采取行动的空想家

进行了细致刻画：总有一天我会长大，我会从学校毕业并参加工作，那时，我将开始按照自己的方式生活。总有一天，在还清所有贷款之后，我的财务状况会走上正轨，孩子们也会长大，那时，我将开着新车，开始令人激动的全球旅行。总有一天我将买辆漂亮的汽车开回家，并开始周游我们伟大的祖国，去看一看所有该看的东西。总有一天……

追求卓越、渴望富强是每一个人的梦想。但是为什么世界上 20% 的人却掌握了 80% 的财富，而 80% 的人仅仅掌握了 20% 的财富？其实，平庸与卓越的差别，仅在"知道"还是"做到"这四个字上。

2007 年好评如潮的电视剧《士兵突击》不仅造就了一群兵迷，更给了我们无数启发。其中，王团长有这样一句经典台词："想要和得到中间还有两个字，那就是做到。你只有做到，才能得到！"

马云说："这世界上没有优秀的理念，只有脚踏实地的结果。"现在是最不缺乏理念的时代，你随处都可以听到各型各类的"理念"，在创业者中或在准创业者中更多。但是，理念只有与实际紧密结合，并实实在在地被实践过，才能证明其价值的高低，否则，理念本身是不值钱的。

约翰·沃纳梅克——美国出类拔萃的商业家这样说过："没有什么东西你是想得到就能得到的。"很多人把理想停留在空想的世界中，而不身体力行，他们甘愿做思想上的巨人，行动上的矮子，最终只能是竹篮打水一场空。

一个推销员要想成功，必须付出行动，必须永远比普通人做得更多，当别人放弃的时候，他却去找寻下一位客户。否则，无论他拥有什么宝典，即使手中拥有羊皮卷，也永远不可能创造财富。

一张地图，不论多么详尽，比例多么精确，它永远不可能带着它的主人在地面上移动半步；一只鸟的翅膀，无论多大，如果不努力振动，它永远也不可能展翅高飞；一个人的才能，无论多高，如果不努力拼搏，永远也不会成功。如果我们整天停留在创业梦想的阶段，梦想永远只是一个梦想。

从前，有一户人家的花园中摆着块大石头，宽度大约有 40 厘米，高度有 10 厘米。到花园的人，不小心就会碰到那块大石头，不是跌倒就是擦伤。

儿子问："爸爸，那块讨厌的石头，为什么不把它挖走？"

爸爸回答说："那块石头从你爷爷时代起，就一直'生'在那儿，它的体积那么大，不知道要挖到什么时候，挖这块石头，不如走路小心一点，还

可以训练你的反应能力。"

过了几年，这块大石头留到了下一代，当时的儿子娶了媳妇，当了爸爸。有一天媳妇气愤地说："爸爸，花园那块大石头，我越看越不顺眼，改天请人搬走好了。"

爸爸还是这样回答："算了吧！那块大石头很重的，可以搬走的话在我小时候就搬走了，哪会让它留到现在啊?"

媳妇心里非常不是滋味，因为那块石头不知道让她跌倒多少次了。第二天一早，媳妇带着锄头和一桶水，将整桶水倒在大石头的四周。她下定决心，即使是花上三天两夜的工夫也要把这块石头撬出来搬走。媳妇用锄头把大石头四周的泥土搅松。但谁都没想到，几分钟以后她就已经把石头撬松并挖了起来，看看大小，这块石头并没有想象得那么大，都是被那个巨大的外表蒙骗了。

事情往往并没有想象中那么可怕和艰难，对于想要投资的人来说，什么也别想，先尝试着做一次！一边做一边修正，也许最初看起来希望不大的事，最终就会获得较好的结果。

穷人之所以穷，很多时候不是因为没有梦想，而是没有让梦想照进现实。毛主席很早就说过："要想知道梨子的滋味，就要亲口去尝一尝。"这其实是再简单不过的道理，不行动永远不会有结果。

除非你开始行动，否则你到不了任何地方。成功往往很简单，只要将你的想法付诸实践。做到，你就得到了。

法兰西帝国缔造者，卓越的军事家拿破仑有句名言：先投入战斗，然后再见分晓。行动可以证明一切，万事万物的变化和更新都是在不断的行动中从量变到质变的。

即使我们的行动不会带来快乐与成功，但行动失败总比坐以待毙好。行动也许不会结出快乐的果实，但没有行动，所有果实都无法收获。

美国著名的成功学大师马克·杰弗逊说："一次行动，足以显示一个人的弱点和优点，能够及时提醒此人找到人生的突破口！"每次失败除了表明你向成功目标又迈进了一步外，并不会有实质性的损失，即使有损失，最后的成功也会加倍挽回一切！

行动之于渴望成功的我们，像食物和水一样不可或缺。没有条件，要创

造条件；没有时间，要挤出时间。总之，不管你决定要去做什么事，也不管你设立了多少目标，无论你做什么，请立即行动！

绝不拖延

每一个人都有生老病死，喜怒哀乐，狼也是如此，但是狼从来不把这些当成行动的障碍。狼王一旦发出行动的号令，刚刚受伤在舔舐伤口的老狼，长途跋涉在河边喝水的饥狼，正在哺育儿女的母狼，都会在第一时间放下正在做的事情，去执行狼王的命令。

一个真正优秀的人和狼一样，只有立即行动，一切成功才成为可能。任何事情一旦拖拉，就可能错过最佳的时机。

伍迪·艾伦说过："生活中90%的时间只是在混日子。大多数人的生活层次只停留在为吃饭而吃，为搭公车而搭，为工作而工作，为回家而回家。他们从一个地方逛到另一个地方，使本来应该尽快做的事情一拖再拖。"

大多数人都有这样的经历，清晨闹钟将你从睡梦中惊醒，想着该起床上班了，同时去感受着被窝的温暖，一边不断地对自己说该起床了，一边又不断地给自己寻找借口"再等一会儿"，于是又躺了5分钟，甚至10分钟……最后急急匆匆洗漱上班，甚至迟到。

在工作中，很多人都会发生这样的状况，接到一项工作任务，对自己说时间很宽裕，拖延一段时间后，猛然觉察时间所剩无几，马上超负荷工作，只求完成任务。

拖延在人们日常生活中司空见惯，如果你将一天时间记录下来，就会惊讶地发现，拖延正在不知不觉地消耗着我们的生命。

畅销书《QBQ》的作者约翰·米勒在拖延一节讲了这样一个故事：约翰·米勒打算将一张旧的大型木书桌送给他的朋友。由于他的朋友不想要桌子上那块0.25寸厚、5×3尺见方的透明玻璃，他便随手把玻璃靠在了一旁。

他的朋友把书桌运走时，反复提醒他："你最好把这块玻璃摆在比较安全的地方。"约翰一边回答是，一边在心里告诉自己待会儿一定要处理，之

后他便去忙其他事情了。整整一天，约翰每次走过那块玻璃时，都会告诉自己应该尽快把玻璃移走，同时他也在一直想：待会儿、待会儿。

晚上，意外发生了。约翰9岁的儿子不小心撞在了玻璃上，肚子上有几百片碎玻璃，有些长度超过一尺。约翰痛心疾首，懊悔不已。但令人庆幸的是，他的儿子没有受一点儿伤。

约翰·米勒的拖延差一点酿成了一场悲剧。如果拖延的事情迟早要做，为什么要等一下再做？也许等一下就会付出更大的代价。

在战场上，两军对垒，形势危急，一触即发。这时候一分钟的拖延，损失都是不可估量的。美国独立战争时期，英国的拉尔上校正在玩纸牌，忽然有人递了一份报告说，华盛顿的军队已经进军到德拉瓦尔了。但他只是将来件塞入衣袋中，等到牌局完毕，他才展开那份报告，待到他调集部下出发应战时，已经太迟了。结果是全军被俘，而自己也因此战死，仅仅是几分钟的延迟，就使他丧失了尊严、自由与生命！

人们常常因为拖延时间而陷入不断的自我谴责之中，告诫自己，下次一定不要拖延。然而，下一次又会不自觉地故技重演。这种频繁的拖延行为如此司空见惯，以至于我们把它当成了一种不可改变的本性。

这看似是人的本性，实质上是在工作和生活中养成的一种恶习。没有什么习惯比拖延更为有害，更没有什么习惯比拖延更能使人懈怠、减弱人们做事的能力。

拖延并不能使问题消失，也不能使解决问题变得容易起来，而只会使问题深化，给工作造成严重的危害。我们没解决的问题，会由小变大，由简单变复杂，像滚雪球那样越滚越大，解决起来也越来越难。

拖延一旦形成习惯，就会慢慢消磨人的意志，使人们对自己越来越失去信心，怀疑自己的毅力，怀疑自己的目标，甚至会使性格变得犹豫不决。

除此之外，拖延会使人变成制造借口与托词的专家。人们常常能找出成千上万个理由来辩解为什么事情无法完成，而且把"事情太困难、太昂贵、太花时间"等种种理由合理化。更严重的是，有的人非但不找自己的问题，还把一切问题归咎于他人，抱怨的情绪由此而生。

正如持续改善的正面力量一样，拖延的反面力量同样强大。每天拖延一点点，你的惰性会越来越大，长久下去，你将跌入万劫不复的深渊。

世界首富比尔·盖茨说："凡是将应该做的事拖延而不立刻去做，而想留待将来再做的人总是弱者。凡是有力量、有能耐的人，都会在对一件事情充满兴趣、充满热忱的时候，就立刻迎头去做。"

世上有93%的人都因为拖延的陋习而一事无成。每个人的一生中总有许多美好的憧憬、远大的理想、切实的计划，然而，拖延让我们总是有憧憬而不能抓住，有理想而不能实现，有计划而不去执行，坐视这些憧憬、理想、计划——幻灭和消逝。

"明日复明日，明日何其多，此生待明日，万事成蹉跎"。如果你总是把问题留到明天，那么，明天就是你的失败之日。同样，如果你计划一切从明天开始，你也将失去成为行动者的所有机会。明天，只是你愚弄自己的借口罢了。你必须从今天开始做起，也唯有从今天开始做起！当你开始着手做事——任何事，你就会惊讶地发现，自己的处境正迅速地改变。

当断则断

一只狼在觅食的时候，中了猎人设下的陷阱。狼饥寒交迫，却又无可奈何，它嚎叫着，试图挣扎出猎人的暗器，但越是挣扎腿就会被夹得越紧。最后狼用尖利的牙齿咬断了自己受伤的腿！

狼为了不给猎人留下生擒活捉的机会，它可以冷静地咬下自己的残腿。狼如此，人亦然。

42岁的美国探险者尼尔·巴特勒，在人烟稀少的加拿大西部雪地上行走时，突然被捕熊器牢牢地夹住了脚。更糟糕的是，这一地区晚间温度会降到零下几十度，如果他不能离开这里，就会被活活冻死。就在这紧要关头，尼尔·巴特勒果断选择"给自己截肢"。他嘴里咬住帽子以防痛苦中喊叫时咬伤舌头，用衣服扎住小腿来止血，然后用锯齿刀锯断了自己的腿骨。截肢成功后，他开车走了150多公里找到了森林边上的一个医疗站，最终获救了。

无论是狼，还是人，一生中都会出现左右为难的情形，为了得到一半，必须舍弃另一半。若过多权衡，患得患失，到头来将两手空空，一无所得。

在任何情况下，不能信心百倍地做出自己的决断都是一个悲剧。

很多人创业前心里很矛盾，既有创业单干的激情，同时又担心失败后悲惨。所以他们往往思考了很长时间，最后还是决定等待。然而，日复一日，年复一年，岁月流逝，光阴不再，沉浸在打工的生涯中难以自拔，身上的经济枷锁日益沉重，无力再搏，最后只好认命，打工一辈子。既然我们确定了目标，就要果断地采取行动，不要前怕狼后怕虎，犹豫不决。

一个美国人打算买印度人的三幅画，印度人要价250美元，美国人为此很犹豫，他只愿出价200美元一幅。印度人毫不犹豫地烧掉了一幅，美国人见状连忙表示愿以每幅250美元的价格买下剩下的两幅画。但此时，印度人将价格涨到了400美元。美国人再次犹豫，印度人则果断地再次烧掉了一幅画。只剩下最后一幅画，美国人再也不敢犹豫了，立刻以950美元的高价买下了这最后一幅画。

优柔寡断的美国人最终输给了果断的印度人。当你畏首畏尾不敢迈动哪怕是极小的一步时，滚滚的财源正在从你的脚下悄悄地溜走。

成千上万的人虽然在能力上出类拔萃，但却因为犹豫不决的行动习惯错失良机而沦为平庸之辈。失败者总是考虑那些"假若如何如何"，所以总是因故拖延，最终剩下的只能是懊悔。

我们常常说做事要三思而后行，但是过分的优柔寡断，浪费的是生命的能源，会错过太多的机遇。歌德说："犹豫不决的人永远找不到最好的答案，因为机会会在你犹豫的片刻失掉。"

盛大网络公司的总裁陈天桥说："机会就像一扇快速旋转着的门，想要成功的人要看准机会快速地挤进去。在30岁之前，一个人最多得到人生全部机会中的1/3，如果不能好好把握，必将一事无成。"

机会稍纵即逝，当机会来临，善于发现并果断地抓住它，要比貌似谨慎的犹豫好得多，犹豫的结果只能错过机遇，当断则断才是改变命运的最好办法。

果断是什么？果断不是草率，更不是鲁莽。果断是对信息作了充分加工，作出十分迅速准确的反应，是"短、平、快"式的深思熟虑。商场如战场，商战惊心动魄，同样需要当机立断，否则只会贻误商机。

钢铁大王安德鲁·卡耐基认为：机遇往往有这样的特点，它意外地来临，又会像电光石火一样稍纵即逝。这个特征要求人们在资料、信息、证据不是很充足，而又来不及做更多搜集、分析的情况下，做出决断。

安德鲁·卡耐基经商时，也曾有过犹豫。但随着经验的增长，他变得越来越果断，事业也越做越大。

美国南北战争结束后，美洲大陆的铁路革命和钢铁时代也随之来临：政府首先核准联合太平洋铁路公司，再以它所建造的铁路为中心路线，核准另外三条横贯大陆的铁路路线。同时，各级政府部门还提出了数十条铁路工程计划。

为了垄断横贯铁路的铁轨和铁桥，卡耐基果断地不计血本地买下了两项钢铁制造的专利。因为，如果用当时的铁轨制造技术来制造眼下的铁轨，极易产生裂纹。而采用新专利技术，则可以增加约 1/3 的纯度，大大延长了铁轨的使用年限。这一决断最终给卡耐基带来了约 5000 镑黄金的利润。

很多人总想着等到条件成熟的那一天，或者有百分之百把握那一天才行动，而那一天从来就没有出现过。时代在前进，情况在变化，在"犹豫"的过程中，你也许就错过了最佳时机，成功的胜算就会大打折扣。如果你想等条件都完美了才开始行动，很可能你永远都不会开始。

雷厉风行难免会犯错误，但总比什么都不敢做强。

威廉·沃特说："如果一个人永远徘徊于两件事之间，对自己先做哪一件犹豫不决，他将会一件事情都做不成。如果一个人原本做了决定，但在听到朋友的反对意见时犹豫动摇、举棋不定，那么，这样的人肯定是个性软弱、没有主见的人，他在任何事情上都只能是一无所成，无论是举足轻重的大事还是微不足道的小事，概莫能外。"

一个父亲试图用金钱赎回在战争中被敌军俘虏的两个儿子。这个父亲愿意以自己的生命和一笔赎金来救儿子。但他被告知，只能以这种方式救回一个儿子，他必须选择救哪一个。这个慈爱而饱受折磨的父亲，非常渴望救出自己的孩子，甚至不惜付出自己的生命为代价，但是在这个紧要关头，他无法决定救哪一个、牺牲哪一个。这样，他一直处于两难选择的巨大痛苦中，结果他的两个儿子都被处决了。

有的时候犹豫就意味着失去。获得成功的最有力的办法是迅速做出该怎么做一件事的决定。排除一切干扰因素，一旦做出决定，就不要再继续犹豫不决。否则，后果很可能是灾难性的。

第二部分 血性的狼性心态——强势生存的六大铁律

狼 性 宣 言

我不是空想家，一旦想要得到，我就会迈出坚定的步伐。

我拒绝思想的浮华，行动是我最有力的轰炸。

我不会让成功的希望在漫长的思考中蒸发，硝烟四起的战场上，困难只能在我的脚下挣扎。

我是美好人生的创造者，所以我要对自己的梦想穷追不舍。

我是远大目标的成就者，所以我在通往成功的征途上永不后撤。

我不是逆来顺受的弱者，所以我要时刻保持旺盛的斗志，成为自己命运的掌控者。

从今往后，我要坚决斩断拖延的习惯，拒绝成为懒汉，拒绝让拖延消耗我惊人的才干。我要当日事当日毕，不让拖延成为我生命中的司空见惯。我要快马加鞭，绝不让拖延故技重演。

我不会让犹豫主宰我的命运，损耗我的刚劲，决断才是我的本性、是强者的灵魂。

第二部分 血性的狼性心态——强势生存的六大铁律

83

第七章　强势生存铁律之六：谨慎观察，抢操胜券

黑色的夜，我用闪着幽幽绿光的双眼，疯狂地搜寻猎物，我观察并记住猎物身上细微的个性特征和习惯，把握战机，果断出击，不给猎物一丝一毫的生存余地。我脚踏厚土，仰首向天，我有不屈的颈项和头颅，我活得最真实精彩！

细节决定生存

狼注重细节，并善于从中发现机遇。在每次攻击之前，狼都会了解猎物，观察并记住猎物许多细微的个性特征和习惯，所以狼的攻击对于许多动物来说是致命的。细节中存在机遇，细节决定成败，完美的细节创造成功。

"天下大事必做于细，天下难事必做于易。"细节是一种习惯，是一种积累，是一种智慧。注重细微，小心谨慎，是狼在恶劣环境中能够生存数百年的法则之一。

如果成功是一棵参天古柏，那么细节就是不断分生的枝丫。如果成功是一座宏伟的金字塔，那么细节就是构建金字塔的每一根木桩、每一块石头。如果成功是屹立世界之巅的珠穆朗玛峰，那么细节就是千百年来积淀的各种化石。

不要认为沙子和露珠渺小，一粒沙子能反映一个世界，一滴露珠总是能折射出太阳的光芒。细节就像一块敲门砖，忽视了细节，成功就跟你擦肩

而过。

细节虽小，却决定命运。职业棒球赛中，一名二线击球手的平均命中率为 25%，而职业棒球巨星的命中率为 30%，因为 1/20 的差别使得两类选手在职业生涯中有着天壤之别。人生有时就如同一场棒球赛，从"一般"到"极品"往往只是一小步，或许当你发现了细节中存在的差异，你就成为"一般"中的"极品"。

细节虽微，却造就珍品。"徐悲鸿的马，齐白石的虾"。众人皆知齐老画虾可谓出神入化，却不知民国间在湖南湘潭"少一根虾须"的故事。齐白石创造的山石、花草、鱼虫，无一不是经过细心观察而下笔的，因此了解他人和画的鉴赏家们分辨其笔墨真假的一个标准，就是画上之物与真实有无不妥之处。当年一幅临摹至极的赝品，就是因为少了一根虾须而无缘进入博物馆，可见其画功夫了得之处在于细节。

拥有了细节，就像群峰拥有了岩石的平实坚韧而变得高峻壮美。

拥有了细节，就像森林拥有了树木的挺拔苍翠而显得广阔蓊郁。

拥有了细节，就像大海拥有了小溪的顽强乐观而显得波澜壮阔。

注意细节其实是一种功夫，这种功夫是靠日积月累培养出来的。日积月累的功夫就形成习惯。古印度有句谚语："良好的行为形成良好的习惯；良好的习惯形成良好的性格；良好的性格决定成败的命运。"

如果没有良好习惯为基础，任何理想的蓝图都难以建立。习惯是由日常生活中一点一滴的细微之处不断积累所形成的。所以，古人说："不积跬步无以至千里，不积小流无以成江河。"从更深刻的意义上讲，细节如同人生之基，基础水平决定人的发展水平。重视细节就像在"人生银行"中存放"成功资本"。这种资本会不断增长，可以使人终生享受它的"利息"。

细节是平凡的，但显示力量。儿子跟父亲吵翻了天，声称再也不要跟他讲话！但出门前，父亲的一句"多穿点儿衣服，少喝酒！"却让儿子热泪盈眶。因为平凡的一句话，一个细节，却显示着巨大的爱的力量。与其说这是父亲的"投降"，不如说这是细节的魅力感化了儿子。

细节是微小的，但富有灵性。两家西餐厅，一家门庭若市，一家门可罗雀。老板来到对面的餐厅寻找不同，他发现，一进门便有一块温暖的毛巾递上，刚入座即有一杯香甜的柠檬水享用……仅此细节的差异就造就了两家餐

厅的迥然命运。与其说这是前者店主的睿智，不如说是细节的注重带来了灵性，从而招来了宾客盈门。

细节是随意的，但透出思想。两家比邻的面馆，同样深受顾客好评，但每月收益却截然不同。后来收入逊色的老板发现，自己家经常问光顾的客人"加不加鸡蛋？"隔壁家在为客人点面的时候则问"您是加一个鸡蛋还是两个鸡蛋？"原来因为一个看似随意的问题却影响着收入的巨大差异。与其说是服务员的"狡猾"，不如说是细节的魅力为店家带来丰厚的收益。

空城计中，诸葛亮不费一兵一卒就将司马懿的四万大兵逼退。诸葛亮的成功，除了超常的智慧和胆识，还有一个重要的因素就是注重细节。他命人藏起旗帜，大开城门，每扇门派 20 个军士洒水扫地。自己则身着鹤氅，头戴纶巾，仅带着两个小书童在城楼上弹琴，甚至没有忘记点起檀香。

如果诸葛亮不是抓住了司马懿生性多疑的特点，如果他不是将每一个细节都布置得天衣无缝，又怎能骗过老奸巨猾的司马懿？又怎能留下战争史上的奇迹？

试想，假如有一个扫地的士兵露出了慌乱的神色，假如他的纶巾系得不端正……任何一个环节露出蛛丝马迹都将功亏一篑，前功尽弃。

想做大事的人不少，但愿意把小事做细的人很少；雄韬伟略的战略家不少，但精益求精的执行者很少；各种规章制度不少，但不折不扣的执行很少。

我们应该改变心浮气躁、浅尝辄止的毛病，重视细节，从小事做起，这样才能保证事业的成功。

因为有了细节，才有了世界上最美丽的微笑——《蒙娜丽莎》；因为有了细节，才有了"史家之绝唱，无韵之离骚"的《史记》；因为有了细节，才有了神舟六号、神舟七号的发射；因为有了细节，才有了汶川地震中从废墟中所抬出的坚强生命；因为有了细节，才有了随处可见的关爱残疾人的各种设施；因为有了细节，才有了奥运场馆中笔笔皆是的人文关怀；因为有了细节，才有了来自各国的佩服、称赞……

细节时刻隐藏在我们身边，只要你善于观察，勇于探索，细节随处可见。面对成功我们缺乏的是寻求细节的慧眼，踏实稳健的手脚和一颗坚持不懈的心。

第二部分 血性的狼性心态——强势生存的六大铁律

1%的错误会带来100%的失败

草原上，狼是依靠速度猎取食物的，而同时生活在草原上的黄羊、羚羊，还有鹿等食草动物也都是依靠速度来逃脱死亡的命运。捕猎中，如果狼群错失了1%的下手机会，那么将100%的失去享用美餐的权利。勇敢机智的狼不容错失任何细节，因为它们明白，细节的疏忽将带来灭亡。

通常，所有人都会认为100－1＝99，可是更多时候100－1＝0。正是这微小的疏忽让我们与成功失之交臂。一个看似不起眼的小细节也会引起轩然大波，一次无意的疏忽必将导致失败的降临。

"一马失社稷"是发生在英国查理三世在位时的惨痛教训。当年国王查理准备与里奇蒙德决一死战，查理吩咐下人去给自己的战马钉马掌，当铁匠钉到第四个马掌时，由于缺少两个钉子，便偷偷地敷衍了事。双方交火，大战中忽然一只马掌掉了，国王查理被战马掀翻在地，继而被俘。

"少了两个铁钉，掉了一只马掌，惊了一匹战马，败了一场战役，失了一个国家"。1%的错误导致了100%的失败，一个庞大的王朝，就毁在了两个"微之甚微"的钉子上！

雨滴虽小，聚而成海。沙尘虽小，堆积成山。对于多数人而言，日复一日地都是在做一些小事，假如每个人都能把自己所在的岗位的每一件小事做好、做到位就不会因为1%的失误导致全盘皆输了。

细节无处不在，但细节不会自动摆在人的眼前，而是需要人去寻找并发现它们。每发现一个细节，都会成为你将来成功的铺垫；每注意一个细节，都会使你的成功多一分希望。一个善于发现、注意细节的人，方可成就伟业。

洛克菲勒掌握了全美95%的石油，他成功地研制出了一种比同类焊接机节省一滴焊接剂的全新机器。仅这"一滴"的成功，洛克菲勒一年就为公司带来了35万美元的利润。细节上的突破获取的不仅是利益，更是一种权利。

1%的疏忽，可能导致100%的失败，甚至是生命的丧失。

美国在一次新型飞机试飞的时候，由于技术人员点错了小数点，结果造

成机毁人亡。意大利的比萨斜塔每增加 1 厘米的倾斜，都可能导致斜塔的倾覆。

中国人做事习惯"说"，而日本人做事习惯把任何一个细节用文字记录下来。在中国人眼里，日本人做事太死板，就因为日本人的"死板"，日本的众多产品才做得十分精细。

在麦当劳，仅是一个烤制牛肉饼的工序就有 20 多页的文字表述。在日本，一条鱼加工去毒就必须经过 30 多道工序。在英国"POLO"皮具公司，缝制的任何一个皮包都有一个硬性规定——1 寸之内必须缝 8 针。操作者必须严格执行，绝不能"抽条"。

细节虽小，却往往决定事情的成败。从点滴做起，精益求精，才是成功的保障。千里之堤，溃于蚁穴。许多细节往往是决定成败的关键，许多大事上的失败正是缘于小节上的疏漏。

做事情如同烧开水，99℃就是 99℃，如果不持续加温，是永远不能成为滚烫的开水的。所以我们只有烧好每一个平凡的 1℃，在细节上精益求精，才能真正达到沸腾的效果。

小事不可小看，细节彰显魅力。在我们工作中、生活中，想平凡中创造卓越，就要心思细腻，从点滴做起，以认真的态度注重每一个细节，以谦虚的心态对待每一个细节。让我们做事就像烧好每一个平凡的 1℃，最终达到成功的目的。

"零缺陷之父"菲利浦·克劳士比曾说："一个由数以百万计的个人行动所构成的公司经不起其中 1% 或 2% 的行动偏离正轨。"

事实证明个人的疏忽关乎企业甚至国家的荣辱。前不久，巴西出产的冷冻虾仁被欧洲商家退货，并且要求索赔。其原因是欧洲检验部门从部分冷冻虾仁中查到了 10 亿分之 0.2 克的氯霉素。厂家经过自查，原来问题出在加工上。剥虾仁要靠手工，一些员工因为手痒难耐，用含氯霉素的消毒水止痒，结果将氯毒素带入虾仁。

10 亿分之 0.2 克的含量已经细微到极致了，也不一定会影响人体健康，但就是这表面上看起来"不伤大雅"的细节，却导致了一个企业，甚至一个国家的"管理低下"和"质量危机"。

工作之中无小事，疏忽必将碍大业。一台拖拉机，有六七千个零部件，

要几十个工厂进行生产协作；一辆小汽车，有上万个零件，需上百家企业生产协作；一架"波音747"飞机，共有450万个零部件，涉及的企业单位数不胜数。在这由成百上千乃至数百万的零部件所组成的机器中，每一个部件都容不得1%的差错。否则的话，生产出来的产品不仅是残次品、废品的问题，甚至会危害人的生命。

国家、企业尚且如此，更何况个人呢！每个人都会有大而化之、马马虎虎的毛病，以至于现代社会上"差不多"先生越来越多。好像、几乎、似乎、将近、大约、大致、大概等，成了"差不多"先生的常用词。就在这些词汇一再使用的同时，生产线上的次品出来了，矿山上的事故频频发生了，社会上违法乱纪不讲原则的事情也是屡禁不止。

企业最忌讳的是"大而化之"，做人最忌讳的是"以恶小而为之"。如果每个人都能抓住那不起眼的1%，成功就不再是遥不可及的幻想！

每一件小事都是大事

狼尊重每个对手，而不会轻视它。狼为了捕获猎物，可以持续好几天的时间，观察并监控被它们盯上的猎物群，并且绝不会在观察的过程中，显露出丝毫的懈怠。在这段时间，它们会仔细地分析目标猎物成员们的各种状态。狼甚至能够观察并记忆动物许许多多连人类都无法觉察到的性格特征和习性。

成功学大师卡耐基曾说："一个不注意小事情的人，永远不会成就大事业。"在人们的潜意识里，常把自己将要做的事情感性地划分为值得做或是不值得做。我们经常将自认为不值得做的事情马虎对待，甚至干脆不做。在工作中，太多的人将目光投在能够满足虚荣心或是能够出人头地的"大事情"上，认为工作中的许多具体事情是不值得做的小事。"大事做不好，小事不去做"，往往是失败的主要原因。

对每个人来说，工作应该是一种义不容辞的责任，而不是负担。我们每个人除了要认真对待工作之外，还要注重细节。把工作做到完美，以最高的认同感和满意度来要求自己，这就要注重细节，注重工作中的小事情。

把小事当大事去做，体现了一个人对工作的认真态度。美国标准石油公司曾经有一位小职员叫阿基勃特。他在出差住旅馆的时候，总是在自己签名的下方，写上"每桶4美元的标准石油"字样，在书信及收据上也不例外。凡是需要签名的地方就一定写上"每桶4美元的标准石油"。他因此被同事们讽刺地称作"每桶4美元"。公司董事长洛克菲勒知道后大为震惊，于是邀请阿基勃特共进晚餐。后来，洛克菲勒卸任，阿基勃特当之无愧地成为第二任董事长。

在签名的时候署上"每桶4美元的标准石油"，这算不算小事？是不是滑稽之谈？严格说来，这件"小事"根本不在阿基勃特的工作范围之内。但阿基勃特做了，并坚持把这件"小事"做得堪称完美。那些嘲笑他的人中，肯定有很多才华出众、能力超群的优秀人才，可是他们全部忽略了这件"小事"。

尽职尽责地完成工作，重视工作中的小事与细节，这不仅是工作的原则，也是人生的原则。

苏格拉底在开学第一天对他的学生们说："今天咱们来做一件有意思的事，每个人尽量把胳膊往前甩，然后再往后甩。"说着，他做了一次示范。"从今天开始，每天早上起床后做150次，睡前再做150次，大家能做到吗？"学生们都笑了，这么简单的事，谁做不到？可是一年之后，苏格拉底再次提到一年前的要求时，全班却只有一个学生坚持做到了，这个人就是后来举世闻名的哲学家——柏拉图。

一件简单的小事情，能反映出一个人的责任心。做好工作中的小事，才是真正能堪负"大责任"的人。工作不是被迫而做的苦役，在工作中投入热情，我们会发现，其中蕴涵着极大的乐趣。把工作当成苦役的人，只能永远做别人分配的工作，却未必能把分配的事情做好。而考虑到细节，注重小事，把工作当做乐事去做的人，将小事做细致，不仅学习到知识，而且必将在做小事中发现机会，最终走上成功之路。

严谨的工作态度是做好小事的前提。无论做哪种工作，不注重细节，忽视小事，都会给公司及个人带来负面的影响，甚至造成损失。

一家药厂，准备引进外资扩大生产规模。经过多方考察协商后邀请拜尔

公司来厂考察。拜尔公司立即派代表前往药厂参观学习。进行了短暂的室内会谈之后，药厂厂长便陪同这位代表参观生产线。在参观制药车间的过程中，厂长随地吐了一口痰。拜尔公司的代表顿时惊讶不已，随后便马上拒绝继续参观，回国后当即终止了与这家药厂的一切谈判。

很多时候，一件看起来微不足道的小事，或者一个并不明显的变化，却能改变人的命运。工作中无小事，这首先要求我们极具责任心，不放过每一个细节，认真去对待它、完成它。有的人不甘心做小事，甚至轻视做小事，只想成就大事，因此心态很浮躁，做事漏洞百出。只有端正心态，去除贪做大事的心理，把小事做到位，才能提高工作质量。

在工作中，没有任何一件事情，小到可以被抛弃；没有任何一个细节，细到应该被忽略。同样是做小事，不同的人会有不同的体会和成就。不屑于做小事的人做起事来十分消极，不过是在工作中混时间；而积极的人则会安心工作，把做小事作为锻炼自己，深入了解公司情况，加强公司业务知识，熟悉工作内容的机会。利用小事去多方面体会，增强自己的判断能力和思考能力。

每个行业，都有自己的行业特色。每个企业，都有自己的企业文化。每个人，都在工作中有自己的岗位，在生活中扮演自己的角色。没有人希望庸庸碌碌，得过且过地了却余生。然而，当我们对一些平凡琐碎的工作缺少热情、敷衍了事时，当我们开始为自己的默默无闻而自怨自艾或者怨天尤人时，我们是否想过是什么阻碍了我们的发展？是什么让机会从我们身边悄然离去？

成功不是偶然的，有时看起来很偶然的成功，实际上你只看到了表象。正是对一些小事情的处理方式，已经昭示了成功的必然。小事如此，大事亦然。工作中无小事是我们必须具备的一种锲而不舍的精神，一种坚持到底的信念，一种脚踏实地的务实态度，一种自动自发的责任心，一种全力以赴的执行力。

危机藏于细节

狼群在进行大规模的打围行动之前，总要进行细致的谋划，详细掌握猎物的活动规律，了解地形地貌，发现其中的有利因素和不利因素，制订切实可行的攻击方案，设置诱敌深入的圈套等，一切准备就绪，狼群才展开果断的军事行动。

细节就像人体的细胞一样举足轻重，谁能把握细节，谁就能悄然成功。细节也像人体中的病毒一样不可忽视，平日的漫不经心必然会招致隐患。

细节是把"双刃剑"，成也细节，败也细节。我们只有时刻关注细节，才能让细节这把双刃剑成为我们成功路上用来披荆斩棘的利器。细节孕育机会，细节也隐藏风险。

毛病不是错误，却是错误的根源。莫让小毛病成为大问题，莫让小毛病致人平庸。人们常说，平凡不可怕，可怕的是平庸。很多时候导致一个人庸庸碌碌度过一生的最大原因就是忽视细节。失之毫厘，谬以千里，看似不起眼的一个小错误，如果不能及时纠正，最终就会酿成大祸。

小毛病、坏习惯并非小事儿。很多不文明的习性乃至一些无法挽回的错误，常常是由小细节引起的。细节把握不好就会身受其害。试想如果你是一名人力主管，你会招聘一位迟到数十分钟却没有半句解释道歉的人吗？如果你是一名谈判师，你能跟一位一边玩弄手指，一边整理衣角的人继续商谈吗？如果你是一名购房者，你会接受一位售楼小姐不断看表，不时整理头发地向你介绍吗……

生活中，被我们忽略的小毛病数不胜数，但是被我们发现并改正的却寥寥无几。正是这些经常被我们忽视的"小毛病"挡住了我们升职的机会，阻碍了我们成功的道路。当你还在因为无法得到重用而怨天尤人的时候，当你因为未能成功而自暴自弃的时候，你应该冷静地思考一下，是否因为小毛病让你变得平庸无为，是否因为小细节让你与成功失之交臂。

"节"字在字典上解释为"与原则无关的琐碎的事情"。可是这"琐碎"

第二部分 血性的狼性心态──强势生存的六大铁律

之中却能体现一个人的人格、品性、修养。

唐朝史部侍郎吕元膺担任东都留守时，酷爱下棋。一天他同一位年轻人对弈。吕元膺一边拿着笔阅卷批复一边下棋，棋友料想元膺一定顾不上棋盘的落子，因而偷偷地移动了一子，胜了一局。岂料元膺早已发现，只是未当面说穿而已。第二天他便借故婉拒了这位棋友，不再同他对弈了。此事，家人和朋友都很好奇却不明原委。

元膺再未提及此事，直到患病临危时，他才对侄子们说："游戏之际交结朋友，定要慎重。我曾与一棋友下棋，他趁我阅文时偷移一颗棋子，后来便与之少有往来。移动一颗棋子本无需如此对待，但是这种人的心地是可怕的。当时我担心他会忧虑害怕，便未说穿。现如今唯恐你们不明真相，引起不实的猜测，所以需要对你们讲清楚。"

下棋，本是休闲娱乐之举，为求胜于他人而偷移棋子，实在让人不耻，也降低了自己的人格。移棋一举，直接影响了人的品德，拙劣的印象已经深入人心，再多的掩藏也无法弥盖。

古话说："不虑于微，始成大患；不妨于小，终亏在德"。"小节"问题不但具有潜移默化的腐蚀作用，而且有可能由"微羔"而成"大疾"。小节如同个人品德修养的"试金石"。举手投足、待人接物、言语交谈皆能见证一个人的人格、品行、志趣。莫因小节失人格，莫因小利失"荆州"。

"利益至上"成为当下很多个人和公司的唯一追求，但是他们却仅仅抓住了生命中最微小的部分，有时为了这蝇头小利甚至不惜失去更大的"利益"。

细节关乎命运，细节把握不住危机自然降临。危机如同瘟疫一般随时潜伏于细节中，我们只有具备敏锐的洞察力，细致的全局观才能将危机扼杀在"摇篮"之中。

小事连全局，细节关成败。解决细节问题嫌小求大，既不是正确的工作态度，也不是科学合理的方法。

丰田汽车社长认为其公司最为艰巨的工作不是汽车的研发和技术创新，而是生产流程中每一根绳索的摆放。要不高不矮、不粗不细、不偏不歪，而且要确保每位技术工人在操作这根绳索时无任何偏差。正是重视细节将丰田立于世界十大汽车工业公司之中，也正是注重细节使丰田获得了"国际社会

信赖的企业市民"的殊荣。从细节中发现危机才能为成功保驾护航，忽视细节，危机便如同暴风雨般袭来。

为细节所害的最典型案例就是 1997 年东南亚金融风暴发生后中国香港地区著名投资银行"百富勤"的迅速垮台事件。正是由于最高决策层忽略了治理结构的操作细节，轻视了风险到来的蛛丝马迹而导致破产的结局。如果说企业管理的一般法则是科学，那么管理中细节就是艺术。著名文艺批评家兰色姆曾提出："只有细节才属于艺术，也只有细节的表现力最强。"联系到企业的管理，细节的宝贵价值更在于：它是独一无二的，无法重复的，忽视细节必将承受无法弥补的损失。

做人最忌讳的是马虎大意，企业管理最忌讳的是大而化之。细化管理就是对细节的重视，对危机的敏锐发现，这是所有企业不可或缺的一项重要战略。

狼性宣言

一个不注意小事的人，永远不会成就大事业。

关注细节，我才能在成功的路上披荆斩棘。

细节孕育战机，我要把握变动的蛛丝马迹，随时准备扣动扳机。

细节的疏忽往往导致与成功的失之交臂，我要杜绝马虎大意，不给失败任何生存的空隙。

从今天起，我要用细节铺就成功的通途。

从今天起，我要用细节击毁敌人的狂妄与抵抗。

从今天起，我要用细节为胜利提供坚不可摧的保障。

生活，由细节构成，而细节的魅力随处可见。

细节虽细，但它的魅力却像黑暗中的烛光，照亮了悲观者黑暗的人生；

细节虽细，但它的魅力却像古刹中的钟声，敲醒了冷酷者麻木的灵魂；

细节虽细，但它的魅力却像冰雪中的热炭，温暖了失望者绝望的心灵。

第二部分　血性的狼性心态——强势生存的六大铁律

第三部分

狂野的狼性精神——傲然生长的五大逻辑

我是一匹狼，

激荡于嗜血的森林，

内心深处永葆斗志与激情，

吞下每一粒成功的种子，

让任何生物都望尘莫及，

狼道中，

没有道义，只有成败，

我，

就是战无不胜的王！

——狼

第八章　傲然生长逻辑之一：团队协作是迈向成功的第一步

> 我们身上潜伏着、承载着一种巨大的吸引力，这种看不见、摸不着、虚无却又坚固的东西就是我们伟大的合作精神。我们用狂野、敏捷、傲气、嗜血、忍耐和顽强创造着一群群不死的团队。我们仿佛在向世界宣告我们是一个整体，无论是在草原、丛林，还是雪地、戈壁，我们都是不倒的神。

没有完美的个人，只有完美的团队

"猛虎怕群狼"。强悍的狼群令自然界所有的庞然大物都不寒而栗，纵然是百兽之王，也不例外。

在空旷的野地，独狼怎么也斗不过一头野牛，然而，当7匹狼、10匹狼结成团队时，却能以摧枯拉朽之势，击败一头力量巨大、凶猛无比的野牛。为何？

狼乃群动之族。一个几近完美的狼的团队，规模一般为7~8只，一旦攻击目标确定，则群起而攻之，其强大的攻击力令对手无不闻风丧胆。

围猎时，狼群有严格的战术和作战纪律，每匹狼都有自己的角色。做先锋的，负责骚扰猎物；速度快的，负责围追或者堵截；强壮的，则负责猎杀猎物。群攻战略，是狼群猎食的重要智慧。

人类也是一种社会性的动物。个人不可能脱离群体而存在，一旦脱离，

99

人随即也就失去作为一个"人"的所有价值和意义。狼，成为个人发展和团队生存的动物图腾。

英国心理学博士贝尔宾被称为"团队角色理论之父"，他认为：没有完美的个人，只有完美的团队。金无足赤，人无完人，然而团队可以是完美的团队。

俗话说，单人不成阵，独木不成林。个人的力量总是有限的，当工作远远超出个人能力或精力的承受范围时，则需依靠团队的力量，才能最终达成目标。

佛教创始人释迦牟尼曾问其弟子："一滴水如何才能不干涸？"弟子们面面相觑，不知如何作答。释迦牟尼给出的答案是："把它放到大海里去。"个人再完美，也不过是一滴水；而一个团队，一个优秀的团队，则是一片辽阔的海。

独行侠式的个人英雄主义时代已经一去不返，完全迷信于单打独斗的人，往往难以取得更大的成就。20世纪最令人瞩目的"球王"贝利认为：将比赛带向胜利的不是某个球星，而是整个团队。

"贞观之治"是中国古代历史上最令人称羡的黄金时代。在唐太宗李世民统治期间，唐朝国力强盛，一个重要的原因就是李世民有一个强大的团队。

在一次宴会上，唐太宗让王珪评论在场众大臣的优缺点，并比较王珪自己在哪些方面比他们优秀。于是，王珪回答说："一心为国操劳，所有事都亲力亲为这方面，我比不上房玄龄。知无不言、言无不尽方面我比不上魏征。少年老成、文武双全，我比不上李靖。事无巨细地向皇上报告国家公务，充分发挥上传下达作用，以及做到公平公正这些方面，我不如温彦博。犯颜执法，办事有条不紊这方面，我也比不上戴胄。而在表扬清正廉署，疾恶如仇方面比起其他几位能人来说，我也有一技之长。"王珪的评论不但得到了唐太宗的赞同，也得到了众大臣的认可。

从王珪对其自身及对众大臣的评价中，我们可以看出，团队中每个人虽各有所长，但也没有任何一个人可以堪称完美。譬如，魏征以性格刚直、敢于犯颜直谏著称，但过于刚直个性险些给魏征招来杀身之祸。一次罢朝后，太宗曾余怒未息地说："会须杀此田舍翁。"然而，当这些也许并不完美的个体组合在一起时，一个完美的团队诞生了，整个国家也因此而更加繁荣强

盛。刘邦绝对不是最强悍的个体，最后能够在群雄争霸中夺取天下，正是因为他有一个紧密而强大的团队，而项羽没有。

什么是团队？关于团队的定义有很多。管理学家罗宾斯认为：团队就是由两个或者两个以上相互作用、相互依赖的个体，为了特定目标而按照一定规则结合在一起的组织。

在一档谈话节目中，盛大网络董事长兼CEO陈天桥说出了自己成功的关键，那就是团队。创业时就组建的团队，共有五个人，时至今日，一个都不少。陈天桥坦承：如果没有团队，只凭个人的力量，纵使自己表现得再完美，也难创造很高的价值，盛大也不会走到今天。

一只蚂蚁的力量和人的力量相比，两者自是不可同日而语，但一群蚂蚁集聚在一起的力量，却可以让人类为之肃然起敬。

有人曾见过如此惊人的一幕：野火突然烧起来，包围圈逐渐缩小。巢穴外，众多蚂蚁迅速地背向里，腿朝外，一个抱一个，一层叠一层，集聚成一团，犹如一个黑球。在熊熊大火中，亿万条蚁腿组成了行进的轮子，沿着山脊滚动，逃离火海。不时传出的"噼叭"爆裂声，是最外层的蚂蚁在用自己的躯体为蚁团铺就一条生路。黑乎乎的"球团"逃出火圈后，体积已变得很小。活着的蚂蚁迅速散开，重新寻找巢穴。

职场人士作为一个单独的个体而言，能力和精力都毕竟有限，无论从事任何一种工作、处于任何一种环境，都有可能遇到工作远远超出个人能力或精力的情况。要追求和实现自己的人生价值，我们必须要把个人与团队结合起来，依靠和发挥 1+1>2 的团队力量成就一番事业。

集体利益高于一切

狼的生存环境恶劣，往往是在一些寒冷的荒原戈壁。为了用最小的生产成本，在险恶的环境中创造最大的生存空间，狼学会依靠强大的团队力量谋求生存。为了整个狼群生存的目标，它们从不畏惧死亡。

饥饿的狼群捕杀猎物时从不各自为战，头狼只需一声令下，群狼便会以

排山倒海之势，勇往直前。为了冲垮野牛群，撕开处于外围的壮硕的野牛的肚皮，狼会与野牛同归于尽。

狼群进则同进，退则同退。不论做任何事情，狼都知道自己必须执行任务，不论做任何事情，它们总可以依靠团体的力量去完成。在生死存亡之际，狼同样敢于以牺牲自我来保卫整个狼群的安危。

利益追求，是人类赖以生存、发展的动力。人们在追求利益过程中，必然会自觉不自觉地形成相应的利益观，在相应的利益观支配下追求利益。团队是人类协作的产物，团队强调的是：集体利益高于一切。

春秋战国时期，蔺相如凭着机智和勇敢，在与秦国交涉中维护了赵国的国家利益。赵王因此非常赏识蔺相如，于是将其封为上卿。

赵国将领廉颇以英勇善战闻名，曾为赵国立下无数战功。看到赵王如此看重蔺相如，廉颇心中很是不快。他想：自己在沙场上为国血战，立下汗马功劳。而蔺相如只凭一张嘴，官职却在自己之上！廉颇越想越是生气，扬言要把蔺相如羞辱一番。

蔺相如得知廉颇对自己不满，于是处处忍让，有意避开与廉颇会面。所有人都说蔺相如害怕廉颇，廉颇为此很是得意。当有人问蔺相如为何要忍受廉颇的侮辱时，蔺相如却说："强大的秦国此时不敢入侵赵国，就是因为赵国文武百官团结一心。自己若是只顾及一己之私，与廉颇将军不和，那么，赵国的力量必将被削弱。而秦国一旦得知此事，就会趁机入侵赵国。所以，为大局着想，自己必须做出忍让。"

廉颇听到蔺相如此番话后，深感惭愧，于是负荆请罪。从此以后，蔺相如和廉颇二人一文一武，同心协力治理赵国，秦国从此更不敢欺侮赵国了。

"若争小可，便失大道"说的就是做人做事要顾全大局，以集体利益为重。如果只一味地争夺个人私利，以致集体利益受损，那么，个人利益也将不能保全。

蔺相如面对廉颇的挑衅，始终以集体利益高于一切的准则要求自己，顾大局、识大体，不计个人得失。所谓"覆巢之下，焉有完卵"，没有集体利益又何来个人利益。若蔺相如只考虑个人得失而与廉颇闹不和，那整个赵国将很可能面临灾祸。

团队如同一个有效配合的球队，有前锋也有后卫。只有当每个队员都把

"集体利益就是个人的最大利益"作为自己的行为原则，且队友之间精诚合作时，球队才可能获胜，个人的利益也才能够获得保障。

团队意识强调团队内部各个成员为了团队的共同利益而紧密协作，从而形成强大的凝聚力和整体战斗力，最终实现团队目标。

在处理个人利益与团队利益的关系时，团队成员会义无反顾地采取团队利益优先的原则，个人服从团队，反对本位主义与"山头"主义，为公利与大利，而宁愿牺牲私利与小利，甚至牺牲最宝贵的生命。

管仲是春秋时期齐国著名的政治家、军事家。一次，齐桓公与管仲商讨任命宰相的事情。齐桓公问管仲："假如爱卿你不做宰相了，我应该任命谁做宰相？"管仲向齐桓公推荐了一个人。齐桓公又问："第二人选是谁？"管仲就又向齐桓公推荐了一个能人。齐桓公又问："第三人选是谁？"管仲照样说出了一个大臣的名字。这时，齐桓公很是不悦地再次问："第四人选又是谁？"管仲说："第四个是我的好友鲍叔牙。"

听到管仲终于推荐鲍叔牙，齐桓公忍不住责问说："我曾听说，鲍叔牙与你一起做生意分金时一直让着你。当年你射我一箭，是鲍叔牙为你求情，我才没把你杀了。你今天能在齐国做宰相，也是因为鲍叔牙的推荐。而今，当你向我推荐宰相的人选时，你却把鲍叔牙当成第四人选。这是为何？"

管仲回答说："这是因为您在问我：谁做下任宰相最合适。我只是在考虑谁做宰相可以让齐国更富强，而您并没有问谁是我最感激的人。我与鲍叔牙属于私交，而宰相的任免则关系到国家利益。"

管仲曾感叹说："生我者父母，知我者鲍子也！"成语"鲍子遗风"、"管鲍之交"，便源于管仲与鲍叔牙二人的友谊故事。但是，齐桓公在宰相的任免上征求管仲的意见时，管仲没有只顾及自己与鲍叔牙的私人交情，因为管仲知道，自己作为宰相，考虑的应该是国家的利益。

集体利益的获得，靠的是团队成员之间相互协作，是个人利益的会聚。个人利益与集体利益是基本一致的，在两者发生矛盾时个人要顾大局，只有在集体利益不受损的前提下，个人利益才能实现最大化。

沟通，团队协作的润滑剂

狼是自然界最善于沟通的动物之一，高效的沟通是其生存的保障。狼所拥有的完善的沟通系统，令其他兽类望尘莫及。

狼不仅用嚎叫来传达信息，而且善于运用极为丰富的肢体语言来进行沟通。譬如，狼以相互用鼻尖摩擦、舔舌头表达友善；以从属的身体姿态表示服从和尊敬；以唇、眼、面部表情，尾巴所放位置等复杂精细的身体语言，甚至以气味传达其他各种信息。

正是因为拥有如此复杂精密的交流系统，所以狼可以适应千变万化的自然环境，在团队作战时，可以准确而迅速地调整战略战术。在我们人类的团队中，沟通同样不可或缺。

在圣经中最重要的书卷之一《创世纪》中，记载了人类第一次彼此分离的故事。骄傲的人类在语言系统变得繁复后，最终因为彼此不能沟通而分开，本来由人类同心建造的工程也不了了之。

社会不断进步，团队的力量越来越被重视。然而，由拥有不同背景、性格、人生观的人凑在一起组成的团队，磕磕碰碰自是难以避免。于是，想要协作顺畅，我们就不得不首先解决团队沟通的问题。

有这样一则寓言故事：牧羊犬被主人派往羊圈与羊群一起工作。老羊想，从此以后羊群和牧羊犬就算是一个团队了，羊群也需要牧羊犬的保护。于是，老羊就想请牧羊犬吃饭。

一个夏天的傍晚，老羊美滋滋地准备了一桌鲜嫩的青草，结果，牧羊犬勉强吃了两口，就再也吃不下去了。几天后，牧羊犬打算回请老羊吃饭。牧羊犬想：我不能像老羊那样吝啬。于是牧羊犬准备了一桌子的排骨。结果，老羊一口也吃不下去。

老羊在回羊圈的路上怎么也想不明白，自己用那么好的嫩草招待了牧羊犬，为什么牧羊犬这样对待自己呢？老羊走后，牧羊犬也闷闷不乐地想，老羊不但吝啬地招待自己，而且对今天的招待还毫不领情。于是，牧羊犬与羊

心中自然就产生了隔阂。

老羊和牧羊犬互相请吃饭，本来都是出于好意，结果却弄巧成拙闹出了误会。原因就在于缺少有效的沟通，这对于以后的协作自然也就会产生不好的影响。如果一直忽略团队的沟通，一直不能解除相互之间的猜忌，有一天强大的狼来了，不知他们的"犬羊"团队是否能抵御狼的攻击？

一把坚实的大锁牢牢地挂在铁门上，铁锤费了九牛二虎之力，始终无法将锁砸开。钥匙来了，它的身子只轻轻一转，大锁就"啪"的一声打开了。铁锤奇怪地问："为什么我绞尽脑汁也打不开，而你不费吹灰之力就打开了呢？"钥匙说："因为我们可以进行沟通。"

沟通对于团队到底有多重要？有调查显示：一个团队如果存在问题，其中70%的问题都是因为沟通不到位引起的。一个团队的管理者，其70%的时间都将用于与团队成员的沟通上。

心理学家 Erick Fromm 说过："我们每一个人均有与他人沟通的需要，人类可以利用沟通克服孤单隔离之痛苦，我们有与他人分享思想与感情的需要，我们需要被了解，也需要了解别人。"

在现代社会，沟通与其说是一种职业技能，倒不如说是一种生存方式。对于一个团队而言，良好的沟通是团队生存的纽带，团队建设的软实力，它关系到团队成员的亲和力、信任力和凝聚力。一个没有沟通的团队，根本不能称之为团队；一个缺乏沟通的团队，无法形成共识，无法步调一致。

人是群体性与社会性动物，沟通是人类生存不可或缺的手段。对于一个团队而言，沟通是团队进步的重要推动力，它可以增强团队的凝聚力。有学者认为：促进一个团队的沟通，可以提高团队的竞争力。波音公司总裁康迪经常会邀请自己的团队成员到家中共进晚餐。晚饭后，康迪会与大家在屋外一起聊有关波音的故事。

作为丰田公司总裁，奥田有 1/3 的时间都在丰田城里度过，他会与团队成员聊最近的工作，聊生活上遇到的困难。

惠普公司总裁的办公室从不设置门，员工受到顶头上司的不公正待遇或看到公司发生问题时，可以直接提出，还可越级反映。

良好的沟通可以促进交流、交换和共享，从而达到团队成员的了解与信任。

吴起是魏国的太守，因为战功卓著，所以威信很高。当魏国要任命丞相时，很多人都看好吴起。使吴起意外的是，最后却是田文做了丞相。

吴起很不高兴，便问田文："咱俩比一下功劳吧。"田文说："可以。"吴起问："统领三军，使士卒乐于为国而死，敌国不敢进攻，我们谁厉害？"田文说："我不如你。"吴起问："管理百官、万民，使国家财力强大，我们谁厉害？"田文说："我不如你。"吴起问："镇守边关，使秦国不敢向东扩张，赵国和韩国都服从我国，我们谁厉害？"田文说："我不如你。"吴起说："这三方面，你都比不上我，但你的职位却比我高，为什么？"田文回答说："国主年少，国人心中疑惑，大臣也没有归附，普通百姓不信任国家，在这个时候，丞相是由谁来当更合适呢？"吴起沉默许久说："应该由你来当。"田文说："这就是原因。"吴起这才知道自己不如田文。

从此，吴起与田文一文一武，齐心协力治理魏国，魏国国力逐渐强盛。

吴起与田文的角色放在现代来看，他们就是一个团队，共同担负着治理魏国的重任。当吴起对田文有所不满时，他选择与田文进行沟通。在沟通中，吴起才认识到自己考虑不周，从而承认错误，并加以改正。在团队遇到问题时，若二人持有的是互相猜忌、放弃沟通的消极情绪，结局可能致使团队运行受阻，危害团队的利益。

如果说一个团队是一个轮盘，那么，团队成员就是这个轮盘中环环相扣的齿轮。只有齿轮之间有效润滑，轮盘才能高效地转动。沟通，就是齿轮间的润滑剂。只有相互沟通，齿轮才能天衣无缝地衔接，从而确保团队强有力地运转。

面对问题，要学会借力与合作

前面我们已经说过，所谓团队是指一些才能互补、团结和谐，并为负有共同责任的统一目标和标准而奉献的一群人。在这个快速发展的时代，个人力量有限，面对问题时，学会借力与合作才是生存的关键。

经常在雪地里行走的狼群，通常需要一个开路先锋。作为开路先锋的领

头狼，体力消耗非常大，因为它必须在松软的雪地上率先冲开一条路，以便让后边的狼保存体力。当领头狼的体力被消耗得差不多时，紧随其后的伙伴就会马上接替它的先锋位置，引领狼群继续前行。领头狼的不断更换，让狼群能够在行进中可以保证最少的体能消耗，为即将面对的狩猎挑战积聚力量。

在围捕猎物时，狼同样会相互借力与合作。攻击时，头狼一声号令，做先锋的狼负责骚扰猎物，跑得快的狼围追或堵截猎物，强壮的狼则猎杀猎物，留守的狼则厉声嚎叫以壮其声势。

狼群之所以强大，就在于它们相互借力，相互合作，真正做到了物尽其用，狼尽其材。

正所谓"尺有所短，寸有所长"，单独的个体不可能汇聚所有的优点与资源，只有借力于人、与人合作，才能更好地发展事业，更多地创造财富，更好地实现人生价值。

因此，借力与合作成为现代社会组织或个人的制胜法宝。

现代社会，个人的力量有限，但社会的协同性给借力与合作提供了无限空间。任何个人在事业发展过程中都会有自己的短处，这时，要想获得更大的发展，就需假借外力，与人合作。

当今社会，竞争日趋紧张激烈，社会需求越来越多样化，单靠个体的能力已很难完全处理人们所面临的各种错综复杂的问题。职场中，相互依赖、相互借力、共同合作才是解决问题的正确选择。

不要独吞猎物，分享才能共赢

狼喜欢集体行动，一旦发现可猎取的猎物，它们便成群出击。当狼群捕获食物后，头狼先食，其次是身强力壮者，最后是弱小者。在分食猎物时，狼各自贪婪地吞食，但却从不为争食而厮打。若是一次分食不够，狼群便会组织再次进攻，只有这样，那些没吃饱的饿狼才会拼命向前，生存机会才能最大限度地留给整个狼群。

分享才能共赢。俄国批判现实主义作家列夫·托尔斯泰说："神奇的爱使

数学法则失去了平衡，两个人分担一个痛苦，只有一个痛苦；而两个人共享一个幸福，却有两个幸福。"

武侠小说家古龙说："快乐是一件奇怪的东西，绝不因为你分给了别人而减少。有时你分给别人的越多，自己得到的也越多。"

但是，在现实生活中，我们常常过于自私、狭隘，美好的东西总想攥在手里不放，不愿意与人分享。结果，自己攥着不放，别人自然就不会把他的东西和我们一起分享。

三只老鼠一同去偷油喝，走到油缸边一看，缸里的油只剩一点点在缸底，并且缸身太高，谁也喝不到。于是，老鼠们想出一个办法：一个咬着另一个的尾巴，吊下去喝，第一只喝饱了，再吊第二只下去喝……

第一只老鼠吊下去喝时，它就在下面想："油只有这么一点点，正好够我喝个饱。"第二只老鼠在中间想："缸里的油就那么点，若是让第一只老鼠喝光了，就轮不上我了，还是放了它，自己跳下去喝吧！"第三只老鼠在下面想："等它俩喝饱，哪还有我的份呢？不如早点放了它们，自己跳下去喝吧！"于是，第三只老鼠放了第二只老鼠的尾巴，第二只老鼠放了第一只老鼠的尾巴，都跳进了油缸。

三只老鼠你争我夺，一会儿的工夫就把缸里的油喝光了。可是油缸太高，三只老鼠怎么也爬不出来，最后都死在了油缸里。

所谓"唇亡齿寒"，"皮之不存，毛将焉附"。三只老鼠吊在一起，其利益密切相关，任何一方有所闪失，自己都将在劫难逃。为了达到共同的目标，老鼠本该齐心协力才是，但它们没认识到这一点，自私与贪婪蒙蔽了它们的眼睛，都想把缸里的油独吞，不懂分享才能共赢的道理，以至于全部葬身于缸底。

正如手握一把细沙，我们握得越紧，从指缝中间滑落的沙就越多。当我们摊开手掌，所有的沙反而都留在了手心。

巴勒斯坦有两片海。它们源头都是发源于高山的、清澈美丽的约旦河。其中的一片海名为伽里里海。每当伽里里海在阳光下歌唱时，人们在海滩周围盖房子，鸟儿在茂密的枝叶间筑巢。周围的生物都因伽里里海的存在而感到幸福。约旦河向南流入另一个海。这里没有鱼的欢乐，没有树叶，没有鸟儿的歌声，也没有妇女们劳动时的欢笑。这里水面空气凝重，没有任何动物

愿意在此饮水。

两片海彼此相邻，注入的都是约旦河的淡水，为何会如此不同？区别在于：伽里里海接受约旦河，但绝不把所有的水留住，每流入一滴水，就有另一滴水流入下一条河流，获得与分享同在。另一片海则吝啬地企图收藏每一滴水，只进不出，但阳光依然会带走新鲜的水珠。它就是死海。

死海想要留住水，就像人们想要留住手中的沙，手握得越紧，沙流失得越快。而伽里里海与其他的河流共同分享约旦河注入的淡水，从不刻意地留住每一滴水，流水不腐，它始终都拥有一片生机勃勃的海。

世上同样有两种人。一种人会因为获得而欣喜，因分享而快乐；而另外一种人则只想独自享受，从不与人分享，于是越是害怕失去，越是变得孤独而吝啬。

如果是这样，我们不妨摊开手掌，学会与人分享。

单花独放不是春，百花齐放春满园。与人分享，不但不会损失什么，反而会使自己变得更加强大。职场人士作为团队中的一员，尤其要清醒认识到这一点。

在一个团队中，大家之间如果能够互相分享知识与经验，互相分享所占有的独特资源优势，把各自的优势发挥到极致，这就是一个高效的团队，这样的团队所凝聚的力量将无往不胜。

第三部分　狂野的狼性精神——傲然生长的五大逻辑

109

狼性宣言

世上有一种完美叫团队；有一种追随叫难能可贵；有一种力量叫永不后退；有一种拥抱让人无惧无畏。共同的梦想可以让你我积聚力量，奋起直追。

共同的利益，是我在战斗中愈战愈勇的不竭动力。

共同的利益，是我与战友间血与肉的联系。

共同的利益，使我能在一片失败的废墟上寻找成功的契机。

共同的利益，使我能在血雨腥风的历练中始终巍然挺立。

共同的利益，使我即便遭受洪水猛兽般的打击，也能不离不弃。

共同的利益，使我纵然置身无涯的荒野，仍旧能毅然崛起。

学会与人分享，我才更可能接近梦想。

学会与人分享，力量才能汇成生机勃勃的海洋。

学会与人分享，我才能在跌宕流转的命运旋涡中锻造出更为坚强有力的臂膀。

第九章　傲然生长逻辑之二：钢铁纪律才能产生超常规增长

我们从不曾失败，就是因为我们通过严密的组织和纪律将充满争斗的群雄组织起来，在自己卓越成功的巅峰，再通过进退划一的拼搏征战，创造具有征服意义的最大成功，从而获得超强的无可撼动的至高霸主地位。

纪律是团队文化的精髓

纪律，是具有社会性的动物群体发挥群体优势必不可少的重要保障，纪律的发展和演变标志着动物种族的进化和社会的进步。

狼，是陆地生物中最高的食物链终结者之一，是群居动物中最有秩序、最有纪律的族群。头狼在狼群中的地位一旦确立，它的号令就是军令，其他狼无论在哪里，正做着什么，只要听到头狼的召唤，都会尽快发声回应，并向头狼所在地集合。这就是狼的纪律。

无论是狼，还是人，纪律都是团队文化的精髓。苏联早期著名教育实践活动家马卡连柯说："纪律是集体的面貌、集体的声音、集体的动作、集体的表情、集体的信念。"

团队若无纪律，则不能称为团队。要建立一个团队，首先要做的就是纪律明确。

团队是由单个人组合而成的，每个人都有自己独特的思想和行为。一个团队却必须要求其成员步调一致，力避个体成员特立独行的思想和行为。

有一次孙武去见吴王阖闾，与吴王谈论带兵打仗之事，吴王提议让孙武带领众宫女练兵。于是，孙武把100多名宫女分成两队，任命吴王的两个宠姬为队长。

首先，孙武将练兵的操作方法与纪律解析清楚。训练开始后，孙武向队员发出向右看的指令，众人只知嬉笑，对命令毫不理睬。于是，孙武又把练兵的操作方法与纪律重申一遍，并要求两个队长以身作则。练兵重新开始后，孙武发出向左看的指令，但宫女与嫔妃依然笑个不停。于是，孙武喝令把吴王的两个爱妃杀了。当孙武再次发出指令时，队员的一切动作都变得整齐划一。

吴王自此便知孙武确实善于用兵，于是任命孙武做将军，为吴国训练出一支支善战的队伍。

荷兰神奇教头希丁克第一次受邀执教韩国国家队时曾说过："我想组成的球队是一个像机器般运作的团队。为此就需要球员做出牺牲，就需要铁的纪律。"纪律是一切组织和团队的基石，组织与团队要长久生存，其重要的维系力就是团队纪律。孙武把吴王的两个嫔妃杀了，就是为了要整顿军纪。而在此之后，孙武能训练出一支支能征善战的军队，凭借的也同样是严明的纪律。

孟子说，不以规矩，不能成方圆。纪律是一个团队生存的基础和保障，没有纪律团队就不能称其为团队，不过是一盘散沙，各自为战，没有前进的方向。

诸葛亮与司马懿在街亭对战，一时不知让谁来带领军队。这时，马谡当即立下军令状，表示要带兵守街亭。于是，诸葛亮指派将军王平与马谡随行，并对马谡千叮万嘱。马谡一一答应。在军队到达街亭后，马谡不但不听取王平的建议，执意要驻兵山上，且无视诸葛亮的嘱托，未将安营的阵图送回本部。不久，司马懿围兵山下，切断了蜀军后方补给。魏军看准时机，不断发起进攻。不久后，马谡兵败如山倒，失守街亭。

一个团队能在激烈的竞争中生存，其重要的维系力就是团队纪律。团队是个体的组合，每个成员都有自己的思想和行为，而团队则需力避个人思想和行为的干扰，做到步调一致。所以，纪律的约束不能缺少。而马谡无视军

纪，刚愎自用，最终导致街亭失守，为蜀军以后一系列的战役埋下隐患。

一支富有战斗力的军队，必定有铁一般的纪律，一个强大的团队亦需如此。团队文化的组织实施，必须要以严明的纪律为保障。

第二次世界大战期间，美军在卡塞林山口战役中惨败，临危受命的美军将领巴顿接到任务：在11天内将美军整顿成为"一支能执行战斗任务的部队。"巴顿根据自己长期治军的经验总结出：一支纪律松懈、军容不整的军队难有作为。于是，巴顿开始从整顿军纪入手整顿这群"乌合之众"。

巴顿首先从严格作息时间抓起，杜绝了军人上班迟到的现象。接着，巴顿发布了强制性的着装令，规定：凡在战区，每个军人都必须戴钢盔、系领带、打绑腿，任何人都不得例外。巴顿亲自带人四处巡视，把有违命令者强制集中起来进行训斥，并做出相应的处罚。

几天后，第二军一扫曾经的懒散拖拉作风，整个军队的面貌发生了巨大改观。战斗打响后，当德军再次发起攻击时，受到纪律严明的第二军的顽强抵抗。最后，德军无功而返。

巴顿曾说过："纪律是保持部队战斗力的重要因素，也是士兵们发挥最大潜力的基本保障。所以，纪律应该是根深蒂固的，它甚至比战斗的激烈程度和死亡的可怕性质还要强烈。"巴顿能在11天时间内改变一支部队的战斗力，依靠的就是严明的纪律。

同样，对于一个团队来说，纪律对团队成员有强大的感召力和凝聚力，能把团队成员所有不同的行为统一起来，从而形成一股合力。纪律是一套规则，一套使团队行动达到最高效率的规则。一个团体中，若是每一个团队成员都按规则行事，这个团体就会成为一个强大的团体；反之，则只是一群乌合之众。

国有国法，家有家规，作为一个团队，就一定要有严格的纪律。

一个团结协作、富有战斗力和进取心的团队，必定是一个有纪律的团队。可以说，纪律，永远是团队精神的基础，没有了纪律，便没有了一切。

令必行，禁必止

狼群喜欢新鲜的食物，但由于环境等各种因素的制约，并不总是能满足所有狼对食物的要求。即便如此，狼群在进食时依然是秩序井然。在头狼进食时，其他狼按照纪律在一旁等候，等到头狼发出狼群可以进食的信号后，等待的狼才能走近猎物。任何一只狼违反了纪律，都有可能被彻底赶出狼群。

在狼群中，每只狼都务必做到令必行，禁必止。只有这样，才能保证以最小的代价获取最大的胜利。唐代周昙有诗云："理国无难似理兵，兵家法令贵遵行。"管理国家没有多大难处，像管理军队一样，关键是军队的法令一定要注重遵照执行。

在热播的电视剧《我的兄弟叫顺溜》中，主人公顺溜在伏击石原时，亲眼目睹亲人被害，内心无比痛苦。然而，顺溜因为有任务在身，一旦暴露自己的位置就可能无法完成伏击石原的任务。在亲人遇害的整个过程中，顺溜始终没有擅离岗位半步，终于成功地狙击日军统帅石原。

在抗美援朝的一场战役中，邱少云不幸被敌军盲目发射的燃烧弹引燃身体。为了不暴露整个部队的行动计划，他咬紧牙关强忍烈火焚身的剧痛，在整整5个小时的时间里一直保持着随时准备战斗的姿态。

在抗美援朝的另一场战役中，我国志愿军战士在事前就秘密过了河，然后一直埋伏在美军的阵地前。当发起冲锋时，每个志愿军战士爬出雪窝就像一根冻僵的白棍，机械地扭动着身体向前冲。虽然战士们已无法压低身姿冲锋，但他们一个个仍僵硬地挪动着身体，僵硬地扣动着扳机。刚从温暖的被窝里爬出来的美国兵见到这一场景后，所做的第一件事就是投降。

人民军队之所以具备这样的素质，就是因为这个团队奉行绝对服从的理念，作风雷厉风行，命令绝对服从。如果一个团队没有一个铁的纪律，不能做到令行禁止，这样的团队就是一个没有战斗力的团队。

服从命令是军人的天职，无论在任何时期，也无论在任何国家，军人都以服从命令为己任，一切行动听指挥。只有遵守纪律、服从命令，才能取信

于人，才能被人尊重；只有遵守纪律、服从命令，才能高质量地完成工作任务；只有遵守纪律、服从命令，才能凝聚成紧密而富于战斗力的团队。

电影《拯救大兵瑞恩》讲述的是一个以第二次世界大战为背景的故事。当百万盟军登陆诺曼底海滩时，由米勒中尉率领的8人小分队深入敌区，冒着生命危险拯救一名叫詹姆斯·瑞恩的士兵。詹姆斯·瑞恩是家里四兄弟中最小的一个，他的三名兄长均已在此次战役中阵亡。将领马歇尔为了不让瑞恩的母亲再次承受丧子之痛，于是做出不惜一切代价将这唯一的儿子送还母亲身边的决定。

当8人小分队的士兵陷入敌区，面对随时降临的各种危险时，他们逐渐开始怀疑这项任务的合理性：为救这个不知生死的士兵，是否真的值得让8名士兵去冒生命危险？但是，尽管心存疑惑，小分队还是坚决执行上级的命令。最后，瑞恩活了下来，但那些去营救瑞恩的8名士兵全部壮烈牺牲。

军令如山，军中无戏言。在执行任务的过程中，无论发出什么样的疑问，我们都必须首先做到令行禁止。

据统计，在世界500强企业中，具有军人背景的董事长有1000多名，副董事长有2000多名，总经理、董事一级的有5000多名。而国内前500位的企业中，具有军人背景的总裁、副总裁就有200人之多。这说明，军队管理理念以及管理模式等对于团队同样可以发挥作用。

团队和军队一样，同样也有一个组织指挥、发布命令的机关，分为决策层、执行层和操作层。对一个团队而言，团队的精英们和正确的发展战略固然重要，而严明的纪律也同样不可或缺。若不能做到令行禁止，无论多么优秀的个人，多么正确的发展目标，一切都无从谈起。因为服从是行动的第一步。

在团队中，只有所有成员服从于团队共同的奋斗目标，才能把有利的资源、力量聚合在一起，才能把企业远景目标、战略构想变成现实。

没有纪律，便没有一切

在人类社会繁盛之前，狼曾经是这个世界上散布最广的野生动物之一。

远古时期，人类对狼充满了尊敬与崇拜，更有许多民族把狼作为图腾，对其顶礼膜拜。但在现代文明中，狼一直被人类当做"恶"的代表，这种思想所导致的直接后果就是狼群的急剧减少，但即便在很多物种面临灭绝时，狼群依然顽强地保留着自己的种群。

为什么？因为狼群拥有诸多优秀的品质，纪律性就是其赖以生存的优秀品质之一。对于我们人类而言，纪律同样重要，没有纪律，便没有一切。

《周易》有云："师出以律，否藏凶。"说的是军队无论作战、守卫、训练，都需有严格的纪律。如果军队无纪律，即使胜利了，也是凶兆。

军队是由众多的士兵组成的，必须要有统一指挥，而军纪一旦败坏，军队不能统一行动，战斗力也就无从谈起。这就像水一样，若能以堤坝将水蓄积、约束在一起，即可成为大泽。纪律就是军队的堤坝，一旦有了严格的纪律，军队就能整齐得如同一个人。

清朝末年，北洋水师曾到日本访问，按照礼节，日本海军军官也来到中国巡洋舰"镇远"号进行参观。当日本军官登上巡洋舰后，有这样两件小事使他看穿了清朝海军的底细：一是北洋水兵把洗过的衣服晒在大炮管上。二是当日本军官下船后，他发现自己的白手套脏了。由此可见，舰艇上所有的枪杆、扶手都没能保持干净。日本军官心里窃喜，于是向日本当局报告：。"清朝海军虽然吨位多，但不堪一击！"果然，北洋舰队在 1894 年发生的甲午海战中被日军一举击溃。次年清政府签订了丧权辱国的《马关条约》。

纪律是宇宙运行的基础，是社会存在的前提。乍看之下，纪律似乎无时无刻不在束缚我们的拳脚，但如果没有纪律，一切都会毁灭。

在当时的中国，北洋陆军是所有军队中最强的，而北洋的海军又要比北洋陆军更为强大。然而，强大的北洋海军同样存在军纪涣散的问题。在战争中，如果一支军队缺乏严明的纪律，即便拥有精良的武器，仍然会吃败仗。

就甲午战争来看，北洋海军军纪涣散是导致其在战斗中溃败的重要原因。

马克思说："我们现在必须绝对保持党的纪律，否则将一事无成。"兵家历来认为纪律的重要性胜过一切，所以才有"兵当先严纪律，设谋制胜在后"的说法。一支纪律松懈的队伍，是绝对不能指望它克敌制胜的。

古罗马时期，北非广大地区都处于罗马统治之下，努米底亚是罗马的属国。公元前113年，努米底亚国王朱古达打败罗马人支持的争位者阿德格尔巴，攻占锡尔塔城，杀死部分在当地经商的罗马人和意大利人。于是，罗马元老院以此为由向朱古达宣战。

在战争中，努米底亚拥有的精锐骑兵军队纪律严明，在北非干燥荒漠地区作战勇猛。而罗马军队则极为腐败，上级军官屡屡收受贿赂，下级士兵常常出卖上阵杀敌的武器。军纪废弛，士气涣散，为所欲为。得知罗马军队纪律松散，朱古达多次重金收买罗马指挥官甚至罗马元老，使罗马军队连遭失败。

军事家说："军纪者，军队之命脉也。"军队是世界上最古老的组织之一，也是最有效率、最具执行力和最具奉献意识的组织。

朱古达战争开始后，罗马共和国的政治制度和军事制度的腐化完全暴露，昔日以纪律严明著称的罗马军队竟然变成了一群乌合之众。军纪涣散是罗马军队屡遭失败的根本原因。由此才引发古罗马历史上最伟大的改革之一，即"马略改革"。

由此看出，纪律是一个团队的灵魂。没有共同目标，没有共同遵守的行为规范，没有严格纪律的团队根本不能称为团队。只有严明的纪律才能使团队保持稳定，才能使团队保持强大的战斗力。

纪律是胜利的保证

纪律是胜利的保证，尤其在围捕猎物时，狼从不会不听命令擅自行动。若头狼尚未发出进攻的指令，无论狼群如何蠢蠢欲动都不会越雷池半步；一旦头狼仰头一声长啸，群狼则如离弦之箭，以迅雷不及掩耳之势飞驰而出。只有依循统一的号令，狼群才能确保最后狩猎成功。

纪律是胜利的保障，这是一条不变的真理。拿破仑曾提出："军无军纪，则失其制胜力，而成乌合之众。"而《战争艺术》的作者约米尼也说："行动的一致才能产生力量"，"若是没有纪律和秩序，则绝不可能有战胜的希望。"可以说，纪律是一个团队在复杂多变的竞争环境中生存乃至成功的基础。

公元前383年，东晋以八万军队驻扎在淝水以南，秦王苻坚以百万大军屯兵淝水北岸。一天，秦王苻坚北岸登上寿阳城，隔岸眺望。只见晋兵布阵严整、气势雄伟，秦王望着八公山，似乎连山上的草木都是晋军了。而事实上，晋军总共不过八万人，但由于晋军训练有素、纪律严明，因而看上去草木皆类人形，使秦王苻坚心生疑惧。

不久后晋国派使节到秦国，要求移阵决战。秦军诸将都表示反对，但苻坚认为可将计就计，让军队稍向后退，待晋军半渡过河时，再以骑兵冲杀，这样就可以取得胜利。答应了晋军的要求后，秦军开始后撤。但由于纪律涣散，秦军一时失去控制，阵势大乱。晋军见此情形，则一鼓作气，乘势杀上岸来。正在两军交战的紧要关头，秦军中有人高呼："秦兵败矣！"秦军立刻军心动摇，秦兵人马相踏而死，满山遍野，充塞大河。

晋军为何能以区区八万之兵战胜百万大军？最主要的原因就是晋军的纪律严明，而秦军的纪律涣散。

纪律是衡量一支军队素质的主要标志，也是决定战争胜负的重要因素。缺乏严明的纪律是秦军失败的重要原因。

一个团队没有一个铁的纪律，就是一个没有战斗力的团队。只有铁的纪律，才能保证团队所向披靡，战无不胜。

一支军队，抑或是一个团队，如果纪律严格，在竞争中就能占据一定的优势。当我们思考一个王牌军团制胜的绝招是什么时，我们会得出什么样的答案？答案不会是先进的装备，也不会是优厚的待遇，更不是那身可以耀武扬威的战袍，而是严明的纪律！

公元前158年，匈奴结集重兵进犯汉朝北部边境，河内郡守周亚夫奉命驻守细柳。有一天，汉文帝到驻地亲自犒劳军队。在慰问灞上和棘门的驻守官兵时，文帝与众大臣都是骑马直接进入营寨，将军们也都骑马前来迎送。

文帝的先行官到了周亚夫驻守的细柳。只见细柳营的将士们都身披铠甲，手执锋利的武器，拿着张满的弓弩。先行官想直接进入军营，但卫兵不

让。于是先行官说："皇上就要到了！"把守营门的都尉毫不理会，只说："将军有令，在军营只听将军的号令。"

没过多久，文帝与大臣们也到了，一干人等仍然不能进入军营。文帝只好派使者持符节诏告周将军。周亚夫这才传达命令说："打开军营大门！"守卫军营大门的军官对文帝一行驾车骑马的人说："将军有规定：在军营内不许策马奔驰。"于是众人就拉着缰绳缓缓前行。

一进军营，周亚夫手执兵器对文帝拱手作揖说："穿着盔甲的武士不能够下拜，请允许臣以军礼参见陛下。"文帝为周亚夫治军如此之严格而感动，表情亦变得庄重，称谢说："皇帝敬劳将军！"出了营门，文帝便向大臣们称赞周亚夫说："这才是真正的将军！有这样的军队怎能不打胜仗！"后来，周亚夫果然带领他纪律严明的军队为捍卫汉朝立下赫赫战功。

周亚夫是汉朝功勋卓著的将军，以英勇善战、严守军纪著称。执纪如山是其在军事上取得胜利的基本保证。同样的道理，一个团队要想取得胜利，就必须有铁一样的纪律，否则，队伍只会乱成一团，一丝胜算都不会有。

在战争年代，严格的纪律保证战争的胜利。在和平年代，严格的纪律同样是团队克"敌"制胜的重要法宝。军队建设离不开纪律，这是因为纪律出战斗力，拥有强大战斗力的军队才能使部队屡建战功。同样，团队离不开纪律，因为在当今社会，只有拥有一支纪律严明的团队，才能保证不折不扣的执行力，进而在激烈的竞争中赢得最后的胜利。

纪律是保证战斗力的关键

狼群在围捕猎物时获得成功，凭借的是其强大的团队战斗力，而狼的战斗力则来自于狼群严格的作战纪律。因为纪律严明，狼群在任何时候都能做到步调一致，形成势如破竹般的超强战斗力。

围捕猎物时，每头狼都必须服从头狼的号令以变换攻击阵形，从不擅自行动。繁而不乱的阵形不但未削弱狼群的斗志，反而提高了狼群的战斗力，让恐惧不已的猎物乱了阵脚。

因此，狼绝对的纪律性也给了我们启示：纪律是行动的第一步，没有纪律的团队就是一盘散沙，一群乌合之众，更谈不上战斗力；反之，团队则无往不胜。

古人云："令严方可以肃兵威，命重始足于整纲纪。"说的就是治军须从严，从严须守纪。所以说，超强的战斗力来源于严明的纪律。

纪律是军队的生命，遵守纪律是对军人最基本的要求。我国古代的岳飞对岳家军提出"冻死不拆屋，饿死不掳掠"的纪律；曹操在征讨张绣之时，为使军队不践踏农田，发布了"士卒无几，者列"的命令。有作为的名将都是严格纪律的倡导者，都说明了带兵务必严其纪，治军必先严其令。

1985年，一块历经百余年岁月、记录着历史风云的牌匾展现在世人面前，再现了当时曾国藩所领导的湘军的铁纪军风。牌匾是出自湘军军门成示牌，其正面从右至左依次记载着："临阵退缩者斩；强奸妇女者斩；骚扰百姓者斩；临阵爱财者斩；妖言惑众者斩。"

清末爆发的太平天国运动，声势浩大，席卷了大半个中国，但当时清朝的八旗军已成一支不堪任战的糜烂之师，失去了起码的战斗能力。晚清重臣曾国藩创立湘军之时继承戚继光募兵不用市人而用乡农的思想，规定"油头滑面，有市井气者，有衙门气者概不收用"，主张选兵"以山乡为上，百技艺者皆可为猎，专挑多力之人"。在湘军的创建过程中，曾国藩始终把严明纪律作为治军的头等大事，主张严明纪律，规定各种纪律几十条，严禁将士吸食鸦片、赌博及奸淫。

经曾国藩整顿后的湘军，其精神面貌焕然一新，战斗力得到全方位的提升。正因为如此，在清王朝危在旦夕之时，曾国藩带领他的湘军才能挽狂澜于既倒，扶大厦之将倾。

《尉缭子》中有言："号令明，法制审，故能使之前。明赏于前，决罚于后，是以发能中利，动则有功。"正因为曾国藩以严明的纪律治军，才使湘军的战斗力大为提高，培养出一支精锐之师，镇压了中国历史上规模最大的农民起义——太平天国运动。在此，我们暂且不去评论曾国藩的功过是非，其严以治军的思想，极其丰富的思想内涵，确实有过人之处。

严格的纪律，是克敌制胜的重要法宝。军队建设离不开纪律，这是因为纪律出战斗力，纪律严明会使部队屡建战功，所向无敌，倘若纪律松弛，部

队就不会有战斗力。此道理同样适用于团队，严明的纪律是团队成员充满斗志的重要因素，是个体发挥最大战斗潜能的关键。

永禄三年五月，实力强大的骏河、远江、三河之守今川义元率领5000主力在田乐洼休整。突然，雷雨如泄闸之水，倾盆而下。在山谷中休整的今川军顿时变得如被捅破的马蜂窝一般，士兵们纷纷找地方避雨，争相逃往民房中或大树下，就连负责队伍两侧安全的核心部队也狼狈尽现。

侍者们进献的礼物、拂晓时分的胜利、突如其来的雷雨一时间让今川军陷入了陶醉。有些人大意地脱掉了战服，扔掉了武器。就连今川义元也端起了酒杯，欣赏起庆祝的歌舞。而让今川军万万没想到的是，这混乱的一切被站在山顶淋雨的织田信长尽收眼底。他所带领的1000精锐之师正如在弦之箭，蓄势待发。

当织田信长高高举起名刀时，听到进攻命令的精锐之师如猛虎下山，直接杀向今川义元的帐内。今川军遭到突袭，霎时乱作一团，在田野中横冲直撞，鸟散鱼溃……不久后，田乐洼一带就变成了一片血海。今川义元被取首级，其5000主力全军覆没，其他各部因群龙无首，溃不成军。

1560年的田乐洼之战发生于战国时期的日本，织田信长凭此一战，威名响彻整个日本。当织田信长集结队伍要与实力强大的今川军决战时，其队伍不过"200多骑"，即使后来不断有前方败退的士兵加入，也不过1000余人。较之今川义元率领的5000余装备精良的主力，织田氏的兵力确实相差甚远。在战前，就连织田信长的部下藤吉郎都认为：无论从任何一个角度考虑，使用任何方法，结论都是织田信长"绝无取胜的可能"，但田乐洼之战却出人意料地以织田信长大败今川氏、今川义元阵亡为结局。织田军之所以能战胜貌似强大的今川军，原因就在于今川军纪律涣散，而织田氏纪律严明。织田氏虽兵力不多，但由于平日内织田氏带兵严格，纪律严明，即使败退的兵士，在加入队伍后立刻成为了一个调遣自如的精锐之师。而今川军则不然，纪律涣散，以致不堪一击。

严格的纪律，既是兵家治军的基本要则，也是团队拥有强大战斗力的关键。一个团队只有具备严格的纪律，才可能谈得上拥有强大的战斗力。团队合作不是单兵作战，只有以严格的纪律作为约束，团队的行为才能协调一致，才能成就最强大的团队。

狼性宣言

纪律，成就精锐之师。

纪律，是克敌制胜的法宝。

纪律，是激发团队潜能的关键。

没有纪律，团队只是一堵随时可能倾塌的砖墙。

没有纪律，厄运将会撕碎成功的希望。

没有纪律，团队终将完全被散漫吞噬战斗的力量。

只有铁律才能成就栋梁，否则，团队必将在弱肉强食的猎杀中消亡。

只有铁律才能击垮厄运的阻挡，否则，团队必将陷入无穷无尽的绝望。

只有铁律才能制止慌乱无措的叫嚷，否则，生命终难百炼成钢。

第三部分　狂野的狼性精神——傲然生长的五大逻辑

第十章　傲然生长逻辑之三：忠诚 必然奏响强者归来的凯歌

> 　　我以我的忠诚而自豪，"狼心狗肺"、"狼子野心"对我的形容名不副实。草原上，再没有哪一种哺乳动物能比我对自己的家庭、团体倾注更多的热情。
>
> 　　忠诚意味着我与我的伙伴们有共同的理想，而且求同存异，肩并肩为之奋斗，对对方的信念、信任、坚贞和友爱充满信心。

忠于别人，也是忠于自己

　　狼把一切都奉献给了自己的家族，对其他族友有求必应，绝不带有虚情假意，它们对族类忠心耿耿，全心全意地关爱着自己的同伴，狼群的成员们一起捕猎、游戏、睡觉以及防御敌人，它们彼此信任，相互忠诚。

　　一匹狼存在的目的，就是确保整个狼群的存续。狼在看见自己孩子面临危机时，会设法引开敌人，把危险留给自己，在遇到自己的伙伴遇到危险时也会冒险营救，甚至不惜奉献生命。

　　在狼的世界里，信任是一种生存的本能，忠诚更是一种傲人的风骨。

　　忠诚，自古以来都是为人所称赞的优良品质，中国传统文化中的五德也把忠诚放在首位。可见，中国人对忠诚的重视。当今时代，经济发展了，人们生活水平提高了，然而，人们之间的忠诚度却下降了。

　　随着知识经济的到来，员工流动率增高，员工对企业的忠诚度逐渐降

低。据调查显示，中国的员工流动率普遍比 10 年前有较大幅度的提高，给企业的发展带来了严重的影响。

在信仰严重缺失的当今社会，在极度呼唤诚信的今天，很多老板都期望能够得到更多忠诚的员工，但是这样的员工屈指可数，究其原因，是因为人们认为忠诚的受益人只是老板。

不可否认，忠诚使企业、老板能够从员工的工作中获取更多的价值。但是，企业仅仅是老板的吗？忠诚对员工来讲仅仅是一种付出吗？

美国著名人本主义心理学家马斯洛指出，人类有五种需要：生存的需要、安全的需要、归属和爱的需要、尊重的需要以及自我实现的需要。生存需要是人们最原始、最基本的需要，自我实现的需要是最高层次的需要。

在某种程度上，企业不正满足了我们各种层次的需要吗？我们在企业里获得一份工作，这份工作让我们取得收入，养家糊口，这不是解决了我们最基本的生存需要了吗？企业发展了，取得了良好的声誉，作为企业的一员，我们不也因此而感到骄傲和自豪吗？企业给我们提供了一个展示才华的舞台，并让我们因此而得到相应的尊重、荣耀、地位，可以实现有价值的一生，难道我们不应该对企业忠诚吗？

当你忠诚于你所在的企业时，你所得到的不仅仅是企业对你更大的信任，还会有更多的收益。一个不为诱惑所动，能够经得住考验的人，不仅会赢得机会，还会赢得别人的尊重。如此说来，忠诚的最大受益者是自己，忠于别人，也是忠于自己。

当今社会，很多人都强调能力，认为只要有能力，到哪里都是佼佼者，都能混得上饭吃，而忽视了对企业的忠诚。的确，无论在哪个行业，我们都必须发展自己的能力。

比尔·盖茨曾发出过这样的感叹："这个社会不缺乏有能力有智慧的人，缺的是既有能力又忠诚的人。"对企业来说，忠诚比智慧更有价值。忠诚是一个员工立身做人的根本准则！

一个人无论什么原因，只要失去了忠诚，就失去了人们对你的最根本的信任。歌德说："始终不渝地忠实于自己和别人，就能具备最伟大才华的最高贵品质。"

忠诚是老板的需要，是公司的需要，但更是你自己的需要，忠诚于公司

可以让你施展才华，不再哀叹怀才不遇；忠诚于公司可以让你拥有金饭碗，不再为生活奔波；忠诚于公司可以让你获得更多晋升的机会；忠诚让你得到荣誉，获得精神上的满足；忠诚让你提高工作能力，成为专家级人物。忠诚创造的价值的大部分，可能并不属于你，但忠诚为你自己创造的好名声、好形象却完完全全全属于你一个人。

中国人信奉"德才兼备，以德为先"，而最大的德则莫过于"忠诚"。忠诚是我们的做人之本，忠诚而不媚俗，忠诚于自己的公司，忠诚于自己的老板，跟公司的同事和老板和睦相处，与公司同舟共济、荣辱与共，全心全意为公司工作，把公司当成自己的公司，公司成功了、发展了，你自然也就赢得了成功。

忠诚不是一种纯粹的付出，忠诚会有忠诚的回报。但凡在公司得到重用的人都是对企业很忠诚的人，因为企业信赖这样的人。这些人是各企业争夺的对象，永远不会失业。真可谓"拥有了忠诚，便捧上了金饭碗"。

"不能简单地把忠诚视为一种付出行为！"这是洛里·西尔弗在海军陆战队所接受的重要观念之一。

"在海军作战过程中，战士只有忠诚于作战的小组，才能提高作战小组的战斗力，减少战友的伤亡。如果小组成员都自私自利，只考虑个人得失，不忠诚为小组服务，不仅削弱小组的作战力，而且会加大小组成员的牺牲概率。"

"在两人搭档的'亲密朋友'系统中，相互忠诚的两个战友，要比不忠诚的两个战友的作战力强几倍。一次反恐怖行动中，被冲散的士兵被恐怖分子逐个击毙，而没有被冲散的小组却成功地歼灭了数十倍于他们的恐怖分子，保全了自己的性命。"

忠诚和敬业是事业成功的基石，也是个人发展的必需。坚守忠诚的信念，才能不畏艰险推动事业的发展，赢得更多的机会。那些投机取巧的人，只能风光一时，一旦行迹败露，就会很难在职场立足。

忠诚于工作，忠诚于老板，忠诚于梦想，归根结底都是忠诚于自己。

忠诚是一种义务

狼是对自己的家庭、群体最忠诚的动物，这种忠诚超过了任何一种哺乳动物。

一般情况下，一支狼群有 7~10 只狼。一头公狼担任首领，这头公狼有一个固定的配偶，它们负责繁衍后代，但哺育幼狼却是狼群共同的责任。其他雄狼和雌狼没有自己的后代，但在哺育幼狼的时候它们依旧会勤勤恳恳、尽职尽责。这充分体现了它们对狼群家族的忠诚和奉献精神。

对于狼来说，忠诚是一种义务，对于人而言，何尝不是如此？

恋爱中的情侣，需要彼此忠诚，感情才能维系；交往中的朋友，需要彼此忠诚，友谊之树才能常青；受雇于企业的员工，只有彼此忠诚，公司才能得到发展。

可以说，忠诚是对任何员工道德品质的最基本要求，受雇于企业就会从企业获取收入，对企业忠诚，这是员工的基本义务。如果公司发展不起来，我们个人的利益又从何而来呢？

IBM 公司的创始人老沃森对"忠诚"极为看重，并将"忠诚"作为公司永不停止的信条和追求。他认为，加入一个公司是一种要求绝对忠诚的行为，忠诚是一种美德。一个对公司忠诚的人，不仅仅是忠诚于一个企业，而是忠诚于人类的幸福。

老沃森曾对员工说："如果你是忠诚的，你就会成功。只要热爱工作，就会提高工作水平，忠诚和努力是融合在一起的，忠诚是生命的润滑剂。对工作忠诚的人没有苦恼，也不会因动摇而困惑，他坚守着航船，如果船要沉没，他会像一个英雄那样，在乐队的演奏声中，随着桅杆顶上的旗帜一起沉没。"

IBM 一直坚守着这个信条，并将其渗透到企业的各个层面，使每一个员工都在这一思想和精神的熏陶下，持久地忠诚于 IBM 公司，并形成一种强大的凝聚力和向心力。老沃森以毕生精力，传播 IBM 企业精神，把"忠诚"视

为公司信念，并将其与"思考"完美结合，造就了 IBM 这个品牌。

在今天的商业战场上，没有忠诚的员工，任何一家公司也难以在市场上取胜。对一个职员来说，忠诚于所属公司，公司才能够更健康地发展。

拿破仑曾说过："没有忠诚之心的士兵，没有资格当士兵。"在部队里，士兵的忠诚历来是军官们最看重的品质，因为，士兵的忠诚与否往往与一支队伍的生死存亡休戚相关。在企业中，也是同样的道理。忠诚对员工来讲是一种责任，更是一种义务。

第二次世界大战期间，有位名叫努尔的英国人，因为掌握多种语言，英国特工组织让他做了一名间谍，但由于性格方面的缺陷，工作不久，他便被敌人抓住了。敌人用尽了各种酷刑却都没能撬开他的嘴。第二次世界大战结束后，英国政府授予努尔最高勋章，授章致辞这样写道："做间谍需要各种技巧和能力，但最不能缺少的，就是对这项事业的忠诚，所以，我们从不怀疑努尔是个好间谍。"

其实，忠诚是一种与生俱来的义务，是一个人所承载的社会角色所具备的最基本义务。如果你是一个国家的公民，你就有忠诚于国家的义务；如果你是一个企业的员工，你就有忠诚于企业的义务；如果你身在一个家庭，你就有忠诚于家庭的义务……

还是在第二次世界大战期间，美国著名的将军麦克阿瑟曾经说过："士兵必须忠诚于统帅，这是义务。"统帅是部队的核心，只有士兵忠诚于统帅，统帅的核心力量才能得以发挥出来，统帅的决策才能得到正确及时的执行，这对于一个部队的生死存亡是非常重要的。同样的道理，在企业里，员工必须忠诚于老板，这也是义务，而且这是员工的首要义务。

现实生活中，有很多人存在这样一个误区：如果某人在一个企业工作，那么他有义务忠诚于这个企业；如果他即将离开这个企业，他就不需要再对公司忠诚。事实上，忠诚是一种义务，是一种主动的行为，只要人还在企业里，忠诚就仍然是你的首要义务。

某一企业为了节约成本、精简机构，准备裁掉一部分员工，老员工李超和杨明都不幸被列上了裁员榜单，一个月后正式离职。对此，二人都很气愤难过。

"我没犯错误，工作能力又不差，凭什么辞了我？我不服！"李超心里愤

愤不平地抱怨。越发生气的他决定"报复"公司，让公司的业务受损。

从那以后，李超开始不再按时完成工作，并找借口拖延，同事请求他帮忙，他也爱答不理，还总跟同事讲一些诋毁老板的话"老板真是个资本家！工作何必那么卖力呢？差不多就行了，加班又没有加班费！"他的话对公司里的同事产生了一定的影响，公司内部抱怨声不绝于耳。

离职的日子临近了，李超收拾东西准备离开，可令他不解的是，杨明却被老板留了下来，而且还升了职。李超怒发冲冠地找到老板，抱怨公司安排的不公，可老板只淡淡地说了一句话："杨明比你忠诚！作为一个员工，光有能力是不行的，忠诚才是你们最应该具有的品质！"

作为一名员工，不要只想着企业给了你什么，重要的是你要问自己："你给了企业什么？"忠诚是一种与生俱来的义务。你是一个国家的公民，你就有义务忠诚于国家，因为国家给了你安全和保障；你是一个企业的员工，你就有义务忠诚于企业，因为企业给了你发展的舞台；你是一个老板的下属，你就有义务忠诚于老板，因为老板给了你就业的机会；你在一个团队中担任某个角色，你就有义务忠诚于团队，因为团队给了你展示才华的空间……

成就源于忠诚

一个猎人带着自己的猎狗去狩猎；突然前方蹿出一只野兔来，猎狗非常高兴，便去追野兔，就在它快要追上那只野兔时，突然，从丛林里又跳出一只更大的兔子。猎狗看到更好的猎物，就又向后来的野兔扑去，但它又不愿让开始的那只跑掉，所以它追追这只，又追追那只，结果，两只野兔都没追到。

现实生活中，有许多这样的人，在众多的目标中迷失了自己，做事情没有定力，到头来两手空空，一无所获。有一句谚语说得好："常挪的树长不大。"一个想有所成就的人，要认清自己，清楚哪个领域或者岗位才是自己终生的追求。然后，选准一行，坚定不移地做下去，最终会追到自己想要的那只兔子。

跳槽在现代社会已经成为普遍现象，我们会发现身边总有一些频繁跳槽的人，他们总是对自己的工作不满意，跳槽跳成了"跳蚤"。其实，不断地变换环境或工作并不能从实质上改变我们的境遇。

猫头鹰急促而忙碌地在树林里飞着。它告诉一旁好奇的斑鸠："在这个树林里，我实在住不下去了，这里的人都讨厌我的叫声，我要搬家。"斑鸠带着同情的口气说："你唱歌的声音实在聒噪，令人不敢恭维，尤其在晚上更是扰人清梦，所以大家都很讨厌你。其实，你只要把声音改变一下，或者在晚上闭上嘴巴不要唱歌，在这林子里，你还是可以住下来的。如果你不改变自己的叫声或夜晚唱歌的习惯，即使搬到另外一个地方，那里的人照样还是会讨厌你的。"

对自己遇到的问题要从根本上加以解决，而不能像猫头鹰那样，回避矛盾。只有改变不良的现状，才能得到别人的青睐。

人的一生难免会遇到更换工作的时候，但换工作之前，必须考虑到这种转换是在整个人生规划的范围内做出的调整，而不是盲目地跳槽。频繁地更换工作，就好比一个人在积极地开垦土地，地刚犁出来，还没有播种，他就放弃了。周而复始，他总等不到丰收的时候。而"下一份工作会更好"在很多情况下只是美好的愿望。

一位记者在采访的过程中遇到这样一位朋友：3年之内换了6份工作，每次都要从零开始。而他的一些同学则很踏实，经过3年时间的积累已经在同行中崭露头角，成为部门的主力，待遇也很丰厚。

年轻人想要找一个适合于施展才华，使自己有所发展的工作单位和环境，这本无可厚非，但没有明确日的就胡乱地跳来跳去，只会在今后的职业生涯中增加更多的障碍。

进入一家公司，从熟悉业务、环境、规章，建立良好的人际关系、理解企业理念和文化，到磨炼出独当一面的才干，至少需要几个月的时间才能真正进入角色。如果一个人还没有得到进一步的学习和提高就"另攀高枝"，不但给公司造成损失，也浪费了自己的青春。

更重要的是，一个频繁跳槽的人，在经历了多次跳槽后，会不自觉地养成一种习惯：工作中遇到困难了，想跳；人际关系紧张了，想跳；看见更挣钱的工作时，也想跳；有时甚至莫名其妙就想跳。慢慢地，这种感觉就使人

不敢面对现实。

世界上能够到达金字塔顶端的只有两种动物：一是雄鹰，还有一种是蜗牛！有天赋的人就像雄鹰，靠自己的天赋和翅膀飞了上去。而蜗牛只能是爬上去，从底下爬到上面可能要一个月、两个月，甚至一年、两年。但是，蜗牛只要爬到金字塔顶端，它眼中所看到的世界，收获的成就，跟雄鹰是一模一样的！

很多年前，有一批大学生被分进了一家集体企业，但不久之后，企业濒临倒闭，许多人纷纷跳槽而去，唯有一名大学生义无反顾地留了下来。拿着微薄的薪水，但是他没有抱怨，工作尽职尽责、勤勤恳恳。后来企业发展壮大起来，拥有了上亿元资产、数百名员工，而他成了企业的董事长兼总经理。

作为年轻人，要懂得这样一个道理："要成功，就要敬业爱岗。"将一口井挖深，实实在在地埋头苦干，才能闯出属于自己的一片天地。

人生的曲线是曲折向上的，偶尔会遇到低谷，但大趋势终归是向上的，而不是像脉冲波一样每每回到起点。如今社会上有不少面试者，30多岁了，四五份工作经历，每次多则3年，少则1年，30多岁的时候回到起点，从一个初级职位开始干起，拿初级的薪水，和20多岁的年轻人一起竞争，你不觉得辛苦吗？这种日子好过吗？

努力学会适应环境、改善环境，正是年轻人生活的一部分。害怕和拒绝这种锻炼，其实是"丢了西瓜"，成绩是做出来的，不是"跳"出来的。

做忠臣，更要做良臣

中国文化，处处都体现着一个忠字，讲人与人之间的忠诚，忠字维系着国家稳定，家庭和睦，朋友情谊。对于君臣关系，孔子提出了："君君臣臣父父子子。""臣事君以忠，君事臣以敬。"

中国官员历来只分忠奸，魏征是中国历史上第一个明确指出忠臣与良臣差别的人。很长时间里，他执著于良臣理念，用心走良臣之路，为政坛留下了一个佳话。

据《旧唐书·魏征传》记载，有一次，唐太宗和魏征交谈。魏征说："我听说君臣之间，相互协助，义同一体。如果不讲秉公办事，只讲远避嫌疑，那么国家兴亡，尚未可知。""希望陛下使我成为良臣，不要使我成为忠臣。"唐太宗问："忠臣、良臣有什么不同吗？"魏征答道："良臣，是说像后稷、契、皋陶那样的人；忠臣，是说像龙逢、比干那样的人。良臣使自己获得美好的名声，使国君得到显赫的称号，子孙世代相传，幸福与禄位无穷无尽。忠臣则使自己遭受杀身之祸，使国君陷于深重的罪恶之中，国破家亡，空有一个忠臣的名声。以此而言，相差太远了！"唐太宗很赞成魏征的话，奖励了他500匹绸缎。

魏征这段关于对"忠臣与良臣"的看法可谓一针见血。在他的眼中，忠臣不能愚忠，国家更需要良臣。

在传统观念里，由于长期以来受儒家"君仁臣忠"思想的影响，忠臣和良臣常常是合二为一的，忠良也常常成为忠臣的别称。忠臣在历朝历代中都是备受推崇的典范、是中国各个朝代的顶梁柱、是王朝得以兴盛的中坚力量、忠似乎成了忠臣的属性。

事实上，这是历史的一种错觉与假象，真正能起到中流砥柱作用的不是忠臣，而是良臣。

良臣在处理君臣关系时，大脑没有那么僵硬，死抱着"忠"字不放，他们有自己独立的人格和为人处世的原则，不轻易苟同于他人。他们在被重用时就将自己的才能发挥出来，没受重用时则懂得韬光养晦、以待时机。良臣和明君并非天生就有的，彼此相互促生，良臣造就了名君，名君成就了良臣。在这方面，魏征和唐太宗无疑是一个典范。

相反，忠臣迭出的朝代，多为朝纲不振、国运衰败的朝代。每一个忠臣的背后都有一个昏庸的君王。比干的正直映衬出了商纣的无道，岳飞的忠贞凸显了赵构的昏庸。当我们为这些忠臣扼腕叹息的时候，潜意识里已经把矛头对准了他们的君主。"疾风知劲草，板荡识诚臣"。

国家生死存亡之际，良臣常能审时度势，追随明主，成就一番伟业；忠臣则视君如国，即使君昏国衰，也不稍改初衷。故而，良臣以才能传世，忠臣以气节流芳。

由此可见，"良"相对于事，"忠"相对于人。忠臣死而后已，良臣择木

131

而栖。

俯首称臣的年代已经过去，现代社会，企业员工与老板之间是雇佣关系，但忠良精神尚在。俗话说："一个好汉三个帮，一个篱笆三个桩。"毋庸置疑，在现实的企业经营管理中，很多企业的领导者要的是"忠臣"和"良将"。

在现实中，我们经常面临这样的选择和困惑：是顺着老板的意思，投其所好做他们喜欢的事，还是根据自己的职业道德和做事原则，做自己认为对和应该做的事？前者往往得到老板的喜欢和赏识，有时还关系到工资、奖金的提高和职位的升迁，后者往往受到冷落。

忠诚是一种优秀的传统道德品质，也是一种美好的现代企业精神，我们每个人都必须具备这种品质。但是，作为新时代的员工，我们在忠于领导的同时，更应该做领导的好参谋，遇到问题多想办法、多提建议，不能一概地对领导唯唯诺诺，要学会使用合理的方法对领导的错误决定进行扶正。既要在员工面前维护领导的尊严，又要有效地让领导意识到决定的不合理，促使工作能有效、正确的开展。

纵观历史，其发展亦多为"良臣"推动，良臣一切以社稷为中心，不计个人荣辱得失，敢于直面问题，敢于讲真话。"人非圣贤，孰能无过？"领导者的决策未必全部正确，在决策错误时需要"良臣"的提醒，这一点"忠臣"往往是做不到的。

每一个企业、每一个老板都需要"良臣"，在这个市场上，"良臣"永远都是供不应求的。

在企业，老板喜欢忠诚的员工。这样的员工可以让人信赖，他能努力工作，诚心诚意地奋斗在自己的岗位上，也能妥善地保守公司的秘密。然而，忠诚不是愚忠、一味服从，更不是阿谀奉承、谄媚献好。

良臣在利益关系上讲求"取之有道"；在利害关系中敢于"匹夫有责"；在做人做事上讲究"君子之为"；在个人发展上追求"肝胆相照，荣辱与共"。所以，良者比起忠者而言，更能帮助领导成功，同时自己也会取得成功。

作为下属，要去除身上的"奴性"，敢于做一个"良臣"，从实际出发，基于事实进行判断，找到解决问题的办法。因此，当今的职场人士，应当更多地将自己定位于对企业有贡献的"良臣"，而非无创新能力、只知随声附和而一路追随的"忠臣"。

狼性宣言

忠诚，是我生存的本能。

忠诚，是我成功的基石。

忠诚，是我对自己的褒奖。

从今以后，忠诚就是我武装自己的利器；是我获取成功的支点；是我战斗力的源泉。

从今天起，我要学习适应环境。

从今天起，我要勤勤恳恳，闯出属于自己的一片天地。

从今天起，我要尽职尽心，总有一天我会登上成功的塔顶。

第三部分　狂野的狼性精神——傲然生长的五大逻辑

第十一章　傲然生长逻辑之四：
责任是创造卓越的原动力

> 我的独行造就了我的孤漠，我冷漠的心善于去感受，更愿意去承担。
>
> 我要为群体的幸福承担一份责任，我要让我的种群活下去，崇高地活下去，不惜用任何手段、任何牺牲，为我的种族而死，那是最美的命运！

责任是人生的一大财富

狼在群居生活中各自承担着不同的责任。狼过着群居生活，一般7匹为一群，每一匹都要为群体的繁荣与发展承担一份责任。

当狼群想要捕获由牧羊人和牧羊犬看守的羊群时，通常使用调虎离山的战术：先派遣一两匹狼佯装向羊群袭击，引诱牧羊人和牧羊犬朝它们追撵，等牧羊人和牧羊犬远离羊群后，埋伏在隐蔽处的狼群呼啸一声扑向羊群。等牧羊人和牧羊犬发现上当，返回羊群来救护，已经晚了，狼群已咬翻并叼着几头肥羊逃之夭夭。

担当引开牧羊人和牧羊犬重任的狼，就是诱狼。担当诱狼是一种九死一生的差事，没有一匹狼主动想去当诱狼，一般由狼酋指定一两匹狼为诱狼。尽管诱狼的命运非常危险，但是为了群体的命运诱狼也别无他法，只好尽力去完成自己的责任，保障狼群能成功捕获到肥羊。

既然狼能负起应负的责任，身为万物之灵长的"人"更要承担起自己应

尽的责任。

"一个人若是没有热情，他将一事无成，而热情的基点正是责任心。""有无责任心，将决定生活、家庭、工作、学习成功和失败。这在人与人的所有关系中也无所不及。"

那么，什么是责任？责任是一个人分内应该做的事情，是做好应该做好的工作，承担应该承担的任务，完成应该完成的使命。切实履行责任，尽职尽责地对待自己的工作，才能完美展现自身的能力与价值。

责任是人生的一大财富，因为责任往往胜于能力。能力或许可以让你胜任工作，责任却可以让你创造奇迹。责任胜于能力，是因为责任感的缺失比能力不足的后果更严重。

史密斯是法国欧伦肥料厂的一名速记员，他重视每一项工作，丝毫不敢玩忽职守。虽然他的上司和许多同事均养成了偷懒的恶习，并不时嘲笑他在一些小事上也像头老黄牛那样认真，但史密斯并没有在意他们的话，仍然保持着认真做事、高度负责的良好习惯。

有一次欧伦先生有事前往欧洲，需要一份密码电报书，便指派上司在两天内做完交给他。上司习惯了偷懒，便把这件事指派给史密斯去做。史密斯接到任务后，并没有草草了事，应付过去；而是认真地搜集并分析资料，经过一番思考后，他才动笔去编写密码电报书。经过一番努力后，他终于编出了一份翔实的密码电报书，但是他并不想就这样把几张纸交给上司，于是他又别出心裁地把编好的密码电报书改编成一本小巧精致的书，用电脑清晰地打出来，然后耐心地装订好。这一切都认真做好之后，史密斯才满意地把它交给上司。上司又转手把它交给了欧伦先生。

"这大概不是你做的吧？"欧伦先生问。

"呃——不……是……"上司战战兢兢地回答，欧伦先生沉默了好一会儿。

几天以后，史密斯代替了以前上司的职位。

责任，从本质上说，是一种与生俱来的使命，它伴随着每一个生命的始终。人从一开始降临到这个世界上，就被赋予了各种各样的责任。面对种种责任，我们只能选择勇敢地去承担，而不能一味地去逃避，否则，我们就不能成为一个真正意义上的人。事实上，只有那些能够勇于承担责任的人，才

有可能被赋予更多的使命，才有资格获得更大的荣誉。一个缺乏责任感的人，处处都想逃避责任，事情办得成功了就有自己的功劳，事情办得失败了就把责任推卸给别人。这样的人如若长此以往下去，首先失去的是社会对自己的基本认可；其次失去了别人对自己的信任与尊重，甚至也失去了自身的立命之本——信誉和尊严。

2004 年 6 月 5 日，93 岁的美国总统里根在加利福尼亚家中去世了。这是令美国悲痛的一天，因为一位杰出的、有着强烈责任感的领导人离开了。

里根总统在复旦大学发表演讲时说："我们生活在一个动荡的世界上，美中两国都是伟大的国家，对减少战争危险都负有特别的责任。"无论从言辞，还是行动，里根总统所表现出来的责任感都是毋庸置疑的。而这份责任感，在他 8 岁那年便体现出来了。

那是 1920 年，8 岁的里根在家里踢足球时，不小心打碎了邻居家的玻璃，邻居向他索赔 125 美元。在那个年代，125 美元并非一个小数目，足可以买 125 只母鸡。自知闯了大祸的里根，诚恳地向父亲承认了错误。父亲拿出 125 美元，语重心长地说："这钱我可以借给你，但一年后你要还我。"从此，里根每天省吃俭用，一年后终于攒够了 125 美元还给了父亲。

这份责任感始终伴随着里根，让他成为了历史天空中最耀眼的一颗星辰。

责任感是一种优秀的品质，只有具备强烈责任感的人，才能无论从事何种职业，都会将本职岗位视为实现自我价值和社会价值的人生舞台，以饱满的工作热情和积极的敬业精神，干一行，爱一行。

南丁格尔被誉为"护理学之母"，她创立了真正意义上的现代护理学，使护理工作成为妇女的一种受尊敬的正式社会职业。正是由于她对护理工作的真挚热爱与强烈的使命感，使她在短短 3 个月的时间内，把伤员的死亡率从 42%迅速下降到 2%，创造了当时的奇迹。这一奇迹的发生再次验证了负责任的态度可以改变人生的命运。她的故事也告诉我们：一个人来到世上并不是为了享受，而是为了完成自己的使命。

"天下兴亡，匹夫有责"是人生的信念；"匈奴未灭，何以家为"是豪迈的誓言；"我以我血荐轩辕"是他们的情怀。多少仁人志士为祖国抛头颅，洒热血，这是在尽责任；许多的优秀青年关心老人，爱护儿童，这是在尽责任；我们堂堂正正做人，脚踏实地、不怕艰难地做事，这也是在尽责任。

责任意识是一个人干事业的坚实基础，是一个集体、一个国家快速发展的原动力。爱默生说："责任具有至高无上的价值，它是一种伟大的品格，在所有价值中它处于最高的位置。"科尔顿说："人生中只有一种追求，一种至高无上的追求——就是对责任的追求。"

工作意味着责任

在一个幽深的山谷里，一群野狼追逐着凶悍庞大的野牛群。其中有一头稍微弱小的野牛不幸被狼群盯上，狼群在攻击野牛群时，先是将奔跑中那头体形弱小的野牛隔离出来，慢慢地把它包围起来。看来它是很难逃脱狼口了。

经过短暂的对峙，狼群突然对那头牛发起了进攻。它们并非乱作一团，而是分工合作，配合得非常默契。一只身体强健的公狼一个箭步扑到野牛的脖子上，死死地咬住牛颈。其他的狼瞬间扑了上去，咬住牛腿将其推倒，在最短的时间内将野牛杀死，然后狼群共同享用了一顿美餐。

也许你很疑惑：体重只有四五十公斤的狼怎么可能捕获 1000 多公斤的野牛呢？

责任！狼群的成功离不开成员的默契配合，但更重要的是，每个成员都能担负起自己的责任。正是每只狼都各司其职、各尽其责，狼群的威力才得以显现。如果每只狼只有分工，没有尽责的态度，那么狼群的威力便会大打折扣，甚至荡然无存。

狼如此，人又何尝不是这样呢？小到一个公司，大到一个国家，要想更好地发展下去，都是同样的道理——各司其职。

既然公司和国家的发展都依赖于各尽其责，那么，每个人对待工作的态度便关系到公司和国家的发展前途。这时，工作不再仅仅是工作本身，工作便意味着责任。

"我们来了！"80 后一声呐喊，宣告了一代职场新人正在登上历史舞台，开始经历属于自己的风风雨雨。然而，这些有朝气、有热情的 80 后职场新人能否很快适应工作呢？企业又是如何看待他们的呢？

一份调查显示，大多数老员工对新人的能力和表现表示肯定，但缺乏责任感成为新人未来职业发展道路上最大的"瓶颈"。一位人力资源总监表示，无法理解现在部分年轻职场人的想法，"套用现在流行的说法就是，我被'雷'到了"！原来，他们公司一位新职工才上岗一周便迟到两次，旷工一日，受到批评后，竟愤然离职。

这种情况不仅存在于职场新人身上，有些工作了两三年的年轻职场人，也存在这样浮躁、缺乏责任心的情况。这似乎已经成为部分职场新人的通病。其实，如果职场新人们能多一份责任感，便很快会得到企业、老板、同事的认可。

作为一个职场人，你应该知道，当你选择了一份工作，你便选择了一份责任，工作就意味着责任，而这种责任也是支撑你在职场风雨中巍然屹立的一股强大力量。

有人说，假如你非常热爱工作，那你的生活就是天堂；假如你非常讨厌工作，那你的生活就是地狱。所以，生活得快不快乐与工作的性质并没有直接的联系，而完全取决于自己本身的态度。如果你抱着一种负责任的态度来对待工作，即使这份工作并不是你最喜欢的，你也能把它做得很好；反之，你对工作抱着一种不负责任的态度，无论什么样的工作你都不可能把它做好。

李明是一位银行的普通职员，之所以来到银行工作，是因为他大学四年学的是金融专业。他内心最喜欢的是音乐，但是父母为了他的就业前途而替他选择了时下比较热门的金融专业。虽然金融专业不是他的最爱，但是李明听从了父母的教导，以优异的成绩考上了一所名牌大学的金融专业。四年里，他认真、刻苦地学习专业知识，最终以全系第一的成绩完成了本科四年的学习。李明能取得如此优异的成绩，主要是因为他把认真学习看做是自己学生时代应尽的责任。后来，他又顺利地进入了中国银行。

在银行里当普通职员的工作很琐碎、枯燥，也很辛苦。李明一开始有点闷闷不乐，后来想到自己既然选择了这份工作，就不能感情用事，要尽自己最大的努力把工作做好，这是自己的一份责任。如果任由自己带着不快的感情去工作，那就是对这份工作不负责任。

认识到这一点后，李明彻底转变了自己的工作态度，由原来的消极被动改为积极主动，在工作中遇到各种问题他都能积极主动地去解决。一时间，

他的工作做得有声有色，原来的郁闷情绪也一扫而光。现在他的脸上经常挂着舒心的笑容。由于他的工作业绩突出，不到一年，他已被提升为部门经理了。

面对自己的工作，许多人都表示出不满与痛苦的表情，既然如此，为什么自己还要坚持这份工作？既然你选择了这份工作，为什么不能试着去热爱它呢？换一种态度对待工作，你就会发现这份工作也有许多你以前不曾留意到的优点。

在这个世界上，没有不需要承担责任的工作，也没有不需要完成任务的岗位。无论你所做的是什么样的工作，你都要认真地、勇敢地担负起责任。

人们往往愿意对那些运行良好的事情负责，却不愿意对那些出了偏差的事情负责。一旦工作中出现了问题，首先考虑的不是自身的原因，而是把问题归罪到别人身上，寻找各种借口来推卸自己的过错。有些员工总是强调，如果别人没有问题，自己肯定不会有问题，借机把问题引到其他人身上，用以减轻自己对责任的承担。

其实，勇于承担责任，错误不仅不会成为你发展的障碍，反而会成为你向前的推动器，促使你不断地、更快地成长。如果你不敢为自己的错误承担责任，那么，最后吃亏的只能是你自己。

事实上，无论是良好的事情，还是坏的问题，你都应该为之负责。不为其他，只因为这就是你的工作，工作就是责任，工作就要承担责任。

老马是一家工厂新来的仓库保管员，工作并不繁重，无非就是按时关灯，关好门窗，注意防火防盗等。但是，对于这份工作，老马却做得超乎寻常的认真，每大提前半小时到岗，仔细检查仓库内外，杜绝盗窃与火灾事件的发生。他不仅每天做好来往工作人员的提货日志，将货物有条不紊地码放整齐，还从不间断地对仓库的各个角落进行打扫清理。

就这样，老马在职期间，仓库没有发生一起失火失盗案件，提货工作更是进展得井然有序。为此，厂长在年底时，按老员工的级别，亲自为老王颁发了 5000 元奖金。

老王的工作表面看来很平凡很一般，甚至微不足道还索然无味，应该不用承担多大的责任，但如果你深入其中，你就会认识其非同凡响的意义，小事情蕴涵大责任。通过老王的工作，我们认识到：工作无小事，任何工作都

意味着责任。

责任是一种生存法则

狼是群居动物，互相之间和人类的社会类似。一个成熟的狼群有明确的分工，每只狼都各司其职，没有半点马虎，狼的责任心都很强，往往在自己坚守的岗位上，宁死不退。

在这个世界上，每个人都扮演着不同的角色，每一种角色都承担着不同的责任。从某种程度上来说，对角色饰演的最大成功，就是完成自己应尽的责任。正是因为有了责任，才让我们在遇到困难的时候能够坚持下去，在成功的时候能够保持冷静，在绝望的时候懂得不放弃。责任是一种生存法则。无论是人类还是动物界，依据这个法则，才能够存活。

强烈的责任心是做好每一项工作的前提，是为人处世的宝贵品质。有了强烈的责任心，再难的坎儿也能迈过去，再复杂的难题也能解决；缺乏责任心，再简单的工作也做不好，再简单的事情也会出错。我们只有进一步增强责任心，真正做到责随职走、心随责走、尽职尽责，才能做好本职工作。

在自然界中，蜜蜂的天职是采花酿蜜，猫的天职是捕捉老鼠，蜘蛛的天职是张网捕虫，狗的天职是忠诚主人……造物主似乎对每个物种都有了职责上的分工，作为万物灵长的"人"，同样具有与生俱来的职责。

我们每个人的一生，在经历了学习与成长的道路后，都要走向社会，走向职业，走向自己的人生岗位。清醒地意识到自己的责任，并勇敢地扛起它，无论对于自己还是对于社会都将是问心无愧的。人可以不伟大，可以清贫，但我们不可以没有责任心。

美国著名社会学家 K.戴维斯曾说："放弃了自己对社会的责任，就意味着放弃了自身在这个社会中更好地生存的机会。"放弃责任，或者轻视自身的责任，就等于在可以自由通行的路上自设路障，摔跤绊倒的也只能是他自己。

一个老木匠准备退休，他告诉他的老板，他想要离开建筑业，然后跟妻

子及家人享受天伦之乐。

老板非常舍不得他离去，因为他盖房子的手艺在那里是最好的。于是，老板问他在离开前能否帮忙再建一座房子，老木匠答应了，但是人们都可以看出，这一次他并没有很用心地在盖房子。他用的是最好的材料，但做的是粗活。房子建好的时候，老板把大门的钥匙递给他，说："这就是你的房子了，我送给你的一个礼物！"

老木匠震惊得目瞪口呆，羞愧得无地自容。如果他早知道是在给自己建房子，他肯定会很有责任心地去完成，不会草草了事。现在他得住在这样一幢由自己粗制滥造的房子里！

工作中，我们又何尝不是这样，凡事不肯精益求精，不是尽自己的最大努力。等我们惊觉自己的处境，早已深困在自己建造的"房子"里了。

老木匠的故事，说明了一个道理，我们每时每刻都在为自己建造生命的归宿，今天的任何一个不负责任的后果，都会在以后的某个地方等着你。一个人，永远都要全心全意地对待自己的本职工作。就像盖房子一样，无论是敲进去一颗钉，加上去一块板，还是竖起一面墙，无不需要全身心地投入。否则，不管你以前建造的房子有多高，最终只会深困在自己建造的"房子"里，落得终生遗憾。

在现实生活当中，很多人都是在利益面前争先恐后，责任面前避之唯恐不及，殊不知，责任和机会是孪生兄弟，在你推开责任的同时你往往也就送走了机会。因此，无论什么时候，我们都应该带着责任心去工作。

人们从事的工作不同，影响有异，但无论是统管全局的领导者还是平凡岗位上的普通职员，责任就没有小事。一颗道钉足以倾覆一列火车，一根火柴足以毁掉一片森林，一张处方足以决定一个人的生命。很多低级错误，包括一些本不该发生的重大安全事故，就是因为缺少了本该有的责任心。

人们不会忘记：大连市一名公交车司机，开车时突然心脏病发作，在生命的最后一刻他做了三件事：把车缓缓停在马路边，用生命的最后一点力气将发动机熄火，将车门打开让乘客安全下车……做完这三件事情之后，他静静地趴在方向盘上停止了呼吸。生命的最后一刻，他还在履行着自己作为一名司机应尽的职责——竭尽全力确保乘客的生命安全。正是有了这种尽职尽责的精神，人生才熠熠生辉。

141

有责任心的人，对自己的工作会表现出积极、认真、严谨的态度，而工作态度决定着开展工作的方式方法，决定着投入工作的精力大小，决定着直接工作效果的好坏。常常会在事业和生活中取得骄人的成绩。如果在其位而不谋其政，这就是失职。

责任沉淀在我们每个人的生命里，是它让我们对自己的使命忠诚和信守到底。当一个人以虔诚的态度去对待生活和工作时，他能够感受到：承担、履行责任是天赋的职责。无论你所做的是什么样的工作，只要你能认真地、勇敢地担负起自己的责任，你所做的一切就是有价值的，你就会获得尊重和敬意。

在日本的任何一所学校，如果有学生在校园里看到地上有垃圾而没有及时捡起来，面对老师的询问，他如果试图狡辩为自己开脱"罪名"，将会受到更加严厉的惩罚。因为校方认为：垃圾在你附近，你就有责任将它捡起来。

英国王子查尔斯曾经说过："这个世上有许多你不得不去做的事，这就是责任。"人只有有了责任感，才具有驱动自己一生都勇往直前的不竭动力，才能感受到自我存在的价值和意义，才能真正得到人们的信赖和尊重。

有了责任感，作为工人，就能够精益求精，制品一流；作为农民，就能够辛勤耕耘，收获颇丰；作为士兵，就能够驰骋疆场，屡建战功；作为学生，就能够主动学习，天天向上；作为知识分子，就能够创新科技，勇攀高峰；作为领导者，就能够殚精竭虑，造福一方。

世界上所有人都是相互联系在一起的，所有人共同努力，郑重地担当起自己的责任，才会有生活的宁静和美好。愿我们所有人都把责任之心放在心上，无愧于自己的人生，让自己的人生散发出金子般的光辉。

做好在职的每一天

在狼群中，每一只狼都会尽职尽责地做好头狼分配的每一件任务，直至生命的最后一刻。同样，工作岗位是人生旅途拼搏进取的支点，是实现人生价值的基本舞台，一个想要在工作中实现自身价值的人，必须要做好在职的

每一天。

一位从员工成长起来的公司总裁说："成功其实很简单，就是重复做对的事。如果你能够尽到自己的本分，尽力做好自己应该做的事情，那么总有一天，你能够随心所欲从事自己想要做的事情。"反之，如果凡事得过且过，敷衍了事，不用心对待在职的每一天，那么就永远无法达到成功。

有位刚进入公司的年轻人，很有才华，但他对待工作总是漫不经心。一天老板让他为一家知名企业做一个广告企划案。然而他仅用了一天的时间就草草完成了，老板看后并不满意，重做了几次以后，老板还是不满意。

最后一次被退回来的时候，他回到办公室，费尽心思，苦思冥想了一个星期，经过多方面细致的考虑、推敲，进行彻底的修改，确认没有任何纰漏。这一次，他信心百倍地交给了老板，并且说："这是我所能做的最好的方案。"出乎意料的是，老板竟然通过了这一方案。

有了这一次的工作经历之后，年轻人明白了一个道理：只有尽职尽责地工作，才能把工作做到尽善尽美。以后的每一天，他都叮嘱自己。后来，他的工作越来越出色，也因此得到了老板的器重。

各行各业，人类活动的每一个领域，都在呼唤那些能自主工作、用心对待每一天的员工。"只有小演员，没有小角色。"无论在工作中担任什么样的角色，只要尽职尽责地做好在职的每一天，理想会朝我们步步逼近。

迪士尼有句至理名言："每一天上班都是一场表演。"这句话说明，我们每天的工作都有人在看。因此，无论演出的内容是什么，我们都要竭尽全力发挥出最好的水平，将最精彩的一面呈现给观众。

常常听朋友抱怨，每天上班，日复一日，年复一年，年华在不知不觉中就这么逝去了。其实，我们何不换一种方式思考，将上班当成是一场演出，每个人都站在自己的舞台上尽情挥洒。我们或许是最平凡的演员，或许在角色中担当的是配角。但是只要我们每一天的表演都在尽自己最大的努力，总有一天，会有欣赏的眼光，也会有掌声。

在一栋写字楼里，有许多知名企业，每天从里面出入的领导也比较多。某日，有两位老板去某商场办事，在下电梯的时候，他们发现了一位开电梯的女孩，这女孩并不是很漂亮，但她的工作每一个细节都很规范，工作的态度亲切自然，让人很舒服。

其中一位老板与另一位老板打赌："你等着看吧，这女孩儿很快会被挖走！"果然，不久以后再到商场里就看不到那女孩儿在开电梯了。说到原因，老板很畅然："她表现如此好，总会得到欣赏；每天从她身边上下的人那么多，总有很多老板，她得到欣赏和机会是一定的。"

这个事例告诉我们，只要每一个人用心做事，机遇随时会降临到每个人的头上，把握就靠自己。人之所以没有机会，不是真的没有机会，而是别人在看你的时候，你表现得很糟糕。如果抱着类似"无所谓，反正老板不在"的念头，你就错了。做任何事情，都要假设有人在看你，监督自己，谨言慎行，这样遇到机会才不会错过。

不要心存侥幸，要踏踏实实做好每一个细节的表演，任何投机取巧的行为只能把表演搞得更糟。只有我们踏实做好在职的每一天，当我们遇到了合适的时机，就会有"发展"的机会。

美国商界名人约翰·洛克菲勒认为："工作是一个施展自己才能的舞台。我们寒窗苦读来的知识，我们的应变力，我们的决断力，我们的适应力以及我们的协调能力都将在这样的一个舞台上得到展示……"

生活不是为了工作，但工作却是为了更好的生活。作为企业的员工需要有正确的工作态度，同样的一件工作，不同的人做出来的程度是不一样的。对一个老板来说，只有那些在工作中时时刻刻以高规格要求自己，每一项工作都力求做到最好的员工，才是真正有价值的员工。

在沃尔玛发展初期，麦克就进入公司做了一名普通的理货人员，工资很低。在他人都认为这样一份卑微的工作不值得认真去做之时，他摒除了浮躁心态，踏踏实实地对公司的整个生意的所有细节进行认真的观察。

每天，麦克都兢兢业业地工作，很快他就对工作流程熟悉起来。老板每天都要花很多时间仔细核对那些进货的账单，有一次，因老板有急事，麦克主动要求帮助老板检查账单，他做得很好。从那天起，检查账单就变成了麦克的工作。

没过多久，老板让麦克开始管进货。进货对公司来讲非常重要，麦克凭借自己每天的努力，赢得了老板的信赖，抓住了这次机会。

后来，他又先后到过不同的部门去工作，了解了公司全部的工作流程。麦克认为"任何一个部门的工作都不是小事，因为每一天、每一件事对自己

都有价值"。最后，麦克升到了经理的职位。

抱着对工作负责的态度，兢兢业业于每一天的工作，总有一天你会发现，成功就在眼前。

有一位企业家这样说过："把手头上的事情做好，始终如一，你就会得到你想要的东西！"

不抱怨，不找任何借口

狼群有着严格的等级之分，狼王是群体中地位最高、最受尊敬的统治者，被称为阿尔法狼，紧随其后的是贝壳狼，群体中地位最低的是欧米加狼。

欧米加狼在狼群中的待遇很低，饮食时只有等到地位高的狼吃饱后，才能在狼王的允许下勉强吃些残羹冷炙，如果地位低下的狼试图抢食，则会遭到一系列的攻击。

然而，欧米加狼从不抱怨自己出身低微、命运对自己多么不公平，更不会把严格的等级制度作为借口，然后心安理得地去做弱者。它们会试图改变自己的命运，冒着成为孤狼的风险，寻找新的狼群或重新组建自己的狼群。而这也正是狼群不断扩大，狼脉得以世代相传的根源所在。

面对严酷的生存环境，欧米加狼选择做在困难中找方法的强者。但在日常生活和工作中，我们人类却往往喜欢做在逆境中不断抱怨、不断找借口的弱者。

金融危机席卷全球，波及各大中小企业，更殃及个人，上至名企高管，下至摊贩走卒，远至冰岛渔夫，近至隔壁的大婶，都被卷入了这场大风暴。

于是，在这种大环境下，抱怨如毒气般肆意蔓延。很多人习惯一边埋头工作，一边对工作表示不满；一边完成任务，一边愁眉苦脸。把抱怨作为最方便的出气方式。

"孩子不听话，丈夫（妻子）不体贴……"

"工作无聊，氛围糟糕……"

"工资少、环境差、任务重、压力大……"

"经常加班、没有奖金、缺少福利……"

……

这几乎已经成为所有人的口头禅。人们常常这样，总是抱怨自己的工作多么差，眼睛盯着别人的工作多么轻松，多么体面，薪水多么高。不论什么时候，都认为问题在别人身上。

西方有句谚语说得好："无能的水手责怪风向。"同理，无能的业务员责怪顾客，无能的经理责怪员工，无能的员工责怪老板……事实上，你的抱怨正凸显了你的无能。

很多销售人员总是抱怨环境差，给自己找借口：产品不好、产品太贵、客户没有需求、客户不听我电话、客户不听我解释、对产品功能不够了解等。

试问：产品不好，为什么其他推销员可以销售出去？产品太贵，为什么你不反思自己的目标客户是否准确？客户没有需求，为什么你不去寻找有需求的客户而把时间浪费在没有需求的客户身上？客户不听你电话，为什么其他推销员的电话比你打通得多……

难道这些借口不是为了掩饰你的无能吗？

遇到困难，不要找借口。在领导看来，你的借口无非是在推卸自己的责任，非但不能掩盖已经出现的问题，减轻自己所要承担的责任，而且会使领导对你大扣印象分。

祥林嫂每次一开口总会说："我真傻，真的！"然后就会说："我单知道雪天是野兽在深山里没有食吃，会到村里来，我不知道春天也会有！"她喋喋不休地向人诉说自己的不幸，人们在咀嚼了她的故事后，她却像被嚼得没有滋味的甘蔗渣，受人唾弃。

抱怨给人的感觉，就和祥林嫂差不多。很多事情发生后，找各种各样的理由以及怨天尤人都于事无补，只会让自己的心情越来越坏，情绪越来越糟，而目前的状况不会有任何改善。

常年抱怨的人会逐渐远离自己工作生活的团队，最后被周围人放逐。因为每个人都不喜欢事事抱怨、找借口的人。也许两个抱怨的人在一起可以找到共鸣，但久而久之，你会发现，人们潜意识里还是更倾向于与积极乐观的人相处。

把事情"太困难、太无头绪、太麻烦、太花费时间"等种种理由合理

化，的确比相信"只要我们足够努力，就能完成任何事"的信念要容易得多。因为只要有心去找，做不好一件事情，完不成一项任务，会有成千上万条借口响应你、声援你、支持你。

你也许因此可以暂时掩饰自己的过失，把应该承担的责任转嫁给社会或他人，心理上得到暂时的平衡。但长此以往，找借口会成为一种习惯，让人疏于努力，而把大量时间和精力放在如何寻找一个合适的借口上。

而这种人，注定会在自己的"借口和抱怨"中堕落，最终一事无成。领导会把机会给那些遇到困难不找任何借口，主动承担责任去解决问题的员工。也许这样的员工没有超凡的能力，但一定有超凡的心。

事实上，遇到困难找借口、推卸责任是小聪明，敢于承担责任、对结果负责才是大智慧。与其挖空心思找各种理由来推卸责任，还不如真正承担起责任。因为你在承担责任、对结果负责的过程中会学到很多知识、增长很多工作经验，同时好的工作结果又能获得企业和领导对自己的信任与认同，进一步发展自己。

成功的人寻找原因，失败的人寻找借口。如果可以找到失败的原因并不断改进，成功就会离我们越来越近。相反地，一味地找借口为自己的失败行为解脱，成功就会离我们越来越远。

中国第一职业经理人、"打工皇帝"唐骏就曾经说："遇到挫折要从容面对，不抱怨、不放弃……只要继续努力，就一定会成功。"

中国不乏唐骏这样的成功人士，我们仔细研究会发现，他们都有一个共同点：坚信方法总比困难多，抱怨不如改变；他们总是能安身于困难的环境，乐于迎接工作中的每一次挑战。

一头老驴不小心掉进一口很深的枯井，凭一己之力根本无法脱身。老驴向主人求救，但主人认为老驴年老体衰已无大用，便没去营救，任其自生自灭。

但老驴并不放弃求生的念头，它发现每天会有人往井里倒垃圾，它并不认为这是一件坏事，因为它每天都能从垃圾中找到维持自己生命的残菜剩饭，并把"没用"的垃圾踩在自己脚下，而不是被垃圾掩埋。一天天过去了，垃圾越积越多，老驴离井口也越来越近。终于有一天，老驴重新回到了地面。

现实有太多的不如意，就算生活给你的是垃圾，你也大可不必抱怨，只要你坚定目标，积极寻找解决问题的方法，同样能把垃圾踩在脚下，登上成功的巅峰。

责任让能力展现最大价值

"责任"是一个人分内应做的事情；能力是指人顺利地完成某项活动的个性心理特征，是完成任务或达到目标的必备条件。二者之间相互影响，相互制约。

责任是一种与生俱来的使命，是永恒的职业精神。意识到自己的责任，勇敢地承担起自己的责任，你的人生将会因此而拥有更多的卓越和精彩。

能力直接影响活动的效率，是活动顺利完成的最重要的内在因素。举个简单的例子：现在有一袋 100 斤重的大米，让人来搬，有的人搬得动，有的人则搬不动，这就是说能搬动的人有这个能力，反之没有。

"德才兼备"是全世界无数组织千百年来都遵循的价值观、人才观，其本质是要求员工的一切行为都要做到有德、有才，两者兼备，而且德在前，才在后。"德"包含了责任感，但责任感会超越道德范畴；"才"是能力。

能力是在责任的基础上得以实现的，现实中有很多有能力的人没有得到充分发挥，原因之一就是缺少责任心。只有具备很强的责任心，一个人对社会的作用才能充分得以体现出来。

刘易斯曾说过："尽管责任有时使人厌烦，但不履行责任，不认真工作的人什么也不是，只能是懦夫，不折不扣的废物。"

杰克毕业后被分配到一家钢铁公司工作。不久之后，他发现公司矿渣中残留没被冶炼好的铁，由此，他判断公司的炼铁技术存在问题，而这种缺陷给公司带来的损失是巨大的。

于是，杰克找到了负责技术的工程师，向他们汇报了情况。然而他们却并没有将此事放在心上，并很自信地认为不可能出现这种情况。

杰克并没有就此作罢，他拿着没有冶炼好的矿石找到了公司负责技术的

总工程师。经过总工程师的检验，原来是监测机器的某个零件出现了问题，导致冶炼得不充分。

此事之后，杰克很快被提升为了负责技术监督的工程师。

由此可以说明，一个员工能力再强，如果他没有强烈的责任感，不能够勇于承担责任，就不能为企业创造价值；而一个愿意为企业全身心付出的员工，即使能力稍逊一筹，也能够创造出最大的价值。

只有那些能够勇于承担责任的人，才有可能被赋予更多的使命，才有资格获得更大的荣誉。一个缺乏责任感的人或一个不负责任的人，除了失去社会的基本认可和别人对自己的信任与尊重外，同时也失去了一个人的安身立命之本。

一个年轻人去一家外企面试。经过交谈，面试官发现年轻人完全能够胜任目前的工作，于是便让那个年轻人坐下来开始工作，但年轻人却焦急地说："我现在要先去吃饭。"面试官听罢，说："你必须要去吃饭吗？那好，去吧！你永远都不可能在这里工作了！"

年轻人曾因为自己得不到雇用而消极沮丧，但是当他工作开始有了一点点希望的时候，却只想着提前去吃饭，而把自己说过的话和应承担的责任忘得一干二净。

在工作中，只有具备了强烈的责任感，你才会让别人对你刮目相看，才会在激烈的竞争中脱颖而出。相反，如果你没有这种责任意识，也必然会像故事中的小伙子一样失去宝贵的工作机会。

自身的能力只有通过尽职尽责的工作才能完美地展现。一个主管过磅称重的小职员，也许会因为怀疑计量工具的准确性，而使计量工具得到修正，从而为公司挽回巨大的损失，尽管计量工具的准确性属于总机械师的职责范围。

工作意味着责任，无论你处于什么岗位。责任会让你的潜力得到充分发挥；会使你克制一时的意气用事；会改变自己的不良嗜好及减少惰性；会让你分秒必争，放弃暂时的私利；会让你更加顾全大局；会让你更具有包容心、耐心甚至自我牺牲精神等。

责任能够让一个人具有最佳的精神状态，精力旺盛地投入工作，并将自己的潜能发挥到极致。因此，责任承载着能力，一个充满责任感的人才有机

会充分展现自己的能力。

然而，一切的能力都要通过落实责任来体现，真金不怕火炼，有落实责任能力的人才能算得上是真正的人才。

假如现在你面前有两种选择：一是在你的能力范围内，担两担水上山给山上的树浇水，虽然你可以完成，但很费力；二是轻轻松松地担一担水上山，而且你还有时间回家睡一觉。你会选择哪一个？

如果你选择的是第二种，那么真的很遗憾，你是一个严重缺乏责任感的人。

为什么选择第二种？为什么自己有能力做到的事情却不去做？选择担一担水上山，你没有想到这会让你的树苗缺水吗？能做的事情却不去做，应该承担的责任却不去承担，这样的员工，无论工作能力多么强，也是不受企业欢迎的。

无论我们处在什么职位，从事什么工作，都应当负起责任，投入 100% 的精力，这样才能体现出你的价值，才能去胜任更多的工作。反之，你的能力会大打折扣，甚至成为零，最终会被社会淘汰。

狼 性 宣 言

责任是与生俱来的，是不可推卸的。

责任心会驱使我把每一件事情做得完美。

我一定会认真地对待自己的工作，我知道每份工作的背后都是一份沉甸甸的责任。

我要用认真负责的态度来工作，因为我既然选择了它，就一定要把它做好。不履行责任，只能是懦夫，不折不扣的废物。

从今天起，我要牢记负责任是人生的一大使命。我要努力让自己负起应负的责任，不找任何借口推脱。

借口是失败者的权利，是无能者昏睡的摇篮，而我不做失败者、无能者，我要用信心驱赶失败的恐惧，亲手捏碎一切可能让我退缩的谬论。

抱怨是懦弱者的专利，是推卸责任者栖息的地方，而我不是懦弱者、推卸责任者，我要把一切困难踩在脚底，用承担埋葬一切推脱责任的借口，登上成功的巅峰。

第十二章 傲然生长逻辑之五：
忍着痛去拼搏

在晨曦初照的黎明、夕阳西下的黄昏，或是万籁俱寂的黑夜，我任风吹雨打，默默向前疾驰。

在孤独、荒凉、寂寞中，我学会了忍耐。在无边无际的荒原，我盘踞于一角，养精蓄锐，屏息以待，终有一刻，激情与体能全面爆发，支持我那勇猛一击。

忍耐是一种需要

狼是一种极具耐性的动物，它们的沉着和耐性，对那些捕食者来说是致命的武器。动物研究者观察发现，狼在捕猎过程中不会显露出丝毫的疲倦或厌恶，更不会对猎物群进行毫无意义的追逐和侵扰行动。

狼在捕猎过程中，为了达到最后的目的，经常会花费数日去追踪、观察与监控它们选定的猎物。即使饥肠辘辘，它们也会耐心地等待最佳时机，不会以生命换取一时的饱足。这也正是我们常说的"小不忍则乱大谋"。

在人生旅途中，我们必然会经历困苦、伤痛、苛责、欺辱……当我们不甘心命运的安排却又无法把握命运的方向盘时，必须向狼学习，练就狼性忍耐的精神。

中国的忍文化源远流长，早已成为中国传统文化的重要组成部分，甚至有人认为中国的文化如果可以用一个字来概括，那便是"忍"。孔子克己复礼是忍耐；朱元璋在取得基本胜利后广积粮、高筑墙、缓称王是忍耐；韩信

甘愿受胯下之辱是忍耐；司马迁受宫刑是忍耐……

然而，纵观今日的社会，种种乱象的根源，多是不能忍。忍不下一口气，而恶言刀枪相向；忍受不了他人的春风得意，而嫉妒诬陷；不能忍穷忍苦，转而投机取巧；不能忍受生活的压力，而放弃生命……

一则报道称：在一家酒店里，因为有人说一个年轻人的手机不时髦，伤了对方的自尊心，一时忿起，双方大打出手，最后一死两伤。有人认为这很可笑，其实很多因逞匹夫之勇而败家丧身的事情，其性质与此几乎没有太大实质性的差别。

在日常生活和工作中，我们往往能在"战场上"冲锋陷阵，与"敌人"展开殊死搏斗，却怕被人误解，怕孤独和寂寞。因为前者不甘示弱，具有强者的风采；而后者表现出来的是弱者的姿态，人们在心理上很难接受。

其实，"耐心和持久胜过激烈和狂热"。真正的英雄之忍是一种迂回战术。避其锋芒，韬光养晦，才能积蓄力量，把握战机，后发制人。英雄之忍可以铸成大事，匹夫之勇只可以贻笑大方。

苏轼说："君子之所以取远者，则必有所持，所就者大，则必有所忍。"忍受诱惑，忍受寂寞，忍受屈辱，忍受病痛，忍受常人所不能忍者，才能建功立业，达到一定高度。

著名作家林语堂在《忍耐的奇迹》一文写道："当'智慧'已经失败，'天才'无能为力，'机智'与'手腕'已经败走，其他的各种能力都已束手无策，宣告绝望的时候，走来了一个'忍耐'；由于其坚持之功，成功是得到了，不可能的成为可能了，事业是办就了，营业是做成了。"

忍耐是一种意志，一种品质，忍耐是成功过程中必要的手段。在同等条件下，不是比谁的智力高，而是看谁的忍耐力强。

我们之所以成不了企业家、成功商人，是因为无法忍受创业的艰辛和压力；我们之所以成不了科学家、学术研究者，是因为无法忍受做学问的寂寞与枯燥；我们之所以做不成大事，是因为忍受不了物质的诱惑和自身的弱点……

忍耐是一件艰难的事情，它的过程是漫长的，感受是痛苦的，但结果却是甘甜的。

忍一时风平浪静，退一步海阔天空。成功的到来需要我们等待，也需要忍耐。

忍耐是意志的磨炼、爆发力的积蓄；忍耐是用无声的奋斗冲破罗网，用无形的烈焰融化坚冰。在忍耐中拼搏，学会忍耐，才能锲而不舍地朝着一个方向走。

近两年，创业成为热点话题，更是众多青年的致富梦想。然而"艰难困苦，玉汝于成"，创业历程的艰辛需要创业者拥有"忍耐"的品性，既要忍受肉体上的折磨，还要承受精神上的摧残。

中国青年报记者卢跃刚在《东方马车——从北大到新东方的传奇》中，记录了这样一个故事：

创业之初，俞敏洪请一位警察吃饭。当时，俞敏洪身上带了3000块钱，便走进了香港美食城，那是他第一次去那么好的饭店。

俞敏洪操着一口江阴普通话，和北京警察对话很别扭，而且找不到话说，场面十分尴尬。为了掩盖自己内心的恐惧和尴尬，便不停地喝酒。只喝酒不说话，光喝酒不吃菜，喝着喝着，俞敏洪失去了知觉，"钻"到桌子底下去了。老师和警察立刻把他送到了医院，抢救了两个半小时才活过来。医生说，一般人喝成这样，都回不来了。

精神上的折磨让俞敏洪难以承受，他醒过来喊的第一句话是："我不干了！"他一边哭，一边撕心裂肺地喊："我不干了！再也不干了！把学校关了！把学校关了！我不干了！……"然而，醉了、哭了、喊了、不干了……第二天醒来，他仍旧硬着头皮接着干，仍旧硬着头皮夹起皮包去给学生们上课。

这就是创业，一个需要忍耐的工程。

狼性的忍耐也是对人生的等待。

一位女作家到美国去访问，在纽约街头遇到一位卖花的老太太，穿着相当破旧，看上去身体很虚弱，但脸上却露出了祥和和高兴的神情。女作家挑了一束花说："看起来，你很高兴。"老太太说："为什么不呢？一切都这么美好。"女作家随口又说了一句："对烦恼，你倒真能看得开。"老太太的回答却令女作家大吃一惊。老太太说："耶稣在星期五被钉在十字架上时，是世界最糟糕的一天，可三天后就是复活节。所以，当我遇到不幸时，就会等待三天，一切就恢复正常了。"

"等待三天！"多么平凡而又充满哲理的生活方式，把烦恼和痛苦抛到一边，心里只要一个念头：全力去收获快乐。

在生活中，需要"等待三天"的事很多。要学会"等待三天"。严冬过去就是春天。

等待，必须有坚强的意志力，要对心中的等待有信心、有耐心，还要有恒心。一个人如果下定决心要成为什么样的人，或者下决心要做成什么样的事，那么，拥有像狼一样的耐力和驱动力会使他心想事成，如愿以偿。

忍耐是张扬人生价值的反动力。忍耐的时候，可以把自己变得很小，看得很低，从而腾出更大的空间去发展；忍耐的时候，会让自己更能看清自己的缺点和不足，从而完善自己；忍耐的时候，促使自己更能深入的思考，认清自己的所长，选准自己的路。

威尔金斯教授在回忆起他在稀树草原上观察研究的那段岁月时说："我曾经对狼进行过一段时间的观察。那是一段艰苦的岁月，在草原上，天气变换得很快，我不得不忍受雨水、风暴以及太阳的暴晒。最要命的是，那段时间是蚊子最为猖獗的时期，所以我的全身都被包裹起来以避免被可怕的蚊子侵袭，但那些厚重的外套又让我必须忍受炎热带来的痛苦。在这样的时刻，我会失去耐心，准备放弃自己的观察计划。每到这个时刻，我就会想到我的观察对象——狼，是狼让我一次次重拾信心。我再也没见过比狼更有耐心的动物。"

在无边无际的荒原，狼始终与孤独、荒凉、寂寞为伴，它们任凭风吹雨打，默默向前疾驰。它们盘踞荒原的一角，养精蓄锐，屏息以待，等待激情与体能全面爆发的那一刻。忍耐不是弱者的音符，而是强者的形象。当我们失去耐心时，想想狼的精神：在隐忍中积蓄能量，审时度势，在等待中崛起。无论身处顺境还是逆境，是面对尘世的浮华还是人间的痛苦，都能保持平静的心态。

忍耐不是屈服

忍耐是一种厚积薄发的力量。不在沉默中爆发，便在沉默中死亡。狼性的忍耐注定要在沉默中爆发。

狼生活在荒无人烟的草原上，注定孤独一生。然而它们并不会在这种寂寞中，自甘堕落，它们养精蓄锐，忍辱负重，终有一天爆发出无穷的力量。

忍耐是狼捕猎过程中必不可少的战略战术。回顾人类的无数战争，与狼所采用的战术极为类似。

两军对垒，呼叫着狂冲而出的英雄很多，但结局大多血洒疆场，以失败告终。而懂得拖延时间，耐心观察和等待，直到强弱明显互变之际再发起攻击的队伍，往往是最后的胜利者。

中国人的能"忍"善"耐"举世闻名，人们谈论中国人总要提及"忍"这一特点，并认为此乃一大弱点。事实上，忍可以分为两种，一是消极的忍耐，即逆来顺受，安于现状；一是积极的忍耐，即以静制动，以忍求尊。

如果让忍耐浓浓地烙上安命不争、落后、平庸、不思进取、安于现状、奴性、软弱、自卑等痕迹，"忍"固然是一种致命的弱点。但是，如果我们能忍、会忍、善忍，把忍耐作为一种策略，把忍耐作为一种积蓄力量的机会，把忍耐作为一种达到某一志向的手段，为达到某种"大谋"的退却，"忍"则是强者的优势。

忍耐不应以牺牲自己的独立人格为代价，不应奴性十足，不应苟且偷生……狼在遭遇比自己强大凶狠的对手时，会假装向对手示弱，以免引起对手的警觉进而使自身安危及财务得以保全；与此同时，再暗中积极蓄积力量，一旦时机到来，立刻发动力量进行反击，占据优势地位。

年轻人血气方刚，岂能没有"士可杀而不可辱"的豪气？但这种豪气绝不是逞匹夫之勇。自古以来，一气之下，不自量力，做出傻事、铸成败局的事例不计其数。

要知道以忍求尊才是出奇制胜的良策。当"敌我"之间的力量差距悬殊、正义与邪恶之间的势力差距巨大时，我们不得不以"忍"作为保存力量的重要手段。

三国时期，诸葛亮辅佐刘备，立志要收复中原。他多次出兵祁山攻打司马懿，但司马懿总是不肯出来迎战诸葛亮。无论诸葛亮用什么手段羞辱司马懿，司马懿都置之不理。这致使诸葛亮六次出兵祁山，每次都无功而返，等到自己的粮食吃完了，就自行退兵，战争也就结束了。因为司马懿能忍，所

以在国家大计上，没有被一代儒将诸葛亮打败。

忍耐不是屈服，忍耐是以退为进。狼在任何情况下都十分警觉，即使是睡觉的时候，耳朵也是竖着的，只要有一点儿动静传入耳中，它们立刻就会撒腿狂奔，以最快的速度逃离险境。狼的退却，是为了保命，是为了生存，为日后的发展和繁衍打下基础。只要寻找合适的机会，狼群就会果断聚集起来，采取集团化的大围行动，以获取更大的利益。

我们应该学习狼以退为进的耐力，根据实际情况，确定合适的退出时机，选择合适的退出途径，才能避免更大的损失，以达到最大限度地保存自己、东山再起的目的。

美国总统肯尼迪在学生时代，因为欺骗而被哈佛大学退学。而当他参加参议员竞选时，这一把柄被竞争对手在关键时刻抓住了。这意味着肯尼迪诚实、正直、道德的形象将被破坏，他的政治前途也可能因此黯然无光。

一般人遇到相同的事情，可能会极力否认，澄清自己，但是肯尼迪却很爽快地承认了自己的错误。他说："我对于自己曾经做过的事感到很抱歉。我是错的，我没有什么可辩驳的余地。"肯尼迪以退为进的策略，没有让对手占到任何便宜，支持率反而由此上升，取得了胜利。

忍耐不是对传统的习惯势力、落后势力的妥协和投降，而是一种最为明智的退却手段，不硬拼，不消磨自己的元气，将力量慢慢地积蓄起来，一旦时机成熟，便乘其不备，猛然一击，让邪恶永不翻身。

忍耐不是屈服，忍耐是一种宽容，一种涵养。

朋友的误解，亲人的错怪，流言制造的是非，讹传导致的轻信……都会使你怒不可遏。但此时的愤怒并不会使这些委屈烟消云散，只有一时的忍让才能帮助你得到公允的评价和赞美。

忍耐之人，有雅量，有涵养，不会稍不满意就大发雷霆；不会因为很小的事不如意就愤而发作；不会因为一点优点就向别人炫耀；不会因为听到一句称赞自己的话就喜形于色……

学会忍耐，我们便懂得宽容。古时候廉颇嫉妒蔺相如，几次借机侮辱他，在蔺相如坐轿回家的路上，廉颇叫人抬轿过去阻挡。廉颇以为这样可以为难蔺相如，但蔺相如以国家利益为重，每次都忍让回避。廉颇正是被他这种忍耐所感动，才有了后来的"负荆请罪"。

有一天，歌德到公园散步，对面恰好走来一位"批评家"，他站在歌德面前大声嚷道："我从来不给傻子让路！"歌德却满面笑容地让在一旁，说："而我正相反！"歌德的幽默、心胸和气量为自己摆脱了尴尬难堪的局面。

忍让，顾全的是大局，着眼的是未来。忍者懂得以宽厚博大的胸怀去容纳别人的悖理举动，以宁静平和的心绪去感化他人浅薄的行为，再以无可争议的成功事业来警示世人。

待时而动

第三部分 狂野的狼性精神——傲然生长的五大逻辑

在北美的旷野上经常会出现这样的场景，一群分散的狼突然向一群驯鹿冲去，引起驯鹿群的恐慌，导致驯鹿纷纷逃窜，这时，狼群中的一匹"剑手"会斜刺里冲到鹿群中，抓破一头驯鹿的腿。狼群之所以选中这头驯鹿，也许就是因为它们发现它的某些特点易于攻击，随后这头驯鹿又被放回归队了。奇怪的是，当狼群攻击鹿群中的一只驯鹿时，周围强健的驯鹿并不援救，而是听任狼群攻击它们的同胞。

这样的情况一天天地重演着，受伤的驯鹿渐渐失掉大量的血液、力气和反抗的意志。而狼群在耐心地等待时机，它们定期更换角色，由不同的狼来扮演"剑手"，使这头可怜的驯鹿旧伤未愈又添新创。最后，当这头驯鹿已极为虚弱，再也不会对狼群构成严重威胁时，狼群开始出击并最终捕获受伤的驯鹿。

实际上，此时的狼也已经饥肠辘辘，在这种数天之后才能见分晓的煎熬中几乎饿死。为什么狼群不干脆直接进攻那头驯鹿呢？

因为像驯鹿这样体形较大的动物，如果踢得准，一蹄子就能把比它小得多的狼踢翻在地，非死即伤。耐心保证了胜利必将属于狼群，狼群谋求的不是眼前小利，而是长远的胜利。

最佳的出击机会都是等来的，在战场上，只有付出极大的耐心，才能等来这种机会，趁敌人松懈之时，发起攻击，就能以较小的代价，取得较大的胜利。

诸葛亮草船借箭的故事我们都很熟悉。我们知道，要借到箭，需要许多方面的条件。比如要有船，要有装在船上的稻草人，要有驾船、擂鼓、诱使曹军射箭攻击的士兵。这些对东吴都不在话下，即使暂时没有，也可以立即准备，这些都是人力可以办到的。但即使如此，诸葛亮在立军令状时，还是要了三天的期限。为什么呢？那是因为"借"箭，还需要一个江雾弥漫的天气条件，这既是一个事关重要的关键条件，又是一个人力所无法创造的条件。诸葛亮知道只有第三天江上才可能起雾，他唯一能做的也只有等待时机。

在冰天雪地中等待经过的羊群，所付出的是最坚强的勇气和耐心。那些飞速奔跑的羊出现了，但绝对不是最好的机会。直到那只既老又笨且肥的羊出现在很近的距离的时候，狼才腾身而起，抓住等待换来的美餐。在市场竞争中，只有像狼那样，耐得住寂寞，才能等来更大的商机。

金融大师索罗斯说："要想成功，你需要从容不迫，你需要承受沉闷。等待过程中，最好多多思考、多多阅读和反省。"所以，他每次做出投资时，都十分慎重，亲自调查研究证券市场的最新动态，对世界政治经济形势做出全面的判断和预测，之后便耐心等待。

20世纪70年代，银行业很不景气，股票持续低迷，投资人都对银行股票避而远之。然而，对于索罗斯而言，这已经是他等待已久的机会。因为之前，他已经积极地搜集了相关信息，分析、汇总、判断，得出了结论，剩下的只是耐心的等待。于是，当这次机会来到他面前时，他毫不犹豫地投入大量资金，购进了大量银行业的股票。果然，不久，银行业股票大涨，当别人如梦初醒，争先恐后地抢购时，他已经到了套现的时候，赚得盆满钵满。

等待绝不是无可奈何的被动的放弃，于等待静观中的审时度势，寻找战机，本身就包含着主动进取的因素。

约翰·洛克菲勒是美国历史上第一个十亿富翁，他用异常冷静、精明、远见，以及自己独有的魅力和手段，白手起家，一步步控制全美国的石油资源。他在美国资本主义经济发展史上占有重要的一席之地。虽然洛克菲勒的成功早已成为一个历史，但他的成功因素仍值得我们借鉴。

19世纪中叶，在美国宾夕法尼亚州钻出石油的消息震动了克利夫兰的商人们，成千上万的人拥向了采油区。市场的高涨情绪让洛克菲勒也对这个新行业怦然心动，但经过冷静思考后，他意识到，由于运输和加工等问题，石

159

油时代的真正来临还需假以时日。他告诫合作者说，要想创一番事业，必须学会等待，耐心等待是制胜的前提。果然，两年内，原油的价格从每桶20美元狂跌到每桶0.1美元，使许多经营原油的商人亏损甚至破产。就在这个时候，洛克菲勒进军石油开采和加工业，并大肆收购其他的石油公司，就这样奠定了洛克菲勒的石油基业，直至以后成为石油大王。

机会是一种稍纵即逝的东西，但不是每个人什么时候都有机会可抓。在机会没有来临时，最好的办法就是：等待，等待，再等待。在等待中为机会的到来做好准备。一旦最佳时机来临，千万别犹豫，抓住它，你就是成功者。

很多创业者，尤其是靠技术起步的创业者，往往对何时进行融资举棋不定：马上就融，担心自己的权益被融资方侵夺；不融，资金量又实在太小，想快一步发展都很难。技术转化为产业是个很有意思的现象，并不是所有的技术都适合市场。所以，如果能自己先摸爬滚打一段时间，既逐渐积累些经验，又确认自己的位置，同时也能给投资者相当的信心。这时候去融资，往往能够左右逢源。因为所有的投资商都讲究"先投人再投项目"，只有你这个人经受住了市场无情的考验，你才会得到人们的青睐。所以，等待是必要的。

《易》曰："君子藏器于身，待时而动，何不利之有？"等待并不等于一味傻等，在等待中你有大量的事情要做，其中最重要的是要训练一种判断能力，知道善于捕捉时机，知道什么时候该做什么事。

从现在起，记住狼带给我们的启迪：在成功的道路上，如果你没有耐心去等待成功的到来，那么，你只好用一生的耐心去面对失败。

不急于求成，脚踏实地更稳妥

畅销书《狼图腾》中有这样一段描述：

狼抓黄羊有绝招。在白天，一条狼盯上一只黄羊，先不动它。一到天黑，黄羊就会找一个背风草厚的地方卧下睡觉。这会儿狼也抓不住它，黄羊身子睡了，可它的鼻子耳朵不睡，稍有动静，黄羊蹦起来就跑，狼也追不

上。一晚上狼就是不动手，趴在不远的地方死等，等一夜，等到天白了，黄羊憋了一夜尿，尿泡憋胀了，狼瞅准机会就冲上去猛追。黄羊跑起来撒不出尿，跑不了多远尿泡就颠破了，后腿抽筋，就跑不动了。你看，黄羊跑得再快，也有跑不快的时候，那些老狼和头狼，就知道在那一小会儿能抓住黄羊。只有最精的黄羊，才能舍得身子底下焐热的热气，在半夜站起来撒出半泡尿，这就不怕狼追了。额仑的猎人常常起大早去抢让狼抓着的黄羊，剖开羊肚子，里面尽是尿。

良好的耐性并不是狼之所以生存至今的唯一原因，但却是狼能捕捉到食物的重要前提。狼从来不会失去耐性，因为狼知道：急于求成，注定失败。

很多学者已经没有"十年磨一剑"的耐心，都想急功近利，功成名就。

年轻人整日浑浑噩噩度日，却天天梦想着一夜成名、一夜暴富，有的甚至不惜"以身试法"。更有人迷失自我，找不到生活的方向，甚至结束自己的生命。

……

整个社会弥漫着"浮躁"的味道。正是浮躁淹没了梦想，冲淡了成功，掩盖了生活的目标。

浮躁心理正是人们做事目的与结果不一致的常见原因，是各种心理问题的根源，是成功、幸福和快乐的大敌。如果一个企业浮躁，将会导致无节制地扩展或盲目发展，最终会走向没落；如果一个人浮躁，将会变得焦虑不安或急功近利，最终会失去自我，葬送美好的人生。

当代中国年轻人的成功欲望异常强烈，然而欲望越强烈，仿佛离成功越远。"欲速则不达"这句古语精辟之至。

历史上，很多名人曾用过求速成的方法，但大多以失败告终，转下了苦功。宋朝的朱夫子从小聪慧过人，十五六岁就开始研究禅学。到了中年，他方才顿悟，速成不是创作良方。自此以后，他开始改下苦功，坚信"欲速则不达"，最终取得了一定的成就。

急功近利之人一定是戴着功利名位近视眼镜的目光短浅者。一叶障目，不见森林，只闻到了芝麻的香，而忘却了西瓜的甜。

头痛医头，脚痛医脚，是急功近利者一贯的行为方式。为了治好头而不顾脚，为了治好脚又可以不顾头了。为了摆脱眼前的状况，可以不顾未来的

利益，为了求得一时的痛快，而以长远的痛苦为砝码。

然而，这往往得不偿失。你也许一时得利，但付出太多，得到的终归微不足道，而且你活得太累，没有真正的幸福快乐可言。

不急于求成，脚踏实地更稳妥。这一点在狼捕猎过程中体现得尤为明显。狼在捕捉大型动物时，常常采取几只狼围追一个对手的策略，以确保成功和自身的安全。它们对自己有充分的了解，深知自身的实力和局限，因此不会产生不切实际的想法。

"九层之台，起于垒土；千里之行，始于足下。"老子的话阐述了事情发展的必然规律：做任何事情须脚踏实地方能成功。狼便是最脚踏实地的动物，因此也是最成功的草原猎手。

美国已逝总统罗斯福曾说："成功的平凡人并非天才，他资质平平，但却能把平平的资质发展成为超乎平常的事业。"也许你资质平平，也许你学历不高，也许你的家世并不显赫，但是你只要像狼一样脚踏实地地、一步一个脚印地认真做事，何愁机会不会找上门来？

成功就像是滚雪球，你必须从一小团雪开始，一点一点滚出去，才能让雪球越变越大。脚踏实地地做人，踏踏实实地做事，这样的人走遍天下都受欢迎。

受当前全球金融危机的影响，高校毕业生就业问题已成为一个受到社会各界广泛关注的热点问题，一度被视为"天之骄子"的大学生似乎陷入了新的人生困境。无论是择业，还是创业，初出茅庐的大学生都显得异常好高骛远。许多人刚步入社会就梦想以自己之能完全可以做个领导者、管理者，如果让他们从基层做起，他们就会觉得没面子，甚至认为这是大材小用。

对于急于求成的大学生，万科董事长王石这样说："实际上对于80后的年轻人，我想说的就是，处于你们这样机会的社会，我想我的一个太老土的想法，就是建议你们不要急于求成。我33岁创业，你23岁就大学毕业了，至于读研究生，读博士生，还是去创业，都不重要。重要的是不管做什么都要认真去做，因为总有一天你会发现自己以前的认真都是一种积累。有心创业的学生也不用急着想马上要做什么，只要你认真学习，认真做你想做的事，这些都会给你今后带来改变的，即使你到国外流浪一年，洗盘子，晃荡一年，你也会发现你的见识增长了。"

每个大学生和职场人都有自己的梦想，但梦想的实现必须从一点一滴的小事做起，在最基础的工作中不断提高自己的能力。这样方能为自己的职业生涯积累雄厚的实力，待羽毛丰满之时，便是成功之日。

控制情绪，沉着隐忍

摄影家卡尔·布伦德斯曾经长时间将镜头对准狼，在他看来，狼是一种特别的动物，是野性的象征。他说："狼的眼睛是你所能想象到的最撼人心魄的东西。它们的眸子里包含着北半球所有的野性。"

狼深邃的眼神里总是充斥着一种令人不寒而栗的冷静，即使看到自己的同伴在血腥中一个个倒下，它们的眼神中也没有一丝恐惧和焦躁。

无论在什么情况下，狼始终能控制自己的情绪，时刻保持沉着冷静。透过狼冷峻的眼神，我们看到的是一种静默中积蓄的能量，一种待时而动的生存哲学。

对于人类而言，这种生存哲学是控制情绪，是沉着隐忍，是处变不惊……

最近，美国密歇根大学心理学家南迪·内森的一项研究发现，一般人的一生平均有 3/10 的时间处于情绪不佳的状态，因此，人们常常需要与消极情绪作斗争。

目前，我国已进入经济、科技的高速发展时期，生活节奏明显加快，人们承受来自社会、事业、生活的压力也随之增大，极易引起情绪失衡和心理应激反应。

每个人可能都有类似的经历：你开车时，别人的车子从你身边呼啸而过，使你大吃一惊，你会忍不住破口大骂，甚至影响一天的情绪；你可能早上上班前跟妻子吵了架，跟丈夫斗了嘴，因此一整天打不起精神，在工作中闷闷不乐，对自己遇到的不顺觉得无法理解；当你听到别人对你提出批评甚至指责时，会激起你胸中的惊涛骇浪，你很可能会用粗嗓门极力为自己辩解，甚至与对方大打出手；当你听到自己失去了一次本该到手的晋升机会时，你会怒气冲冲，坐卧不安，随时准备找人评评理，或者"讨个说法"……

每个人都会遇到这样或那样不顺心的事情，疾病、天灾人祸可能随时会降到我们的头上，这些事情极易引起我们情绪的波动，影响我们的生活。然而，人和动物不一样，人应该有理智和知性，情绪化不能解决任何问题，反而会使事情更糟，破坏你和别人之间的感情。

英国著名作家培根曾说："愤怒，就像是地雷，碰到任何东西都一同毁灭。如果你不注意培养自己忍耐、心平气和的性情，一旦遇到'导火线'就暴跳如雷，情绪失控，就会把你最好的人缘全都炸毁。"

人们常说，"冲动是魔鬼"。日常生活中，许多人会在情绪冲动时做出令自己后悔不已的事情。

在美国曾发生一件轰动一时的"上班女郎命案"。惯偷罗伯斯假释出狱后，决定改过自新。但由于女友和三岁的孩子急需生活费，他决定再干最后一次。

当天，他闯入一幢居住两个女子的高级公寓。正巧当时 21 岁的珍妮丝在家，罗伯斯威胁她，并把她绑了起来。就在罗伯斯肆无忌惮地偷盗时，与珍妮丝同住一屋的艾米莉回来了，罗伯斯把艾米莉也绑了起来。

之后，珍妮丝警告他："我会记住你的相貌，并会协助警察逮捕你。"罗伯斯本来想再干一次就收手，一听这话，顿时惊慌失措。情绪失控之时，他慌忙抓起汽水瓶子把女主人打昏，并向她刺杀数刀，使其毙命。

25 年后罗伯斯回忆那一刻："当时我急疯了，整个脑袋将要炸开来。"几分钟的情绪失控，让他做出了懊悔终生的事。

人在冲动时，往往来不及了解情势，更不能权衡轻重。如果不能及时控制，就不是量变的问题了，事情可能会变得无法控制。

学会有效管理和调控自己的情绪，是一个人走向成熟的标志，也是职场上迈向成功的重要基础。

2007 年，华南师范大学人才测评研究所等部门历时两年对全国 500 多家企业进行了深入访谈和调研，推出了一份《中国 IT 从业人员心理特征研究报告》，该报告显示：业绩优秀的员工和业绩一般的员工，在"情绪控制能力"方面有明显差异，心理特征甚至对能否胜任某一岗位起到了决定性作用。

近两年，美国心理学界也在进行相关的"情绪管理"研究。研究表明，能够控制情绪是大多数工作的一项基本要求，在管理、服务行业更是如此。

"顾客永远是对的"是服务行业须奉行的金科玉律，但问题是，顾客并不一定对，很多顾客持着"顾客就是上帝"的态度，说话尖酸刻薄、没有礼貌。面对这样的"上帝"，如果受不了他们的气，一声反驳，大家争执起来，就等于把顾客赶跑，对生意有害无利。

因此，所有成功的生意人和推销员，都善于控制情绪，面对无礼的顾客，他们依旧客客气气，保持礼貌的态度，以获得信任。这便是成功之道。

安东尼·罗宾斯说："成功的秘诀就在于懂得怎样控制痛苦与快乐这股力量，而不为这股力量所反制。如果你能做到这点，就能掌握住自己的人生，反之，你的人生就无法掌握。"

情绪来袭时，我们应尽量保持冷静的头脑，理智地去思考问题，从积极的角度重新认识引发不良情绪的事件，从而得到新的结论，使自己得到新的平衡。

美国一位来自伊利诺伊州的议员康农在初上任时，受到另一位代表的嘲笑："这位从伊利诺伊州来的先生口袋里恐怕还装着燕麦呢！"这句话讽刺意味极浓，但康农并未情绪失控、恼羞成怒，而是从容不迫地答道："我不仅在口袋里装有燕麦，而且头发里还藏着草屑。我是西部人，难免有些乡村气，可是我们的燕麦和草屑，却能生长出最好的苗来。"

康农的绝妙回答，不仅自身没有受到损失，反而使他从此闻名于全国，被人们恭敬地称为"伊利诺伊州最好的草屑议员"。

控制情绪、处变不惊，不仅是一种智慧，更是化解危机的有效手段。

1997 年 8 月 31 日，英国王妃戴安娜遭遇车祸而亡，而她乘坐的恰恰是奔驰豪华轿车。这条轰动世界的新闻对英国王室是一场灾难，对奔驰公司来说，同样也是一场深重的灾难。

奔驰公司的竞争对手抓住了这千载难逢的时机，把攻击的矛头直接瞄准了奔驰车。有人在报纸上打出广告，"××富豪汽车向热爱和平及推动人道精神的戴安娜王妃致敬"。含沙射影地向世人宣布：如果戴安娜乘坐的不是奔驰，就很可能不会丧生，奔驰的安全性不够好。后来，又有人宣布愿出资100 万美元购买戴安娜奔驰车的残骸，并向全世界展览。这是在向奔驰公司公开挑战。

在竞争对手咄咄逼人的攻势面前，全世界的人们都在注视着奔驰公司，

希望看到它拿出高明的应对之策，然而奔驰公司却出人意料地保持了沉默。

奔驰公司不动声色，在挑战面前处变不惊，表面上看是被动挨打，落在下风，其实却正表现了公司的深谋远虑。

借助灾难含沙射影、打击同行的××汽车公司，本想坐收渔人之利，谁知却偷鸡不成反蚀了一把米。它们的行为很快引起舆论大哗，招致世界各地的广泛指责。

奔驰公司在这场不可预料的灾难中，凭借沉着冷静的心态和高超的智慧，最终扭转了局面。

在社会竞争中，只有控制好心态，处变不惊，才能像狼一样，使自己的头脑永远保持冷静，在困境面前迅速做出准确的判断，观察到别人未曾发现的情况，为自己找出一条生路。

狼 性 宣 言

我知道，顽强的生命若要搏击长空，就应该待时而动。

我知道，等待可以让我积聚力量，奋起直追。

我知道，凭借我的忍耐与智慧，终会把一切艰难击得粉碎。

我要把忍耐磨砺成击毁一切艰难的利刃。

我要把忍耐蓄积成搏击长空的英雄豪迈。

我要把忍耐凝聚成绝地反击时的排山倒海。

我不会因一时的忍耐而焦躁，因为沙漠的尽头必是绿洲，而忍耐的尽头则必是成就。

我不会因一时的忍耐而沮丧，因为从不知忍耐的人，必然是成不了大事的人。

我不会因一时的忍耐而畏难，因为忍耐所蓄积起的力量，足以让恶魔都感到难堪。

第三部分　狂野的狼性精神——傲然生长的五大逻辑

第四部分

赤裸的狼性本质——永恒卓越的五大文化

我是一匹狼，

即使西伯利亚的寒流，

也无法封杀我沸腾的血液，

我郑重发誓，

绝不让任何事情妨碍我新生命的成长，

我的血管里从来没有失败的血液在流动，

我，

就是主宰世界的老大。

——狼

第十三章　永恒卓越文化之一：抢做老大，竞争文化

> 我们生活在绝对竞争的环境中，生存和竞争都是赤裸裸的。要立身于恶劣环境中，我们必须遵循丛林法则，野性地争霸生存领地，构筑坚不可摧的势力范围，对一切不利于自己的敌人予以打击，甚至痛下杀手，毫不留情。在我们的世界中，这就是最本质的"血酬定律"。

竞争，要有一颗"杀人嗜血"的心

狼群和猎物是你死我活的关系。狼群只有把猎物捕获，才能吃饱肚子，使自己存活下去，因此狼群在战斗中总是十分凶残、十分狠毒，务必把猎物置于死地。

大狼冲进黄羊群中，转眼就扑倒了几只黄羊，它们张开大口，恶狠狠地咬去，黄羊的咽喉被咬断了，血喷了出来。对倒地的黄羊，狼理也不理，继续扑向下一个目标，进行着更野蛮、更血腥的屠杀。

不杀掉对手，死掉的就将是自己。在你死我活的竞争中，行狼是必要的。美国策略研习协会主席朱津宁说："行狼的本能不仅仅属于邪恶、狡诈之辈，它对善良、正直的人们同样有益。"在生物界，在商场上，都存在着弱肉强食的现象，如果实力不如别人，就会成为别人眼里的一块肥肉，被别人毫不客气地吃掉。

171

欲成霸业，必行霸道，强者都有一颗杀人嗜血的心。狼就是这样的强者。狼钻入癞洞，把大癞赶尽杀绝，把小癞一个不剩地叼出来，作为自己的美餐，然后再把癞洞改造成自己的洞穴。

狼毒地消灭对方，为自己赢得生存和发展的机会，不管是对狼来说，还是对商场人士来说，都是至关重要的。

美国石油大王洛克菲勒说："当红色的蔷薇含苞待放时，唯有剪去四周的枝叶，才能在日后一枝独秀，绽放出艳丽的花朵。"

普法战争爆发后，石油行业陷入了前所未有的灾难中。当时的车、船仍主要以煤炭为燃料，战争使油价一跌再跌，石油生产协会的各家公司迫于无奈，集体采取了停产保价的措施。但由于有些会员唯利是图，偷偷开采，致使油价无法得到有效的控制，仍在不断地下滑之中，不少石油公司因此破产。

实力雄厚的洛克菲勒看准机会，果断出击，把那些能挤垮的公司都彻底挤垮，然后再一口吞下，使自己的势力得到了极大地扩张，向石油行业的霸主地位大大迈进了一步。

战争的急风暴雨无情地摧残着石油行业，洛克菲勒再狠毒地挥起他那把锋利的大剪刀，向这些正在凋谢的花朵狠狠地剪下去，从而让自己这朵硕大的"蔷薇"绽放出了独一无二的花朵，放射着石油霸主的夺目光彩。

在枪林弹雨的商场中，企业家要想把企业发展壮大，必须有霸气，必须有狼性，不能有任何的慈悲心肠，不能有任何的谦让客套，否则，敌人的一枪就让你命丧九泉。

市场不相信眼泪，竞争总是无情无义的，柔弱的绵羊不可能在竞争激烈的市场中生存，能在市场中生存的，只有具有竞争意识和为战斗而生的狼群。

对于商人来说，市场竞争如同草原上的生存竞争一样，是你死我活的，对手抢先占据了市场，就意味着我方失去了一大片市场。对对手的姑息和纵容，就相当于对我方的破坏和自杀。

美国是一个"沃尔玛国家"。经济学家和历史学家认为，沃尔玛对美国经济的影响已经达到 18 世纪美国标准石油的影响力。

市场竞争，你死我活，运用凶狠的手段打压对手，是沃尔玛制胜的手段之一。20 世纪 90 年代中期，坐拥 20 亿美元的规模，曾被《财富》杂志评为"最受赞赏公司"的家居用品商"乐柏美"，因为其容器生产原料价格上升了

第四部分 赤裸的狼性本质——永恒卓越的五大文化

80%而向沃尔玛提价，结果沃尔玛二话不说径直把乐柏美赶出了店门。1999年苦苦挣扎的乐柏美被 Newell 公司收购。

近些年，沃尔玛明知道 Kmart 公司已经濒临破产，依旧大量仿制它的某一条产品线，让这家摇摇欲坠的零售公司的处境更加艰难。因为沃尔玛知道，妇人之仁，无异于把刀架在自己的脖子上，随时会有生命危险。

事实上，沃尔玛并不是第一家采用如此强硬手段的公司。众多成功企业，包括戴尔、丰田在内的国际巨头其实都是"行狼"的代表。尽管有人对它们的做法有非议，但它们取得的成功是毋庸置疑的。

在市场经济的战场上，竞争对手无处不在，相安无事是庸人之谈，怜悯对手是自取其辱。你没有战胜对手的能力和渴望，你的企业就必将要被对手吞掉。

狼在奔跑时，狂傲的长啸回荡在旷野上，倾泻着它的野性与傲慢，狂野精神就是征服一切的雄心。

诺贝尔文学奖获得者拉迪亚德·基普林曾经说："弱肉强食如同天空一样古老而真实，信奉这个原理的狼就能生存，违背这个原理的狼就会死亡。这一原理就好像缠绕在树干上的蔓草那样环环相扣。"因为狼信奉这个原理，所以，战斗就是狼的生命哲学。狼要通过战斗决定自身在狼群中的地位；狼群还要与猎物战斗，与恶劣的自然环境抗争；它们还要和最可怕的人类交锋。如果没有一种战斗的性格，狼族就不能在这个地球上生存。

"无毒不丈夫"，这句杀气腾腾的名言流传了数千年，每当被人提起，都会让我们的脊梁骨直冒凉气，于是本能地对它给予强烈的排斥。但是，温和的竞争已经过时了，在这个节奏越来越快的商业社会，在"胜者为王，败者为寇"的市场角逐中，只有毫不留情地痛击竞争对手，才能将优势用到极致，让对手望尘莫及。这已经被无数事实所证明，而且还将被新的事实不断地证明着。

市场就是战场。在战场上，面对敌人，不能有任何心慈手软，打败竞争对手才是自己生存的前提。如果有人侵犯了你的利益，就要与之战斗；如果有人瓜分你的市场，就要用比他更"凶狠"的手段把市场夺回来。

173

做不了强者，注定被淘汰

草原上的竞争是赤裸裸的，没有一种生物会掩饰它生存的欲望。

在辽阔的大草原上，每天清晨，当第一缕阳光射入，狮子和羚羊便开始了奔跑。羚羊必须比狮子跑得更快，否则就会被吃掉；狮子必须追上跑得最慢的羚羊，否则就会被饿死。

大草原上每天都在上演着残酷的生存游戏，要么做"羊"，被"狼"吃掉；要么做"狼"，自强不息、奋斗不止。

竞争是大自然不可改变的定律。为了生存，狼群只能在强者之列不断竞争，与猎物竞争，与比自己强大的动物竞争，甚至与人类竞争。

因为生存的真理就是这样简单直白：做不了强者，就注定要被淘汰，那些虚伪的"仁道"并不符合自然的法则。

竞争是自然的常态，世界万事万物都无法回避竞争，生存就意味着竞争。只有足够强的生物才能活下去，而所有软弱、怯懦的物种都将被统统淘汰。没有能力活下去，就找个安静的角落静悄悄地死去。这就是真理！这就是竞争！

当幼狼的父母把猎物咬杀之后，一只最强壮的幼崽支出牙床，挥舞着爪子，用自己的强势霸占了那块肉，其他狼崽们不敢上前，只得眼巴巴地看着。待强壮的狼崽吃完后，其他幼崽们才一哄而上去抢食。但不管怎样，总会有一两只幼崽抢不到食，只能等肉被瓜分干净之后，用舌头去舔留在地上的血迹，但这无济于事，根本填不饱肚子。

这个时候饱受饥饿的幼崽会环顾四周，眼神里充满了渴求，但整个狼群对此视而不见，甚至连看都不看它们一眼。就这样，争不到食的幼狼在饥饿中一天天挣扎着，最终在这个世界上消失了。

生存是一种结果，自然只偏爱那些优势的物种和个体，不给弱者一丝一毫的生存机会。这个世界就是如此残酷，因为生存资源有限，一部分生命注定要被淘汰。

20世纪90年代初，大中电器以一句很著名的广告词"玉泉山水叮咚响，大中音像传四方"，开始享誉京城。到2001年，大中在北京的竞争对手只有国美，苏宁在当时还无法与大中抗衡。

从2002年8月到2004年12月，大中电器逐渐将业务向北京以外的地方拓展发展，在天津、石家庄、保定等地相继开了几十家门店。但是，大中这一步比国美、苏宁足足晚了三年，更严重的是，扩张步伐既慢力度又不集中。

到了2005年，国美、苏宁已在全国新开100多家店铺，"解放"全中国。当大中大举扩张时，基本上是开一家亏一家。此时国美、苏宁开始对北京展开激烈攻势，而元气大伤的大中不得不撤销了北京、天津、河北以外的所有分公司，退缩回了北京。

此时，大中无论在北京还是在全国，已无优势可言。在这场三足鼎立的大战中，弱者注定要被淘汰。2006年，国美以36亿元总价吞并了大中，国内电器连锁企业开始进入国美、苏宁争霸的时代。

如果市场决定了只能有两家生产同样产品的企业共存时，那么，三家公司中必定有一家要从这个市场上消失。不要抱怨对手的残忍，竞争从来都是如此。任何人都不愿用自己的灭亡来换取他人的生存。

商场如战场，到处都是不见硝烟的战争。这里没有鲜血，没有野蛮，却有死亡。在商战中，有太多的企业如昙花一般，乍开则谢，有太多的团队如流星一般，转瞬即逝。这些企业和团队曾经被许多人看好，以为它们可以在商海中大展身手，但它们被对手击败了。

竞争强烈地冲击着人们的事业和生活，每天都有无数企业破产，无数小公司被吞并，而最令我们震撼的是越来越庞大的失业队伍。

近年来，职场竞争越来越激烈，整体供过于求的人才市场使得每一个个体，尤其是尚无经验的新人，在进入职场的关口便会遭遇到激烈的竞争。跨过重重难关，成为了一名职场人后，又发现企业中的资源、机会、可晋升的职位……都是有限的。

面对有限的资源，不管你是否愿意，都务必要让自己变成一只凶猛的狼，去超越对方，击垮对方。否则，你的下场只能是被别人吃掉。

美国成功实业家彼德森在一次演讲中自豪地说："我很高兴，在这个弱

肉强食的社会里，我站在食物链的最顶端。"世界上大凡成功者都具备赤裸的狼性竞争意识。

早在 1990 年，当中国的一些企业家们还要为争夺国内市场无门路而黯然神伤时，海尔集团却抢先一步迈出了国际化的步伐，进入了国外市场。为了能在残酷的国际竞争中生存发展，海尔集团总裁张瑞敏提出了"与狼共舞，必先为狼"的口号，提高自身的国际竞争力。正是这种"狼性"文化，造就了海尔可以在世界舞台上和其他世界 500 强公司一搏高下。

比尔·盖茨在 31 岁时，已经成为世界上有史以来最年轻的亿万富翁；37 岁时成为美国首富；39 岁时身价超越了股市大亨沃伦·巴菲特，成为世界上最富有的人。但尽管如此，他也没有放弃竞争意识，他每次都说："距离微软破产只有 18 个月。"比尔·盖茨对于发生的每件事都要思考："是不是做错了什么？如何才能做得更好？"

生命只有一次，活着就是一场竞争。历史的车轮滚滚向前，一批批强者总是踩着弱者的肩膀和身躯攀上巅峰。竞争永远是激烈和无情的，做不了强者，终究逃不过平庸和被淘汰的命运。

中华英才网总裁张建国说："你现在如果不是狼，最起码你要先成为一个'披着狼皮的羊'，然后成为'披着羊皮的狼'，最后成为'披着狼皮的狼'。"把自己变成一只货真价实、表里如一的狼，这样你才不会沦为一同起跑的落伍者。

竞争是生存永恒的基调，一个具备狼性的人，即使所有的人都被淘汰，你也是最后一个。

有竞争才会有生机

爱尔兰作家阿奎利斯·艾克斯在他的著作《豺狼的微笑》中写道：狼，是陆地上生物中最高的食物链终结者之一。由于有狼的存在，其他野生动物才得以淘汰老、弱、病、残的不良族群；也因为有狼的威胁存在，其他野生动物才被迫进化得更加优秀，以免被狼淘汰。所以，是狼使生态处于一种平衡

状态。没有狼的存在，生态上将出现良莠不齐、传染病丛生的局面，不利于生命稳定、健康、平衡地发展。

在人类认识人和自然的关系中，曾滥捕滥杀动物，走了很多弯路，最为典型的是 19 世纪的猎狼运动。当时，狼在人们心中臭名昭著，人们将其视为袭击家畜的恶魔，与其水火不容。于是，人们想方设法地捕杀狼，政府甚至以奖金悬赏的方式鼓励市民捕狼。

随着狼群数量的减少，一种人类始料未及的结果出现了，狼群数量的减少导致鼠害横行，植被破坏，甚至引发了动物的饥荒。此时，人们才渐渐意识到，一旦打破自然界的平衡，它的影响将十分复杂，后果往往是灾难性的。

生物与环境、生物与生物之间存在着必然的竞争，但也正因为竞争的存在，它们才能更好地生存和发展。真正的狼在缺乏竞争的环境中，迟早要丧失斗志、懈怠成羊。

国外一家森林公园为了增加梅花鹿的种群数量，特地将它们安排在一处环境幽静，水草丰美，没有天敌的居住环境。然而几年后，让养殖者百思不得其解的是，梅花鹿的数量不但没有增加，反而出现了负增长。后来，他们听取别人的建议，在公园里放置了几只狼。渐渐地，老弱病残的鹿被狼吃掉了，而其他鹿的体质却日益增强，数量也得到了大幅增长。

动物因竞争而日益强大，作为自然界的物种之一，人类也必然遵循此定律，有竞争人们才不会故步自封，才能不断进取、不断成功。

人天生有种惰性，喜欢躺在功劳簿上睡大觉，如果这个世界不存在竞争，没有敌人的存在，人便失去了不服输的决心，失去了奋斗的动力，更不会体会到成功的快乐。

在社会，在商海，在职场，在人生的各个领域，正因为不断地竞争，我们才越来越强大，才赢得了我们想要的一切。

索尼公司创始人盛田昭夫说："尽管竞争有一些较为黑暗的东西，但在我看来，它是成功的推动力。"竞争是人类社会向前发展和个人成长的推动力量，一个人的智慧和能力只有在竞争中才能更有效地发挥出来，才能使自己在人群中脱颖而出，在事业上卓尔不群。

竞争中的历练是在与竞争对手的对垒中如何以智取胜、以巧取胜、以强取胜。有了竞争，我们才有争取优异成绩和获胜的明确奋斗目标；有了竞

争，我们才能肩负着压力；有了竞争，我们才有决心去克服困难，争取胜利……正因为如此，参与竞争的我们才能精神饱满，斗志昂扬，社会才会向好的方向加速发展。

美国管理大师唐纳·肯杜尔曾说："有很多人生活苟且，毫无竞争之心，最后抑郁而终。对于这类人，我只感到悲哀。打从做生意以来，我一直感激生意竞争对手。这些人有的比我强，有的比我差；但不论其行与不行，他们都令我跑得更累，但也跑得更快。"我们应该感谢竞争对手，是他们迫使我们改正缺点，完善自我；是他们让我们处心积虑地思考如何赢得市场或战胜他们；是他们在时刻提醒我们无论取得多么大的进步和成功都不要自满……

我们也许难以容忍我们的竞争对手，但我们更难以容忍没有竞争对手。一个人，如果终其一生都没有遇到一个竞争对手，那将是一种悲哀。竞争对手也许令你跑得很累，但恰恰是他，才能使你跑得更快！

中国加入世界贸易组织后，中国企业在市场经济发展得还不太充分的情况下，不得不与外国的大公司同台竞技。面对激烈的竞争，中国企业频频发出"狼来了"的惊呼。

然而，"狼"给我们带来的是动力，是成长。中国加入"世贸组织"时，全国人民无不为中国的汽车工业捏着一把汗。那时，人们认为家用汽车只是一种可望而不可即的奢望。但是，多年后，四通八达的公路上疾驰的汽车中有 95% 是国产车，中国汽车工业不但没有被"狼"吃掉，反而得到了飞速发展。

光明乳业前董事长王佳芬曾说："中国加入世界贸易组织之后，我们面临的已不仅是国内市场的竞争。'用世界的乳品资源做强中国乳业'，这是光明乳业的目标。要实现这样一个目标，面临的竞争会更加激烈。我们并不惧怕竞争，回过头看，如果不是竞争，我们光明乳业也许至今还沉迷在昔日的风光里，如果真是那样，最大的可能是我们已经被竞争的市场淘汰，而绝不会是今天这样一个光景。所以我们感谢竞争，也有信心在成功地参与了本地和全国市场的竞争后，继续角逐国际市场的竞争。"

毋庸置疑，竞争是残酷的，但是有竞争才会有生机，一个人，一个企业，一个国家，如果失去了竞争力，也就失去了生存最基本的活力。

同行未必是冤家

自古以来，狼和秃鹫便是一对很好的搭档。它们都喜欢吃动物的腐肉，但狼在陆地上活动，眼睛所能看到的范围有限。而秃鹫可以在高空飞翔，观察的范围较大，容易发现动物的尸体，但是却不能撕开动物厚重的皮毛。因此，狼常常在秃鹫的引领下找到动物的尸体，帮助秃鹫撕开动物的皮毛，然后与秃鹫一起享用可口的食物。

虽然狼总是希望独享食物，但是它更懂得合作共赢的道理，它知道如果没有秃鹫的带领，自己也不会轻易吃到食物。

在人类社会不断进步的今天，竞争成为生活的主旋律，市场经济也意味着竞争，但是，我们往往并不能真正理解"竞争"的含义，始终将其误解为"同行是冤家""市场就是战场""竞争就是你死我活"……事实上，单纯的竞争观念是狭隘的、落后的，早已无法符合市场经济的规则。

"同行是冤家"一直被中国商人视为教条，为了能击垮对手，他们用尽心机去算计对方，恶性竞争直接破坏了市场的游戏规则，结果两败俱伤。

多元文化互相交流、融合、发展的今天，信息储量日益增大，我们面临更多的机遇与挑战。现实告诉我们，孤军奋战、独当一面已变得不再科学，新的生存法则是在"双赢"的基础上进行"合作性竞争"，在合作中竞争，在竞争中合作才是成功的秘诀。

中国两大乳业巨头——蒙牛和伊利，既是竞争对手，又在竞争中互相学习，蒙牛创业初打出的第一个广告语便是"蒙牛向伊利学习，做内蒙古乳业第二品牌"。

当记者向蒙牛老总牛根生问道："'创内蒙古乳业第二品牌'是一种精心策划的广告艺术，那么请问，您认为蒙牛有超过伊利的那一天吗？如果有，是什么时候？如果没有，原因是什么？"

问及此处，牛根生这样答道："没有。竞争只会促进发展。你发展别人也发展，最后的结果往往是'双赢'，而不一定是'你死我活'。一个地方因

竞争而催生多个名牌的例子国内国际都很多。德国是弹丸之地，比我们内蒙古还小，但它产生了5个世界级的名牌汽车公司。有一年，一个记者问'奔驰'老总：奔驰车为什么飞速进步、风靡世界？'奔驰'老总回答说：'因为宝马将我们撵得太紧了。'记者转问'宝马'老总同一个问题，'宝马'老总回答说：'因为奔驰跑得太快了。'德国只有六七千万人，5个汽车公司竞争的结果是，它们不得不把目光从德国移向全世界，结果5家公司都成为世界级名牌。日本的情况也是这样，像丰田、松下，都在竞争中共同取得了超常进步。"

正是在这样的竞争意识下，蒙牛和伊利互相学习，激励斗志，为中国乳业事业的发展做出了巨大贡献，在竞争中实现了双赢。

美国著名经济学家伯顿·克莱因在《动态经济学》一书中指出："一旦一个公司不再面对真正的挑战，它就会很少有机会保持活力。"真正成功的企业是那些面临众多竞争对手的企业，也正是强大的竞争，参与竞争的企业才能共同进步。

一对世界上最引人注目的"老冤家"——可口可乐和百事可乐，从1919年创立之初便开始了激烈的竞争，从美国本土市场一直到海外市场，双方都盯死了对方，只要对方一有新动作，另一方肯定也会有新花样。双方在竞争中可谓不遗余力，使出浑身解数来击败对手，而结果却是二者都有了长足发展。

企业如此，个人亦如此。在职场中，竞争不可避免，但不要进行恶性争斗，互相拆台，以挤走对方，抢占对方的职位为目的。毕竟，在有序竞争、科学竞争的今天，按规则竞赛，按牌理出牌，是起码的底线，逾越不得。"出轨"了，就要被罚"黄牌"，严重的就要淘汰出局！

所以，职场中人应该在一个公正公平的环境下展开合理的竞争，把提高工作效率、提高公司业绩作为竞争的最终目的。同时，优秀的员工应该把眼光放长远，站在整体的立场上去面对竞争，而非站在个人立场上。

无论是在职场、商场或官场，要想成就事业，都必须修炼好在竞争中合作、在合作中竞争的功夫。

狼性宣言

　　要在硝烟四起的战场上寻找成功的契机，我就要战斗。

　　要在血雨腥风的历练中始终巍然挺立，我绝对要战斗。

　　置身于人生无涯的荒野，要想在绝境中逢生，我依然要战斗。

　　如果人生非要战斗不可，我就要有尊严地活着。

　　如果竞争注定是你死我活，我绝对要以强者的姿态活着。

　　如果生命是条蜿蜒曲折的长河，我就要卷起骇浪，击碎脆弱的沉疴。

　　我从来不知何为畏缩，只知道唯有拼搏才会结出丰收的硕果。

　　我从来不知何为闪躲，只知道竞争是我生命的推动器，痛苦与磨难只会让我的精神更为振作。

　　从今天起，我要在这个充满竞争和挑战的世界里变得更加勇敢，更有生命的热情。

第十四章 永恒卓越文化之二：居安思危，意识文化

第四部分 赤裸的狼性本质——永恒卓越的五大文化

> 我，一生都在往高处攀登。在我的内心深处，在精神的巅峰，是一种团队精神，一种创新精神和顽强的拼搏精神；是一种在劣势环境中求生存和求发展的手段；是一种生命野性、自由天性及征服世界的霸王之气。我要永葆斗志与激情。终有一天，我会站在群山之巅，面对天高地阔，仰天长啸。

危机意识是强者生存之本

狼的一生都保持着高度警惕，一刻不敢懈怠，因为一旦松懈，就会给猎人和其他大型食肉动物可乘之机。据一些牧民介绍，他们为了捕杀狼，经常在动物尸体上下毒，或在动物尸体周围设下带有狼夹的陷阱，狼一旦吃掉动物尸体或掉进陷阱，便不再有逃生的可能。虽然食物对狼具有极大的诱惑力，但每次狼在靠近食物之前，都会格外小心，用嘴叼一些物体扔到动物尸体周围，以检验是否有陷阱存在。待探明没有危险之后它们才放心地走过去，但不会立刻去撕咬食物，而是用灵敏嗅觉去闻闻尸体是否有毒药的异样味道。

在危机四伏的生存环境中，狼正是凭借着强烈的危机意识，用敏锐的嗅觉、视觉、听觉和快捷的反应速度逃过了生命中的重重危机，最终成为草原强者。

狼的高度警觉意识给我们的启示是深刻的：在生存环境瞬息万变，职场竞争激烈残酷的今天，唯有具备狼性强烈的危机意识，才能永立不倒，成为生活和职场的强者。

中国企业家的典范任正非现已花甲之年，但依然没有停下来的迹象，他依旧保持着危机意识，并且始终将他的危机意识传递到公司上上下下。

任正非在《华为的冬天》中这样写道："公司所有员工是否考虑，如果有一天，公司销售额下滑、利润下滑甚至破产，我们怎么办？我们公司的太平时间长了，这也许就是我们的灾难。泰坦尼克号也是在一片欢呼中出的海。而且我相信，这一天一定会到来，面对这样的未来，我们怎样来处理，我们是不是思考过？我们好多员工盲目自豪，盲目乐观，如果想过的人太少，灾难也许就快来临了。居安思危，不是危言耸听。"他在时刻提醒华为员工，"萎缩、破产一定会到来！"

与国内其他企业取得一丁点成绩时的狂妄自大不同，出现在媒体前的任正非始终一脸严肃，不苟言笑，无论企业取得多么辉煌的业绩，他的眉头一直紧锁，始终没有舒展开。他仿佛与生俱来有一种忧患意识，而时时处处都存在。可以说，华为之所以能一路绝尘，与华为人的危机意识密不可分。

从古至今，"居安思危"的道理人人都知道。然而，历朝历代的统治者中，从"思危"到"忘危"，由兴国到亡国的不乏其人。五代时期后唐庄宗李存勖，在建国之初，常以"思危"提醒自己，毫不懈怠。后来，他统一北方后，便整天沉溺于"俳优乐戏"之中，最终导致强国滑入覆亡的深渊。

"安而不忘危，治而不忘乱，存而不忘亡。"就算这是治国安邦之策，对于一个企业，一个职场人来说也同样适用。

一项调查显示，在世界500强企业名录中，每10年会有1/3以上的企业从这个名录中消失。而这些企业正是在春风得意之时开始衰落，因为此时，它们对前景盲目乐观，忽视了危机的存在。

未来学家托夫勒曾经指出："生存的第一定律是：没有什么比昨天的成功更危险。"危机无处不在，面对昨天的成功，我们应该视之为历史。反观那些在500强中长期站住脚的企业，都是时刻保持危机意识的企业。微软总裁比尔·盖茨常说："微软离破产只有18个月。"当微软利润超过20%时，他强调利润可能会下降；当利润达到22%时，他还是说会下降；到了今天的水

平，他依然说会下降。

百事可乐公司作为世界软饮料行业的老大，每年有几百亿的营业额，几十亿的纯利润。但是，展望公司的未来发展前景，百事公司总裁韦瑟鲁普提出了"末日管理"理论，旨在让全体员工预见危机的到来，使公司永远保持在一种紧张有序的竞争状态中。"末日管理"乍听起来让人难以理解，但仔细揣摩，却不失一种极好的方法，目的就是为了预防危机的到来。

与此有着类似管理方法的成功企业还有很多，例如松下、IBM、福特等世界著名厂商推行的"重新设计"的管理方式；海尔的"追求卓越"；江苏宏大集团的"失业危机日"……这些成功的案例无不显示出"危机意识"是强者的生存之本。

无论是企业、环境还是人，都难免会在某时某刻遭遇灾难或危机的冲击。虽然冲击难以避免，但高度警惕的人与浑然不觉的人，在面对同样的危机冲击时，承受的结果截然不同。

斯坦福大学教授理查德·帕斯卡尔曾说："21世纪，没有危机感是最大的危机。"没有危机意识，就会面临"杀机"；有了危机感，才能有效地避免危机。生活在这个竞争激烈的社会中，如果我们一味沉浸在安乐和成功中，那么当危机与你面对面时，你只能任由它"摆布"，毫无还手之力。时刻警惕环境的变化，哪怕是最细微的变化，同时对变化做出相应正确的判断，并且付诸行动，才能立于不败之地。

时刻保持饥饿感

狼无论何时何地，都保持着一种饥饿感，有时狼窝里有食物，头狼也不让其他狼吃饱。因为吃得太饱，跑起来就很困难，更可怕的是不想再去追猎物。只有当狼充满饥饿感时，才有进攻猎物的冲动。

这便是狼的危机意识，它们会让危机时时刻刻追着自己跑。对此，日本人与狼有着相同的理念。日本人吃饭很少：菜只遮住一个小碟子的底部，米饭也只有一小碗，大概只有六七分饱。因为他们时刻给自己灌输一种压力意

识，一种危机意识，时时刻刻不忘做事要艰苦奋斗，保持压力才有动力。

人们常说："今天工作不努力，明天努力找工作。"这是危机感最好的体现。人都具有惰性，一旦习惯一种安逸的环境，就总以为这种安逸可以持久下去，之后便不思进取。然而，社会在飞速发展，现在已经不再是靠经验吃饭的年代，任何人如果不紧跟时代的步伐前进，无法适应新的要求，就会成为落伍者。

有人做过这样一个试验，把一只青蛙扔进沸水中，青蛙遇到突然的刺激会立刻跳出来。但把青蛙放在正慢慢加热的冷水中，控制在每两天升温一度的状态，青蛙丝毫察觉不到危险，而且感觉很舒服，即使升至摄氏 80 度左右，青蛙也仍然会若无其事地待在水里。随着温度继续上升至 90 度、100 度时，青蛙就会变得越来越虚弱，此时，青蛙即使意识到了危险，也已经失去了自我脱险的能力，只能等着被活活煮熟。

正如孟子所说："生于忧患，死于安乐。"当我们被掌声和鲜花包围时，当我们满足于眼前风平浪静的表面现状时，便失去了抵御恶劣事件的能力。

俗话说："创业难，守业更难。"很多企业可以克服重重困难，跋山涉水，走出创业的艰辛，却在成功后被称赞所淹没，将"危机"抛之脑后。过去的成功并不代表现在和未来的成功，持续成功还须付出更多的辛勤和汗水。一个企业如此，一个普通的员工也是如此。

世界人口飞速增长，相应而来的是大量人才的出现。在企业中，任何员工都不是不可替代的，你在公司里的地位就像地铁里的座位一样，只要一离开，马上就会有替补上来。如果你没有捍卫自己工作的危机意识，丢掉饭碗是早晚的事。

人们常常用"狼吞虎咽"来形容一个人吃相贪婪、囫囵，其实狼吃食物时的凶残体现出的是一种危机意识。狼吃食物时，任何人或动物都不能靠近。一旦靠近，狼就会本能地发起近乎疯狂的攻击。因为在狼的头脑中存在着危机意识——没有食物就不能生存。

对于狼而言，没有食物就意味着生命将受到威胁，那么对于职场人来说，工作便是生存的保障，是我们应该"疯狂"去捍卫的"食物"。

百度总裁李彦宏经常强调："别看我们现在是第一，如果你 30 天停止工作，这个公司就完了。"身处职场，工作关系到我们的生存、生活和发展，

谁都不希望轻易地丢掉饭碗。然而，"职场没有永恒"。近几年，一度被看好的行业，沦为人人避之的尴尬境地；往年没人问津的职位，可以在一年内变得炙手可热；曾经是"天之骄子"的大学生，一夜间便为寻求职业而四处奔波……凡此种种，都在向我们揭示：危机无时、无刻、无处不在。

作为一个职场人，在企业中要始终保持斗志的状态，不能有丝毫放松，就像森林中的狼，要始终有一种饥饿感，时刻让危机追着自己跑。

危机感是一种动力、一种追求、一种取向，更是一种境界。我们必须正视危机，大到就业问题、职业前景、行业危机，小到薪资多寡、工作压力、人际纠纷等，不要以为抢占了先机就可以从此高枕无忧。就如联想总裁柳传志所说："你一打盹，对手的机会就来了。"如果我们不努力去超越对手，来自对手方面的强大打击，就将把我们吞没。

让危机追着自己跑，那么如何让危机追着自己跑？如果你是成功人士，你要懂得在自以为是时，看看自己是否能让风住步；如果你是商人，你要懂得在事业蒸蒸日上之时留一半清醒，来观望竞争对手；如果你是农夫，你要懂得在春播秋收时分抬头看一看老天的脸色，以备不测；如果你是小贩，你要懂得在忙忙碌碌时，揣摩一下市场的供求；如果你是一个明星，你要懂得在掌声如潮的舞台中央陶醉时，想想落幕的一刻……

电视剧《士兵突击》中一句台词说得好："人不能太舒服，太舒服就会出问题。"的确，面对"突变"的环境，人们往往可以迅速做出反应，从而逃离危机。而问题的关键是，我们常常让自己处在一种"渐变"的环境下，犹如温水中的青蛙，根本感觉不到危机的存在，待危机离你越来越近时，你已全无招架之力。

请记住：人不能让自己"不痛不痒"地生活，要有狼的精神，始终保持一种"饥饿感"，绝不让自己被别人取代。

有"危"才有"机"

狼经常用伏击战来屠杀羊群，而狼群经常遭受猎人或者其他大型食肉动

物的猎伏击。在蒙古国草原上，牧民们会在一些牲畜的尸体旁边挖一些陷阱，在里面布置狼夹。狼一旦掉进陷阱里，就会被狼夹夹断四肢甚至腰部，根本没有逃脱的机会。然而，狼每次都能够将自己从死亡的边缘拉回来。

这说明了狼不仅时刻保持危机感，它们更加善于从"危"中寻"机"。

《老子·五十八章》中说："祸兮福之所倚，福兮祸之所伏。"意思是祸与福互相依存，可以互相转化，坏事可以引出好的结果。

唯物辩证法也告诉我们，安与危、盛与衰、治与乱的矛盾，在一定条件下可以相互转化。

美国前总统尼克松曾说："汉字用两个字符来书写 Crisis（危机）这个单词。'危'字代表着危险的意思；'机'字则代表着机会的意思。身处危机中，意识到危险的同时，不要忽略机会的存在。"

的确，黑夜和白天密不可分，危险与机遇也总是并行。正如阿里巴巴集团董事长兼首席执行官马云所说："作为一个商人，我觉得危机中总含有机会，我是以非常积极的态度看待金融危机的。"

2008 年，金融风暴席卷全球，许多企业成了直接受害者，有些大企业甚至不堪重负、关门大吉。对于大多数企业而言，金融危机的确是一个导致效益下滑的理由，而且似乎是个放之四海而皆准的理由。然而，我们不得不承认，一些企业在金融危机中却发展壮大了。一位商人在接受记者采访时说："这次经济危机，对我的公司毫无影响。相反，它会给我的公司带来利益，使我的公司发展得更好、更强大！"

为什么？因为在你抱怨金融危机、束手无策地听天由命时，别人却在"危"中寻"机"、化"危"为"机"。

在生活中，每个人面对危机的表现不尽相同，但是大部分人对危机的理解过度偏向于危险的方面，只有少部分人倾向于机会的理解。因为，当我们面临危机的时候，潜意识中总会夹杂更多的"危险"成分。事实上，只要我们把更多的"机会"意识植入脑中，机会往往大于危险。

斯蒂芬·霍金身患肌肉萎缩症，近乎全身瘫痪，不能发音，只能通过一台特殊的电子设备才能与外界进行交流。身患如此重病，恐怕世界上 99% 的人会将其理所当然看做是危险，然而，霍金反倒将其视为一个难得的机会。他在自己的一部著作中写道，当他得知自己患病时，情绪曾一度陷入沮丧的

低潮，但认真深思后，却变得很高兴，因为这正好能够让他专心致志于自己最具才能的事业。许多物理学家都因为来自外部世界的影响使他们偏离了自己的学术研究。霍金说："我不会有比这更好的命运和机遇了，对此我心存感激。"

其实，大凡成功卓越之人，都懂得危机孕育机会的道理。正如电影《白银帝国》中的一句台词："危机就是危中有机，危机处理得好，可以获得平时很难得到的声誉。"而事实也往往如此。

20世纪80年代初期，美国强生公司遇到了一场生死存亡的危机——相继两天，共有7人因服用强生公司的泰诺胶囊而中毒死亡。

此消息的传播引起约全美1亿多服用"泰诺"胶囊的消费者的极大恐慌，公司形象一落千丈，名誉扫地，医院、药店纷纷将其扫地出门。民意测验表明，94%的服药者表示今后不再服用此药。

面对新闻界的群体围攻和别有用心者的大肆渲染，强生公司岌岌可危。面对如此严峻的形势，总裁吉姆·伯克立即下令召回了3100万瓶泰诺胶囊，零售价值总计1亿美元。事实上，在全部的800万片药物的检验中，所有受污染的药片只源于一批药，总计不超过75片。但强生公司毅然召回了全部药物，之后，又发出了45万封电报请各医疗单位提高警惕，并且设立了专用电话线，来解答各界的疑问和咨询。强生公司这一决策受到了舆论的广泛赞扬，《华尔街周刊》评论说："强生公司为了不使任何一个人再遇危险，宁可自己承担巨大的损失。"

不久后，向药片投毒的疯子被依法拘留，强生公司此时也凭借自己的诚意重新赢得了消费者的信任。再次被投放市场的泰诺胶囊，市场占有率很快便从危机发生时的7%迅速反弹到32%，到1985年1月，泰诺胶囊的销售份额，不仅已上升到事故前的水平，而且还超出了50%。就这样，强生公司不仅平息了一场灭顶之灾，更赢得了公众的一致赞赏，巧妙地将危机转化为机遇，巩固了泰诺在止痛药类中的龙头老大的地位。

危机中并不缺少机遇，而是缺少一双善于发现机会的眼睛。机会总是戴着危机的面具来到我们身边，只要我们坦然地面对危机，妥善地处理危机，机会将无处不在。

无论是企业还是个人，在其生存和发展过程中必然会遇到各种各样的危

机。危机的存在是客观的，但危机投射在人们心上的恐慌情结往往令危机如马太效应和蝴蝶效应一样放大。放大后的危机效应对企业和个人的负面影响是巨大的，会成为我们前进路上的绊脚石。

其实，如果我们不是一味地将精力集中于危险和困难，不是一味地束手束脚，谨慎小心，把危机视为灾难而不是挑战，只要改变观念，重新评估，找准机会出手，就能把危机转化为良机。

危机中机会倾向的人生观，是一种极其受益的精神，也将真正地促使生活绽放绚丽的色彩。"高风险，意味着高报酬"，当千载难逢的机会已经倒贴上来时，只有敢于冒险的人，才会抓住机会，赢得人生。

多一分准备，少一分风险

狼从来不靠运气，不打无准备之仗，它们对即将实施的行动总是具有充分的把握，踩点、埋伏、攻击、打围、堵截，组织严密，很有章法。狼深知：只有踏踏实实地做好准备工作才是真正的生存之道，否则，当醒悟过来的时候，危险可能早就已经降临到身上了。

一只野狼在一棵大树旁拼命地磨牙，狐狸见到后，奇怪地问："森林这么静，猎人和猎狗已经回家了，老虎也不在近处徘徊，没有任何危险，你何必这样努力地磨牙呢？"野狼停下来，一脸严肃地说："现在磨牙正是时候，你想想，如果有一天我被猎人或老虎追逐，哪里还有时间磨牙呀？现在把牙磨好，以后遇到危险就不怕了！"

虽然这是一则寓言故事，但它揭示的道理却是显而易见的。"机会总是垂青有准备的人"，只要多一分准备，就会少一分风险，危机转化为机遇的概率也会更高。

有这样一则寓言故事，在古老的地球上，生活着很多爬行动物，有恐龙，也有蜥蜴。一天，蜥蜴对恐龙说："天上有颗行星越来越大，很有可能要撞到我们。"恐龙闻之，"从容不迫"地说："该来的总会来，难道凭咱们的力量可以把那颗行星推开吗？痴人说梦！"

果然，不久后，那颗行星陨落到了地球，在撞击所引起的强烈地震和火山喷发中，恐龙灭绝了，而蜥蜴却钻进自己早已挖掘好的洞穴里，得到了重生。

虽然我们自己没有力量阻止灾难的发生，但却有力量为即将到来的灾难做足准备。

危机是一种常态，我们无法阻止危机的发生，但是我们可以深度把握危机发生特点以及扩散的逻辑，做好一切准备，也就不必害怕任何危机了。

美国俄勒冈大学商学院院长瑞默斯教授在总结他培养的有成就的工商管理硕士和博士的经验时说："成功人士必须坚持的原则之一，就是对意外要有充分的准备，成功的策略必须对可能出现的问题有防备，做到有备无患。"

危机中往往孕育机遇，面对机遇，我们要做的同样是准备。有人认为成功是偶然得来的，其实即使成功的机会具备偶然性，那么能抓住机会的也是那些有准备的人。机会不是"守株待兔"就可以，愚者错失机会，智者善抓机会。我们每个人做事应该未雨绸缪，否则即使机遇来了，也只能擦肩而过，剩下的只是懊悔。

生活中常常听到有人发出"生不逢时"、"老天不给机会"的感慨，来哀叹自己的挫折和困难。其实，老天对谁都是公平的，机会藏在危机中，而准备是迎接机会的必要手段。我们不能只想着机遇，而忘记做好迎接挑战、抓住机遇的准备工作。

国际金融危机波及中国，就业形势严峻，即将毕业的大学生成为主要受冲击群体之一。许多大学生一直在奔波求职，年轻的面孔写满了焦虑与无奈。社会的发展、科技的更新使我们的工作和生活处在一种急速变革的时代，这种趋势是无法改变和逃避的。在这种情况下，我们要学会提前打量，做好迎接机遇和挑战的各项准备，才能在职场做到游刃有余，不被大浪淘沙。

狼性宣言

昨日的成就只让懒惰者满足，今天，我就要踏上新的征途。

昨日的成就只能是无知者的坟墓，今天，我就要用双手把每一分、每一秒狠狠抓住，开创人生新的纪录。

我要时刻提醒自己：

太平只能蒙蔽愚昧者的双眼，我要撕破假象的皮囊，粉碎安逸的幻想。

安乐只能将贪图享受者迷惑，而我一向警惕贪婪与恐惧的威吓。享乐是邪恶的住所，我要荡平邪恶的老窝，砍断绝望的枷锁。

面对危机，成功是有准备者的天堂，我要时刻注视前方，准备迎击挫折的阻挡。

面对危机，准备是强者的刀枪，我要用精心的准备进行全副武装。

面对危机，准备是智者的强项，我要用长远的眼光准备每一场较量。

第四部分　赤裸的狼性本质——永恒卓越的五大文化

第十五章　永恒卓越文化之三：严己律人，执行文化

我们从不等待自然给予恩赐，我们要主动向自然索取，我知道，与其咒骂黑夜，不如点亮一盏明灯。

我不听从命运的摆布，但我服从狼王的安排，即使拼死一搏，也不能惧怕，因为这是我的使命，是我的种族永立不败之地的秘密！

执行力决定竞争力

狼群在每次围猎时，只要是狼王下达的命令，每匹狼都会严格执行，即使拼死一搏，也绝不退缩。这就是狼的执行，而也正是这样严格的执行力决定了狼群强大的战斗力。狼群的战斗力，对于企业和个人而言，便是竞争力。

为什么有些企业生机勃勃，而有些企业却死气沉沉？为什么有些企业从优秀到卓越，而有些企业却从卓越走向衰落？为什么满街的便利商店，只有7-Eleven一枝独秀？为什么满街的咖啡店，只有星巴克宾客满堂？

答案是执行力的差异。法国有这样一句谚语："不管我们踩在什么高跷之上，没有自己的脚是不行的。"有些时候，我们之所以缺乏竞争力，并不是因为我们不知道如何做，而是我们缺少即知即行的执行力。

一家即将破产的企业被日本财团收购了。人们都盼望着日方能带来让人耳目一新的管理措施。但是，日本人来了，没有采取任何措施，没有修改制度，没有更换机器设备，只下达了一个指令：坚定不移地把先前的制度执行

下去。结果，不到一年时间，这家企业就扭亏为盈了。这其中制胜的秘诀就是执行。

有人说，尽管欧洲足坛强队如林，但是如果一定要选择一支欧洲之王的话，那么德国队当之无愧。一直以来，德国国家足球队在世界足球赛场上成绩斐然，曾三夺世界杯冠军和欧洲国家杯冠军。而总结其成功的原因，执行力是其中重要一点。德国足球队每一个队员身上都具备执行力文化的特质，他们严格执行既定战术，即使比分落后或全队处于困境，也会一如既往地按照计划进行。

也许有人会认为他们死板、机械，或是没有创造力，但是，他们取得的辉煌成就说明了一切——他们是优秀的。

原华润集团总裁、现任中粮集团董事长宁高宁曾说过这样一句话："战略正确不能保证公司的成功，成功的公司一定是战略方向与战术执行力都到位。"事实证明，战略制定以后关键是执行，再好的战略如果没有人去执行或执行不到位也是没有用的。正如著名学者汤明哲指出的，一家企业的成功，30%靠战略，40%靠执行力，30%靠运气。

"海信集团之所以能够在海内外市场的激烈竞争中一直保持其电视、空调、冰箱、手机等主导产品的产销规模每年以两位数的速度递增，达到现在的 221 亿元人民币，原因与其说是决策成功，不如说是海信拥有一支高水平执行力的团队。"海信集团领导对记者所提的问题直白作答，"对企业而言，丧失了执行力是致命的。"

的确，综观世界上发展又快又好的企业，凭借的无不是执行力。微软的比尔·盖茨曾经坦言："微软在未来 10 年内，所面临的挑战就是执行力。"世界上做网络设备最大的公司，拥有垄断技术的公司——Cisco，也认为其核心竞争力不是技术而在于执行力。由此可见，只有执行力才能让企业拥有迈向成功的竞争力。

提到执行力，不由得想起将信送给加西亚的安德鲁·罗文，他克服了种种常人难以想象的困难圆满地完成了美国总统的嘱托，他因此被人们竞相传颂。

巴顿将军在他的战争回忆录《我所知道的战争》中曾这样写道："我要提拔人时常常把所有的候选人排到一起，给他们提一个我想要他们解决的问

题。我说：'伙计们，我要在仓库后面挖一条战壕，8 英尺长，3 英尺宽，6 英寸深。'我就告诉他们那么多。我有一个有窗户或有大节孔的仓库。候选人正在检查工具时，我走进仓库，通过窗户或节孔观察他们。我看到伙计们把锹和镐都放到仓库后面的地上。他们休息几分钟后开始议论我为什么要他们挖这么浅的战壕。他们有的说 6 英寸深还不够当火炮掩体。其他人争论说，这样的战壕太热或太冷。如果伙计们是军官，他们会抱怨他们不该干挖战壕这么普通的体力劳动。最后，有个伙计对别人下命令：'让我们把战壕挖好后离开这里吧。那个老畜生想用战壕干什么都没关系。'"

最后，他写道："那个伙计得到了提拔。我必须挑选那些不找任何借口地完成任务的人。"

一个军队需要具备执行力的战士，同样，一个企业也需要不找借口去执行的员工。如果我们想从众人中脱颖而出，就必须提高自身的执行力，增强竞争力，才能成为企业不可或缺的人才。

绝对服从

狼王是狼群的首领，狼群在进行捕猎或其他活动时，一切行动都要听从狼王的指挥。狼群中的每一位成员都明白，对于狼王下达的命令，必须无条件服从，服从是执行任务的第一步。如果每只狼都固执己见，为所欲为，那么狼群势必会失去凝聚力和战斗力，甚至没等敌人攻上来，内部就自行瓦解了。

服从是狼的天职，同样也是军人的第一天职。中国人民解放军三大纪律之一就是一切行动听指挥。西点军校一位学员说："上司的命令，好似发射出去的导弹，在命令面前你无法停止，只有沿着自己的轨道飞行。"在西点人的心中，服从已经成为一种观念，一种素质。

"军令如山"，在战争中，上司的指挥就是命令，在千钧一发之际，容不得去讨论、沟通，不管让你做什么，你都要照做不误。因为在军队中，只有无条件服从，才能保证整体的战斗力，攻无不克，战无不胜。

狼群和军队中"无条件服从"的理念，对企业同样有参考价值。服从，要求每位员工无条件服从公司的安排，毫无理由地执行上级布置的每个任务，你所想的应该是如何把这个任务做好，而不是在执行前找种种推诿借口。

在下属和上司的关系中，服从是第一位的，是天经地义的。一个人的工作能力再强，如果没有服从精神，对企业而言也是绊脚石。没有服从精神的人无法融入任何一个团队，当然也就无法成就非凡的事业。因为大成功靠团队，小成功靠个人。

下级服从上级，是上下级开展工作，保持正常工作关系的前提，也是领导观察和评价下属的一个重要尺度。员工在服从过程中，如果能表现出乐于接受的态度，并从始至终为所做的事尽心尽力，一定会给老板留下深刻的印象。而那些服从意识差、不遵守公司规章制度、态度不端正、对老板的吩咐或命令置若罔闻的人，必然是被"炒鱿鱼"的对象。

服从是工作的推进剂，能给人的行动催生无穷的勇气，激发人的潜力。一个具有服从精神的人，必定心胸坦荡，是一位智者，事业上必然大有作为。

某公司业务增多，需要开拓一个新市场，准备选择一个负责人。由于新市场的地理位置非常偏僻，开展工作很困难，因此没有人愿意接受这个任务，生怕徒劳无功。

公司指派了很多人选，但都被他们以各种借口推脱了，无奈之下，公司只好把这项任务交给了新员工卡内基。卡内基虽然知道任务艰难，但依然毫无怨言地接受了。

经过努力，三个月后，卡内基使公司的产品在那个众人避之不及的地方站稳了脚跟，还预言那里的发展潜力巨大。当人们瞠目结舌地向卡内基询问成功的秘诀时，他笑道："起初，我也对那里没有信心，但是我必须服从公司的安排。到那里后，我知道我必须全力以赴地去完成我的任务，结果我成功了。"

一个合格的员工，必须服从上级的命令，全力以赴、自觉主动地去工作，无论遇到什么困难绝不找任何借口推托或搪塞。这是我们取得成就的前提和基础，是一种不可缺少的内在品质。

处在服从者的位置上，就要遵照指示做事，无条件服从。当然，上级的指令并不一定全部正确，难免也会出现错误。但是，对于这样的命令，首先

还应该是服从，在服从后与领导交流意见，共同改进和提高。

领导的地位、责任使他有权发号施令，只要是上级的命令，首先要服从，执行后方知效果。哪个企业和领导都不喜欢还未执行便发挥自己的"聪明才智"，大谈见解和不执行理由的员工。

当然，你可以大胆地说出自己的想法，让你的上级知道，作为下属，你不是在"盲从"，而是希望能更好地维护领导的利益和公司的利益。但是，作为员工，你要时刻谨记：公司的决策是由上级做出的，你只是协助上级完成决策。

在企业或公司里，同样是服从上级，尊重上级，但每个人在老板心目中的位置却大不相同。为什么？因为服从也要讲究技巧。

如果你主动出击，在执行任务时勤汇报，多请示，那么，就能让领导满意地感受到自己的命令已经被不折不扣地执行，并且收获很大。如果你被动应付，仅仅把上级的安排当成应付差事，或者认为只要认真完成任务就可以，不重视信息的反馈，甚至"先斩后奏"或"斩而不奏"，那么，结果往往与"主动出击者"大相径庭。

全力以赴，执行到底

狼群在协同作战的过程中，每次围猎每匹狼对狼王下达的命令，都全力以赴，坚决执行到底，即使要拼死一搏，也毫不畏惧。所有的狼都深知自己所扮演角色的重要性，并不断努力，以达到最完善的团队合作。

古语云："少壮不努力，老大徒伤悲。"人生最可怕的莫过于，前半生没有全力以赴，后半生在悔恨中度过。

做任何事情，采取尽力而为和全力以赴的态度，其结果截然不同。一个寓言故事可以深刻地揭示出这个道理。

一只兔子的后腿被猎枪击中，惊慌而逃，猎狗则在后面穷追不舍。兔子疯狂地奔跑，不久居然甩开了猎狗。猎狗悻悻地回到猎人身边，猎人气急败坏地骂道："连一只受伤的兔子都抓不到，你真没用！"猎狗委屈地辩解道：

"主人，我已经尽力了！"

成功逃生的兔子带着伤回到家后，其他兔子都围过来惊讶地问："你受了伤，居然可以逃出猎狗的魔掌，怎么做到的？"

惊魂未定的兔子说："它是尽力而为，我是竭尽全力！它抓不到我，最多挨一顿骂，而我如果不竭尽全力地跑，小命就没了！"

如果猎狗在追逐兔子的过程中能够全力以赴，兔子一定可以成为它的囊中之物。在工作中，如果我们做一只全力以赴的兔子，竭尽全力地去执行上司安排的每一个任务，成功便唾手可得。

任何事情，如果你觉得它没有价值，可以不做，但只要你确定要做，就一定要竭尽全力做好。这是工作不打折扣的表现，也是强化执行品质和效果的根本保证。

海尔集团董事长张瑞敏曾在比较中国员工与日本员工的认真精神时说："如果让一个日本员工每天擦桌子六遍，日本员工会不折不扣地执行，每天都会坚持擦六遍；可是如果让一个中国员工去做，那么他在第一天可能擦六遍，第二天可能擦六遍，但到了第三天，可能就会擦五遍、四遍、三遍，到后来，就不了了之。"

这正反映出了我们大多数员工日常的工作状态，对于领导安排的任务往往敷衍了事，不能执行到底。

海尔有这样一个销售理念："订单就是命令，保证完成任务，海尔人绝不能对市场说'不'。"

有一次，德国一位经销商订货，但要求两天之内发货，否则订单自动失效。按照一般程序，要满足他的要求，就意味着当天下午必须装船，而海关等部门5点下班，时间只剩下3个小时，装船根本无法实现。

但是，为了确保货物能按客户的要求送达，海尔员工全力以赴，开始与时间赛跑，同时展开了船运、备货、报关等工作。一阵奋力拼搏后，海尔终于在当天下午5点半将货发出了。

客户收到发货的消息后，十分感动，并发来一封感谢信说："我从事家电行业十几年，从没给厂家写过感谢信，可是对海尔，我不得不这么做！"

"全力以赴"成就了海尔。它不仅是一种企业文化，更是一种工作态度。

出差或旅行时，旅行杯的盖子一定要拧到位，否则水就会漏出来。如果

盖子拧不到位，就等于没盖盖子。工作也是同样道理。如果一项工作做得不到位，就很难收到预期的效果，甚至等于没做工作；如果你让工作打了折扣，你的前途也将大打折扣。

有一次，有"美国核潜艇之父"称誉的里科弗上将接见一位24岁的海军军官。在谈话中，上将问了很多问题，让年轻军官有点招架不住。谈话结束时，上将问军官在海军学校的学习成绩怎样，海军军官自以为是优等生，自豪地说："报告将军，我在全年级820名学员中，名列第59。"

上将听后，脸色立即变得很严肃，问："你全力以赴了吗？"

军官顿时脸红了，只好嗫嚅着承认："没有。"

"为什么不全力以赴？"将军大声质问。

在将军的瞪视下，这位自命不凡的年轻军官瞠目结舌，不知如何应答。从此，"全力以赴"便成了他人生的座右铭。退休后，他所写的自传题目就是《为什么不全力以赴》。这位年轻军官不是别人，正是美国第39任总统吉米·卡特。

无论什么时候，一个人都应该尽最大努力做好自己应该做的一切，而不是尽力而为。

在工作中，我们应该严格要求自己，能做到最好，就不要允许自己只做到一般；能完成100%，就不要只完成99%；能尽到100%的心，就不要只尽到99%的心。

谁都希望在职场中获得最快的发展。然而，为什么有的人工作了很多年还在原地踏步或进步不大，而有的人却在很短的时间内获得了一般人无法想象的发展机会？关键在于你是否在全力以赴地工作。

世界上只有两类人：一类是全力进取者，一类是被淘汰出局者。成功者不管本身的潜力大小，总是充分加以发挥，倾尽自己所有的力量，即便是很小的事情，也会集中精力尽可能做到最好。做到最好，关键不在天分，也不需要很高的智商，而在于全力以赴地努力。成功者有强烈的竭尽全力把事情做好的欲望。

不管你是最基层的员工，还是中层的管理者，只要企业给你分配了工作，你都应该想办法做到最好，这种出色的成就不仅会对企业有益，也会对你的成长和提升有益。

前任美国国务卿鲍威尔，是美国历史上第一位黑人国务卿。鲍威尔并非出身名门望族，但年轻时的他胸怀大志。由于家境贫寒，他不得不做各种繁重的体力工作，以补贴家用。

17岁那年夏天，鲍威尔在一家汽水厂当杂工。工厂规定只有白人孩子可以在装配线上工作，黑人孩子只能干杂活。因此，工厂所有的杂工都是黑人，而在装瓶机上工作的都是白人。有一次，有人在搬运产品时打碎了几十瓶汽水，弄得车间里满是玻璃碎片和汽水泡沫。按常规，这应该由弄翻产品的工人清理打扫，但老板为了节省人工，要鲍威尔去打扫。当时他有点懊恼，打算辞职不干。但转念一想，自己是杂工，这也是分内的活儿，于是，他尽力把满地狼藉的脏物打扫得干干净净。

两天后，工头通知他：他被提升为装瓶子部主管了。这段经历让他记住：所有的工作都是光荣的，任何时候只要尽力而为，总会有人注意到你。

后来，鲍威尔以优异的成绩考进了军校，又官至美国参谋长联席会议主席，衔领四星上将；在布什总统组阁时，他被任命为国务卿。

伟大的人物对使命全力以赴可以谱写历史，普通员工对工作全力以赴则可以改变自己的人生。

做事情的时候，只是尽力而为往往还不够，还要全力以赴。全力以赴，执行到底，是一种工作态度，更是一种敬业精神。一个人无论从事何种职业，都应该全心全意、尽职尽责。如此一来，再小的事也是大事，再平凡的岗位也能奋斗出精彩。

做"好"了，才算"做"了

做"好"了，才算"做"了。这句话一针见血地指出了多数人在执行时最容易犯的错误：在执行时，只是满足于"做"，却不追求"好"。所以表面上看起来很努力，却收不到什么效果。

水温升到99℃，还不是开水，其价值有限；若再添一把火，在99℃的基础上再升高1℃，就会使水沸腾，并产生大量水蒸气来开动机器，从而获得

巨大的经济效益。"做了"与"做好"，虽然只是一字之差，却有本质上的区别。前者只是敷衍了事乃至糊弄人；后者却意味着对企业的目标负责，对工作的品质负责。

在日常工作中，我们经常听到诸如"差不多"、"过得去"、"还行"、"下次注意"、"慢慢来"之类的话，这种对自己或者他人的执行不力寻找借口的行为，不仅是对工作的不负责任，也是对个人的不负责任。要知道，"做事"不等于"做成事"，"差不多"的结果往往是"差很多"。

胡适先生的《差不多先生传》这样写道：

你知道中国最有名的人是谁吗？提起此人可谓无人不知，他姓差，名不多，是各省各县各村人氏。你一定见过他，也一定听别人提起过他。差不多先生的名字天天挂在大家的口头上。

差不多先生的相貌和你我都差不多。他有一双眼睛，但看得不很清楚；有两只耳朵，但听得不很分明；有鼻子和嘴，但他对于气味和口味都不很讲究；他的脑子也不小，但他的记性不很好，他的思想也不很细密。

他常常说："凡事只要差不多就好了，何必太精确呢？"

他小的时候，妈妈叫他去买红糖，他却买了白糖回来，妈妈骂他，他摇摇头道："红糖和白糖不是差不多吗？"

他在学堂的时候，先生问他："直隶省的西边是哪一个省？"他说是陕西。先生说："错了。是山西，不是陕西。"他说："陕西同山西不是差不多吗？"

后来，他在一个店铺里做伙计，他会写，也会算，只是总不精细，十字常常写成千字，千字常常写成十字。掌柜的生气了，常常骂他，他只是笑嘻嘻地说："千字比十字只多一小撇，不是差不多吗？"

有一天，他为了一件要紧的事，要搭火车到上海去。他从从容容地走到火车站，结果迟了两分钟。火车已经开走了。他瞪着眼，望着远去的火车，摇摇头道："只好明天再走了，今天走同明天走，也还差不多。可是铁路公司，未免也太认真了，8点30分开同8点32分开，不是差不多吗？"他一面说，一面慢慢地走回家，心里总不很明白为什么火车不肯等他两分钟。

有一天，他忽然得一急病，赶快叫家人去请东街的汪大夫。家人急急忙忙地跑去，一时寻不着东街的汪大夫，却把西街的兽医王大夫请来了。差不

多先生躺在床上，知道寻错了人，但病急了，身上痛苦，心里焦急，等不及了，心里想："好在王大夫同汪大夫也差不多，让他试试看吧。"于是这位兽医王大夫走近床前，用医牛的法子给差不多先生治病。不到一刻钟，差不多先生就一命呜呼了。

差不多先生差不多要死的时候，运足了最后一口气断断续续地说道："活人同死人也差……差……差……不多……凡是只要……差……差……不多……就……好了……何……何……必……太……太认真呢？"他说完这句格言，方才咽气。

他死后，大家都很称赞差不多先生样样事情看得破，想得通，大家都说他一生不肯认真，不肯计较，真是一位有德行的人，于是大家给他取了个死后的法号——圆通大师。

后来，他的名声越传越远，越来越大。无数人都学他，于是人人都成了一个差不多先生。

联系我们的实际工作，"差不多先生"可以说无处不在：检查考核不认真，差不多就行了；包装不方正，差不多就行了；不肯算细账，质量差点、成本高点、利润少点，差不多就行了……

"差不多"的做法是一种对工作和生活极不负责任的行为，其结果造成企业失去客户、丢掉市场，最终走向灭亡。

我们常常会听到一句话："没有功劳也有苦劳。"乍一听，这句话好像很有道理，只要辛苦工作了，没有功劳也问心无愧。但是，对于企业而言，没有功劳就没有效益，没有利润企业就要倒闭。世界上所有成功的企业都把注重业绩作为自己企业文化的重要组成部分，把业绩作为衡量员工素质的重要标准之一。正如联想集团的一个著名理念："不重过程重结果，不重苦劳重功劳。"

功劳是有效的业绩，苦劳是无效的消耗。市场不相信眼泪，不相信苦劳，只相信功劳。只有像狼一样死死盯住结果、牢牢抓住业绩不放的员工，才能为企业带来利润，解决难题，推动企业不断向前发展。

做事并不难，人人都在做，难的是将事情做成、做好。执行的关键在于到位，因为执行不到位等于没执行。做只是基础，只有将事情做成，执行才算完成。不要告诉别人你有多努力、多辛苦，而要说自己做成了什么事。

大部分人总是渴望自己能够升职、加薪，但却在工作中依旧抱着为老板打工，只是完成任务，甚至敷衍的工作态度。其实，敷衍工作往往就是敷衍自己，被动执行、敷衍工作的人很难发挥自己的潜力，更会损害自己的责任感、敬业意识和诚实精神，而这些正是一个人立足职场并做出成绩的基础。

所以，做到最好，做到卓越，并不仅仅有益于公司和老板，最大的受益者是自己。它意味着机会、加薪、提升以及其他任何你认为值得追求的东西。

狼 性 宣 言

从今天起，我要时刻考察自己的执行力，考察内容包括：

1. 是否对工作投入 100% 的热忱。

2. 成功的欲望是否强烈。

3. 是否具备团队合作精神。

4. 是否善于学习，求知欲是否强烈。

5. 是否具备快速的应变能力。

6. 是否敢于对工作、生活负责。

7. 是否注重细节，没有半点马虎和虚假。

8. 是否会自动自发地做事。

我相信我完全可以做到；

我会努力使下一刻比此刻更美好；

我会达到比以往更高的奋斗目标。

第十六章　永恒卓越文化之四：速度至上，效率文化

> 黑夜紧裹着白地，我如彗星般飞驰在雪野。我饥饿、干渴，为了生存，我必须横冲直撞地扫荡一切已经被自然淘汰的动物。
>
> 我每天都要去捕食、去奔跑、去厮杀。在生存和死亡之间，一丝一毫的犹豫都可能叫我丧命！

"先"者易"强"，速度至上

对于国外和本土企业的竞争，人们喜欢用狮子和狼来形容。因为，人们潜意识里把狮子放到了远高于狼的位置上，而狼则被描绘成为蜷缩在阴暗角落里，满怀野心却又缺乏实力的角色。但是，现实的草原上，两个物种真的有高低之分吗？

实际上，在为了生存而奋斗的世界中，从来就没有谁有资格扮演天生的正面角色，而狼在艰辛的环境中所表现出的野性，正是我们最应该尊敬的地方。

真正的草原上没有统治者，就如同市场上没有任何企业可以高人一等一样。在商业环境中，只有一个永远的君王，那就是用户，而所有的企业，都只是生态链中的一环，我们所要做的，就是尽自己的所能，在这片草原上生存与发展。

"先"者易"强"，在这个速度制胜的时代，谁拥有比对手更快、更狂野

的速度，谁就掌握着主动权，就能先人一步，确立自己的优势地位。

也许狼性让人联想起残忍与血腥，但残酷本身就是商业竞争的本质。不要忘了，市场不是母亲，她没有耐心也没有仁慈，稍有不慎，你的企业可能就会在别人的嘴下尸骨无存。为此，我们务必具备狼性狂野的速度，拥有速度往往就等于拥有胜利。

俗话说：先下手为强，后下手遭殃。抢先一步得到的是黄金，落后一步则黄金变大蒜。

一位商人把两袋大蒜运到了遥远的阿拉伯。那里的人从来没有见过大蒜，更想不到世界上还有这么美味的东西，于是将大蒜视为珍宝。当商人要离开时，人们为了报答他，给了他两袋金子，商人高兴地走了。

消息传开，另一位商人灵机一动，得到了启发：他们喜欢大蒜的味道，肯定也会喜欢大葱。于是，他背了两袋葱来到了同一个国家。如他所愿，那里的人同样没有见过大葱，甚至觉得大葱的味道比大蒜还要好，很快便将大葱一抢而光了。待到这位商人要走时，人们反复琢磨，认为金子已无法表达他们对商人的感激之情，便给了商人两袋大蒜。

做生意往往就是这样，慢人一拍，黄金变大蒜。

狼是神速出击的高手，良好的体能保证了狼发起攻击的突然性，往往在对手还未察觉的情况下，狼就如神兵天降，出现在敌手面前，打敌手一个措手不及。在激烈竞争的现代商战中，如果我们能像狼一样巧妙地利用速度差，在对手毫无戒备的情况下抢先一步，不仅降低了时间成本，而且带来的效益也会比别人花费大量的时间采取的行动强十倍甚至百倍。

比尔·盖茨说："在激烈竞争的市场上，谁把握住了速度，谁就能最先占领发展的阵地。"作为企业家，我们的目的就是赚取更大的利润，而谁能抓住瞬息万变的市场信息，谁能以最快的速度开发出新产品，把产品打出去，谁就能快速占领市场，谁就是胜利者。

一步领先、步步领先，浪莎集团深知这个道理，始终在企业内部倡导"速度第一"的工作观念。浪莎总裁翁荣弟将这一战略概括为"四先原则"：最先发现市场机会、最先制订行业标准、最先将产品投放市场、最先占领全球市场。

2008年，电子产品在全国范围内刮起一股"山寨"风，"山寨"也由此

成了一个流行词。对于山寨机，全国人大代表、TCL 集团董事长李东生认为，国内电子企业应该学习山寨厂商一些有价值的地方，比如速度效率。

在山寨机横行的今天，国产手机如何生存？对此问题，康佳通信科技总裁李宏韬认为，首先要有产品竞争力的持续提升，必须达到甚至超越国际水准的品质标准，以接近山寨机的开发速度和运作效率，实施好贴近市场的创新精品工程，提升品牌美誉度和客户满意度，兼收并蓄品牌机和山寨机的优点，形成自身"速度兼质量"的核心能力。

从两位知名企业总裁的观点中，我们可以看出，不管山寨机是否应该存在，山寨机厂商都有一点值得肯定——速度。这也是山寨机迅速占领市场的原因之一。

的确，进入 21 世纪，产品趋于同质化，企业模仿能力强，致使各种产品和服务相差甚微，要想在激烈的竞争中立足，提高效率、加快速度是有效途径之一。

速度时代，不只是大鱼吃小鱼，更是快鱼吃慢鱼。任何企业、团队和个人，要想成功卓越，就得比学习的速度，观念更新的速度，决策的速度，团队的速度，有效执行的速度。

三星首席执行官尹钟龙说："为了赶上早起的鸟，我们在初创技术的商品化方面一定要做到最快。速度就是一切。"他是这样说的，也是这样做的。三星一直要求自己，新品要比日本同行快 3~6 个月，比国内同行快半年。到了 2001 年，它们与日本同行的时间差距拉大到一年。现在，很多日本公司已经放弃了同三星的竞争。

同样，大陆市场快食面老大康师傅也是靠着先声夺人，以迅雷不及掩耳之势抢占了大陆市场。

20 世纪 90 年代初，当时大陆的快食面业处于一种诸侯割据、群龙无首的局面，产品质次、品低，缺少一种可以一呼百应的品牌。正当不少台商、港商跃跃欲试之时，顶新集团一马当先，先声夺人地推出了康师傅快食面。康师傅快食面品质精良、汤料香浓，杯装面和袋装面一应俱全。与此同时，报纸上、杂志上、电视上，康师傅的广告铺天盖地，宣传最火热的时候平均每天仅在电视上就出现 8 次。在如此宣传攻势下，康师傅在全国一炮打响，迅速建立起了它在中国快食面行业的霸主地位。

　　早在顶新集团未推出康师傅之时，统一集团的高层也已注意到大陆的快食面市场的名牌空白，当时也曾跃跃欲试，但就在调研考察之时，没料到顶新集团先其一步推出了康师傅。作为台湾饮食业龙头大佬的统一集团怎么甘心这块蛋糕被它身边的小弟独吞呢？于是，就在康师傅打广告之时，统一面也杀到了大陆。但毕竟迟人一步，尽管统一面不断追加成本打广告，可收效远不及康师傅。顶新就这样快马夺神州，在大陆快食面业取得了极大的成功。

　　在这个效率至上的年代，一个企业是否具备狼性迅猛的速度，往往决定了它的成败得失。没有速度，无论是企业，还是个人，都将止步不前，无从发展。

以最快的速度，做最有效的事

　　狼奔跑的速度非常快，短短几秒钟就可以跑几十米的距离。从狼发动攻势，到把麂子捕捉在手，狼仅仅用了不足半分钟。狼的高效令人叹为观止。

　　20 世纪 80 年代，我国改革开放的前沿阵地深圳特区如一匹疾驰的狼，以风驰电掣般的速度崛起。当时的深圳流传着这样一句名言："时间是金钱，效率是生命。"深圳特区正是凭着这句名言，创造了举世震惊的"深圳速度"。

　　世界首富比尔·盖茨曾直言不讳地说："效率是成功的第一要素。"无数事例证明，在这个效率至上的时代，生活要效率，生产要效率，工作更要有效率……那些整天浑浑噩噩、得过且过的人只能暗自羡慕上天对他人的眷顾。

　　在效率就是生命的大时代中，人们常常以"工作奴隶"的形象出现在职场。"你加班了吗"这句话对于很多员工来说，和"你吃饭了吗"一样正常。在很多企业中，大多数员工的工作时间都要在 10 小时以上，而 8 小时工作时间不太可能达到。

　　前段时间，网上流行一个叫《满城尽是加班族》的短片，讲的是一个白领经常加班，偶尔一天不加班了，打算放松一下，便给他的朋友们打电话。可是，打一个朋友的电话，得到的回复是正在加班，打另外一个，得到的是相同的答复。他不禁感叹：满城尽是加班族。

现在的白领往往每天都生活在高压中，工作如八月台风，刮个不停；加班像春天细雨，沥沥不绝。大多数人每天急急忙忙地上班，急急忙忙地说话，急急忙忙地做事，但到月底一盘算，却发现自己并没有做成几件像样的事情。

人们往往以一个"忙"字作为自己努力的漂亮外衣，却没有想到，这种忙，只能是"穷忙"、"瞎忙"，没有给自己和公司带来效益。

人们常常把工作时间的长短作为评价工作努力程度的标准之一。大家普遍认为早出晚归是努力工作的表现，于是，没有什么工作也会留下来加班，甚至休息日也要陪客户打高尔夫球。

然而，工作时间长真的代表工作勤恳吗？NO！勤奋不是工作时间长的代名词，勤奋是以最快的速度做最有效的事。无休止地延长工作时间，对于个人而言，可能意味着工作效率低下。对于企业而言，意味着管理存在严重问题。在公司安排合理的情况下，如果其他同事都能完成当天的工作任务，而你却不能，只说明你的工作效率太低。

一名记者夸一位企业总裁："您真敬业，总是在加班。"哪料，这位总裁听到这种夸奖并不高兴，连忙摇摇手说："加班就是效率低。"

小李和小董学历相同，而且是同时进入公司的。但一年后，小董升职加薪，小李却依旧是个普通职员。对此，小李很是不解和气愤。一天，小李忍无可忍，向老板问道："你分配给我的每个工作任务，我都努力去完成，还常常熬夜加班。我这么卖力，为什么你只给小董升职加薪？"

老板叹了口气说："小李，恕我直言，相同的工作，小董能在下班以前就把工作完成，而你却要加班才能完成。我知道你很努力，但效率太低了！"小李哑然。

不要认为经常加班，一脸疲惫的样子，会博得老板的嘉勉。不错，他也许会赞赏你的努力和勤奋，但在他的心中很可能怀疑你的工作能力，如"如果有更大的任务，他能胜任吗？"等等。

以最快的速度做最有效的事，体现了潜力开发、知识运用的能力，更是一种竞争力。切斯特菲尔德说："效率是做好工作的灵魂。"尤其是在知识爆炸的社会里，高效就会胜人一筹；低效就会落后挨打，惨败出局。

因此，在公司待多长时间并不重要，关键不在于工作时间的长短，而是

取得了怎样的成果。整天忙忙碌碌但不出成果，并不是一个有效的工作者。

成功与辛苦工作没有什么必然的联系。和那些鼓吹辛苦工作的人不同，懒惰的成功者知道与长时间地辛苦工作相比，以最快的速度做最有效的事，才能产生令人印象深刻得多的经济效益和个人满足感。

让我们重新审视一下自己的工作，减少无效劳动，降低无效工时的比例。这样，工作起来会轻松自如，工作也会变得更有意义。

不做虚伪的时间管理者

为了像狼捕捉猎物一样高效，我们务必要规划好自己的时间，不做虚伪的时间管理者。

数字往往会揭示一些人们意想不到的真相。来自美国的一组数据显示：

如果你让自己一天做一件事情，你会花一整天去做；如果你让自己一天做两件事情，你也会完成它们；如果你让自己一天做 12 件事情，则会完成 7~8 件。

人们一般每 8 分钟就会受到 1 次打扰，每小时大约 7 次，每天 50~60 次。平均每次打扰用时大约是 5 分钟，总共大约 4 小时。大约 50%~80%的打扰是没有意义或者极少有价值的。

每天自学 1 小时，7 小时一周，365 小时一年，一个人可以像全日制学生一样学习，3~5 年就可以成为专家。

一个人如果办公桌上乱七八糟，他平均每天会为找东西花 1 个半小时，每周要花 7 个半小时。

……

时间是人生最大的资本。时间，对于精明能干的商人来说是金钱；对于辛勤劳作的工人来说是财富；对于抢占阵地的战士来说是生命；对于运筹帷幄的军师来说是胜利。如果我们做一个虚伪的时间管理者，人生只会如白驹过隙，稍纵即逝。

有些人认为自己比别人聪明，可是结果却不如别人，关键在于他浪费了

太多的时间：整日无所事事，不停地与别人聊天；拜访客户时，本应需要 30 分钟，他却用了两个小时；遇到挫折时委靡不振、心情不好，甚至一个星期都无法好好工作；知道自己该做什么，应该怎么做，可还会继续拖延……

英国博物学家赫胥黎说："时间是最不偏私的，给任何人都是 24 小时，同时时间是最偏私的，给任何人都不是 24 小时。"成功者之所以会成功，就是因为他在 24 小时当中和你做了不一样的事情。

当代杰出的昆虫学家亚历山大·亚历山德罗维奇·柳比歇夫，牢牢驾驭了时间，创造出"时间统计法"。

他从 26 岁开始，每天核算自己所用的时间：实验用了多长时间；读书用了多长时间；写论文用了多长时间；写信用了多长时间；开会用了多长时间；看报用了多长时间；走路用了多长时间；休息用了多长时间……甚至在严酷的战争环境中也坚持了下来。然后每天做小结，每个月底做小结，年终做总结。他 56 年如一日，直到生命最后一息。

他有效地利用生命中的每一分钟：乘电车时复习需要牢记的知识；排队时思考问题；散步时兼捕昆虫；在那些废话连篇的会议上演算习题……

他细致地统计出自己在 1966 年所用的基本科研时间为 1906 小时，超出原计划 6 小时；与 1965 年相比，超出了 27 小时。他对自己 77 岁那年的统计是：读俄文书 50 本，用去 48 小时；法文书 3 本，用去 24 小时；德文书 2 本，用去 20 小时；游泳 43 次；娱乐 65 次；同朋友、学生交往用去 151 小时……

谁了解生命的重要，谁就能真正懂得时间的价值。时间可以换来一切，但一切却不能换来一丁点时间。我们应该在有效的时间内实现自己的价值，这样的收获才会有意义。

很多员工常常发出这样的感慨："太忙了！""没有时间！"其实，并不是没有时间，而是很多人不懂得管理时间。正如现代管理学大师彼得·德鲁克所说："时间是最高贵而有限的资源，不能管理时间，便什么都不能管理。对时间的管理直接关系到工作效率的高低。"

人一生中的时间可分为三部分，1/3 的时间用来睡觉，1/3 的时间用来吃饭和娱乐，还有 1/3 的时间用来工作。如果对 1/3 的工作时间加以分析，我们不难发现，真正有效率的工作时间非常有限，因为正常的工作时间常常会

被一些琐碎事情占用，真正有效利用的时间可能不足 6 个小时，甚至更少。

一名员工，如果不会管理时间，无论如何也不会成为一名优秀的员工。在一个企业里，员工不知道有效地管理时间来提高工作效率，这是任何老板都不愿意看到的。

人们常常抱怨，"我很忙，没有时间娱乐"、"我已经好几年没有看电影、出去旅游了"，这种人总是口口声声说，"等我有时间"、"等我有空"……结果他一辈子都没等到时间，一辈子都没享受到生命。

国内外许多效率管理专家在提倡人们要"少干活，多出成果"的同时，无一例外地都十分强调大家"要更多地享受生活，不要过于迷恋工作"。其实，如果把时间安排好，你完全可以高效地工作，多出成果，好好享受生活——听音乐会、看电影、旅游……做任何自己想做的事。

一个虚伪的时间管理者，他生命中的许多时光处在一种浪费状态中，并随时可能会浪费他人的时间。学会管理自己的时间，从某种程度上说，也是为了更好地享受有限的人生。

抓住稍纵即逝的每一刻

狼的一生没有闲散的时候，即使不去捕捉猎物，它们也会在暗处等待，悄悄地观察猎物，随时做好战斗的一切准备，而不是虚度时光。

狼捕捉猎物的方法是爱惜每一分钟，而我们完成工作的秘密也同样是抓住每一分每一秒。

富兰克林说："你热爱生命吗？那么别浪费时间，因为时间是组成生命的材料。"如果一天浪费两小时，一个月就是 60 个小时，一年就是 700 多个小时，10 年呢？30 年呢？积累起来就是一个庞大的时间群体。

时间具有一个奇妙的特点：很少以整块的形式出现，较为零碎。但是，事情却常常需要集中处理，即使你很紧凑地安排了日程，但是不可避免会出现等车、等飞机和等人的空闲。这时你会怎么办？

爱因斯坦说："人的差异在于业余时间。"小额投资足以致富是个浅显的

道理，然而，很少有人注意，零碎时间的掌握却足以叫人成功。这些零碎时间看似很少，但集腋能成裘，几分几秒的时间，看起来微不足道，但汇合在一起就大有可为。

一家著名公司的老板说："我不喜欢看见报纸、杂志和闲书在办公时间出现在员工的办公桌上。我认为这样做表明他并不把公司的事情当回事，他只是在混日子。如果你暂时没事可做，为什么不去帮助那些需要帮助的同事呢？"

为什么不把零碎的时间利用起来呢？业余时间是你自己可以自由支配的时间，如果你能充分利用，就能学到很多，做出很多。

一分钟的时间长吗？当然不算长。那么它短吗？其实也不算短。

一位销售人员自创了"一分钟守则"，他只要求客户给他一分钟的时间来介绍自己的工作服务项目。一分钟到了，他会自动停止话题，并感谢对方给了他一分钟的时间。因为他遵守自己的"一分钟守则"，所以在一天的时间经营中，几乎和自己的业绩成正比。

英国著名海军上将纳尔逊曾发表过一项令全世界懒汉瞠目结舌的声明："我的成就归功于一点：我一生中从未浪费过一分钟。"

我们的零碎时间有多少个一分钟？不要认为一分钟无足轻重，时间往往不是一小时一小时浪费掉的，而是一分钟一分钟悄悄溜走的。浪费时间的员工，直到退休时都不会明白，自己之所以一辈子庸庸碌碌，就是因为浪费掉了对自己的发展、自己的将来起到重要作用的每一分钟。正如莫泊桑所说："世界上真不知有多少可以建功立业的人，只因为把难得的时间轻轻放过而默默无闻。"

达尔文说："我从来不认为半个小时是微不足道的很小的一段时间。完成工作的方法，是爱惜每一分钟。"

真正的成功人士，都是善于利用零碎时间的人，他们懂得如何在无关紧要的事情或者休闲活动中"窃取"时间。利用这些零散的时间处理零碎的事情，并以此为乐。

每次拿破仑·希尔必须排队等候时，他总会尽量带些东西去看。他非常注重利用等待的时间，即使在开车时也带着技术报告和商业杂志，以便在等红灯或塞车时看几行字。

东汉学者董遇，从小家境贫寒，父母双亡，但他好学不倦，利用一切可以利用的时间学习，日积月累，终有所成。有一次，附近的读书人请他讲学，他却说："读书百遍，其义自见。"读书人说："只是苦于没有时间。"董遇说："应当用'三余'时间。"那人问："何谓'三余'？"董遇说："三余就是三种空闲时间。冬天，没有多少农活。这是一年里的空闲时间；夜间，不便下地劳动，这是一天里的空闲时间；雨天，不好出门干活，也是一种空闲时间。"

为后世留下诸多锦绣文章的宋代文学家欧阳修认定："余平生所做文章，多在三上：马上、枕上、厕上。"

没有利用不了的时间，只有自己不利用时间。

在人人喊忙的现代社会里，一个越忙的人，时间被分割得越厉害，无形中时间也流失得更迅速，诸如等车、候机、对方约会迟到、旅程、塞车……只要把握得当，最重要的工作也可以在这少许的时间里完成。如果你的方式正确，把主要工作分为许多小的"立即可做的工作"，你就能随时做一些费时不多却很重要的工作。

例如，你在出差时，可以利用在飞机或火车上的时间与客户联系，以维持良好的客户关系；在等红绿灯或塞车的空当时间里，可以拿出客户的相关资料看一下，或翻阅财经报纸和行业内的杂志；去看医生或是排队买东西时，可以随身带一本书，避免你在那里无所事事地乱翻无聊的杂志或一些更加无益的东西；你可以趁着空闲时间，拿出通讯录专挑多年不见的老友问候……

不要认为零碎时间只能用来例行公事或办些不太重要的杂事。只要每天挤出 1 分钟，1 年就可以挤出大约 6 个小时的时间；每天能挤出 10 分钟，1 年就可以挤出大概 60 个小时的时间；如果每天能挤出 2 个小时，1 年就可以挤出 730 个小时，10 年就可以挤出 7300 个小时，912 个工作日，20 年就可以挤出 1824 个工作日，大概 5 年的时间……多么庞大的数字，足可以做任何事情。

生活中总有那么多零碎时间，如果你能充分加以利用，短期内也许没有什么明显的感觉，但成年累月，将会有惊人的成效。

做最具 "生产力" 的事

我们周围有很多人都是这样：天天拼命地工作，效率却不大，各种琐事、杂事一大堆，样样看似急迫，根本不知道应该先做哪些，甚至把该办的事、该回的电话都忘记了。结果，工作没效率，工作不出成果，得不到上司的认可，更重要的是自己没有成就感，离成功越来越远。

其实，出现这种情况并不是他们没有努力工作，而是他们不清楚自己该干什么才好。他们宝贵的时间，并没有用来做最具 "生产力" 的事情，反而全浪费在解决鸡毛蒜皮的小事上面。

亚历克斯·麦肯齐说："没有计划的行动是所有失败的罪魁祸首。" 做事没有条理性，一会儿做这一会儿做那，一件事情没有做完，又跑去做另一件事。不仅浪费时间，浪费精力，还浪费心情，而对于自己的能力却没有半点提高，甚至稍微复杂一点的工作都无法完成。

《尚书·盘庚上》中说："若网在纲，有条而不紊。" 能力再强的人，如果没有工作秩序，开始就埋头于工作中，势必会把工作弄得一团糟。

做事没有条理的人，无论做哪一种事业都没有功效可言。而有条理、有秩序的人即使才能平庸，他的事业也往往有相当大的成就。很多成功的商人都将做事没有条理列为公司失败的一大重要原因。

对于不会合理规划工作的领导者来说，总会感到下属不够用。他们常常认为，只要人多，事情就好办。其实，他们所缺少的，不是更多的人，而是使工作更有条理、更有效率。

成功等于目标，但要想在最短时间内实现更多的目标，就要依照你的目标设定一些详细的计划，什么时间，怎样的方法，预期的效果。然后按照计划去一步步实行，才能达到预期的目的。

当我们面对一个工作或任务时，首先要进行合理规划，将事情分解成一个个具体的步骤，先做什么，后做什么，然后，按照事物的固有顺序，依次去做。

良好的生活和工作计划，可以为我们创造更多的时间。多花费 1 分钟去规划工作，我们就能在行动中节约 10 分钟。多花费十几分钟去规划一天的工作，我们就能节约至少两小时的时间和精力。

事实上，规划工作和生活并不难，我们仅仅需要一张纸和一支笔，把自己要做的每一件事列出来。然后，在每天的工作过程中，随时把那些已经完成的任务从清单上划掉。这样不但能提高工作效率，更能清晰地看到自己取得的成就，从而产生成功的喜悦，增强自信和自尊，激励自己不断进步。如果我们每天都在过着充实的生活，在某种意义上来说，我们的生命也在延长。

培根说："敏捷而有效率地工作，就要善于安排工作的次序，分配时间和选择要点。只是要注意这种分配不可过于细密琐碎，善于选择要点就意味着节约时间，而不得要领地瞎忙等于乱放空炮。"

事情多，人自然就会忙起来，但在忙的同时，要注意分清轻重缓急，设计优先顺序，这才是高效工作的精髓。

一个商人去拜访卡内基，当他看到卡内基干净整洁的办公桌时，惊讶道："卡内基先生，您的办公桌竟如此整洁！而在我的办公桌上，文件、信件等，堆得像小山一样！您把没处理的信件藏到了哪里？把没做的事情又推给了谁呢？"

卡内基微笑着说："没有未处理的信件和事情，都已经处理完了。"

商人耸了耸肩，疑惑地说："天啊，这怎么可能？"

卡内基看着困惑的商人，解释道："我每天需要处理的事情很多，但我的精力毕竟有限，所以，我把等待处理的事情按照轻重，做了排序，然后依次去处理。"

商人顿悟。几周后，卡内基接到邀请去参观那位商人的办公室。商人说："卡内基先生，按照您的方法，现在一切都改变了，我不再有没处理完的事务了！"后来，那位商人成为了美国的一名成功人士。

成功者的一个特点就是能够明确地判断处理事务的优先顺序。领导者要想提高领导绩效，就必须懂得有所取舍，在有限的时间和资源范围之内，要决定到底先做什么，后做什么。

19 世纪末 20 世纪初，意大利经济学家及社会学家巴莱多提出著名的"二八法则"：在任何一组东西之中，最重要的通常只占其中的一小部分，约

215

20%，其余 80% 尽管是多数，却是次要的。

有时候，我们面前堆放的需要处理的任务，常常会使我们焦头烂额，无从下手；有时候，我们耗尽全身的精神，工作效率仍然提不上去；有时候，我们因为花了太多的精力做了意义不大的事而懊悔不已……为什么会这样？

因为我们没有依照"二八法则"来工作，没有把 80% 的精力放在最重要的任务上。要知道，优秀的员工都是以分清工作主次来统筹安排时间和精力的，把有限的时间和精力用在最具"生产力"的地方。

美国著名管理学家科维提出了一个时间管理的理论——四象限法，把工作按照重要和紧急两个不同的程度分为了四个象限：

既紧急又重要（如处理客户投诉、即将到期的任务、财务危机等）。

重要但不紧急（如维护人际关系、人员培训、制订防范措施等）。

紧急但不重要（如接听电话、接待不速之客等）。

既不紧急也不重要（如邮件、闲谈、写博客等）。

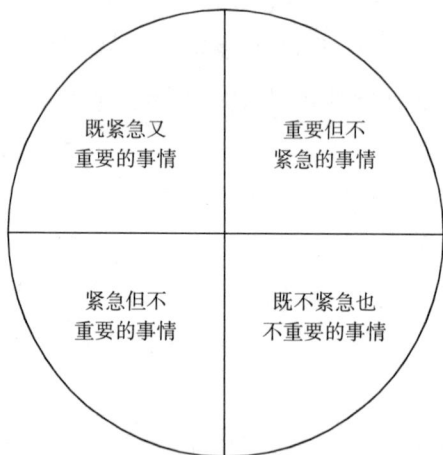

既紧急又
重要的事情

重要但不
紧急的事情

紧急但不
重要的事情

既不紧急也
不重要的事情

时间管理四象限图

首先完成那些紧急又重要的工作，其次是重要而非紧急的任务，再次是紧急而非重要的工作，最后是那些既不重要也不紧急的工作。

如果你还在踌躇，工作效率很低，那么马上重新审视自己的工作时间表，分出事情的轻重缓急，毫不留情地抛弃低价值的活动，用 80% 的时间去做重要的、占日常工作 20% 的事。

狼 性 宣 言

我要把效率作为我成功的第一要素；

我要用效率迈出坚定的脚步；

我要用效率赢得成功的眷顾。

时间是效率的价值尺度，所以我要珍惜时间。

如果我不懂得珍惜时间，那么：

我浪费的不是时间，而是目标；

我浪费的不是时间，而是生命；

我浪费的不是时间，而是美好。

只有懒惰者才会认为浪费的时间微不足道，我不会让时间有机会从我的指缝中逃掉。

只有莽夫才会认为时间可以用来消耗，我绝不忍受时间在背后的嘲笑。

只有平庸者才会认为时间可以虚耗，我要为时间戴上手铐，我要用时间创造惊人的成效。

第四部分　赤裸的狼性本质——永恒卓越的五大文化

第十七章　永恒卓越文化之五：
先者为强，创新文化

> 害我者，势不两立，绝不容情，在我们的世界，没有情债，因为我们是狼！
>
> 没有谁愿意用自己的死亡去换取别人的生存，我要踏着失败者的尸体走上王者之位！
>
> 我竖起灵敏的耳朵，倾听自然界的每一种声音；我睁开泛着绿光的眼睛，探索自然界的每一个秘密。当星空下的我们把头多探几次，森林的幸运女神就开始属于我们了！

不创新，即死亡

狼驾驭情况变化的能力是世界上各种动物中最出色的，这或许正是它们适应性强的主要原因所在。随着地球的演化，特别是人类对于动植物资源的过度索取和对自然环境的破坏，极大地改变了狼的生存环境和猎物对象。

当狼靠近猎物时，会咬住猎物后腿踢不到的位置，像肩部、臀部、颈部等。狼群为达成目标所使用的策略是变化万千的，这也是狼性的多变。"以己变应万变"是狼群智慧的生存法则，它们也是凭借这种高明的策略而达到最终目的的。

"穷则变，变则通"这是一条永恒不变的真理，当狼群面临生存的考验时，"变"是唯一的出路。同样，一个企业面临困境时，也应该图"变"，用

创新的思想图谋市场变革。

在当今激烈的市场竞争中，一个企业要生存和发展，只有创新。要做到人无我有，人有我新，人新我创。

通用汽车公司总裁杰克·韦尔奇说："在目前这个竞争激烈的新经济时代，一个企业家最差劲的表现就是缺乏创新、不思进取。"西方企业界更流行这样一句话："不创新，即死亡。"

一份调查显示，20世纪70年代，韩国的研发费用在国民生产总值中所占的比例是0.4%，与美国2.6%的数字相差巨大。但是，2000年，韩国的研发费用已占到国民生产总值的2.7%，已接近美国的水平。

这不难解释为什么韩国在短时间内便跻身亚洲经济发展"四小龙"，一些企业和产品更跻身国际市场，并赢得消费者的信任。

如果企业不注重创新研发，直接后果只能是生存空间越来越小，甚至走向灭亡。

中国人从来不缺少模仿的能力，中国企业界更不乏模仿的人才。各行各业都存在着大量的模仿品：蒙牛的"超级女声"被模仿成"超级女生"；"康师傅"被模仿成"康师傅公司出品"；"太子奶"被模仿成"皇子奶"……包装更是模仿得惟妙惟肖，足能以假乱真。

当然，模仿是重要的本领，是我们不能过于贬低的现象。但是，令人担忧的是，模仿多了就变成了模式，形成了惯性，阻碍创新。

我们不排斥模仿，但是低水平的模仿注定无法在商场上长久立足，只有在模仿的基础上创新才能真正在商界占领一席之地。

娃哈哈在模仿乐白氏AD钙奶的基础上，加上了"吸收"的概念；农夫果园在模仿PET包装的果汁饮料的基础上，把单一口味变成了混合口味；非常可乐在模仿可口可乐和百事可乐的基础上，推出了"中国人自己的可乐"的概念……这些在模仿基础上的创新，无疑都取得了不错的市场占有率。

1957年10月4日，苏联发射了第一颗人造卫星，震惊了美国。但这并不是因为当时苏联的空间技术水平比美国高，而是苏联的总设计师第一个想到了把原本并列安装的火箭改为上下两级串联，这个方法使火箭的动力和速度大大增加，达到足以摆脱地心引力的程度。

这就是创新，别人没想到的你想到了；别人没做到的你做到了；别人没

这样用你这样用了；别人没把这两个东西放在一起你放到了一起……

NEC全球总裁矢野薰非常注重创新，常常用"苟日新，日日新"来鼓励自己。他用自己的语言总结认为，安定的企业不安定，不安定的企业更安定。让企业时时"动起来"，是他始终追求的。

美国沃尔玛超市曾经做过一个令人疑惑不解的决定：将啤酒和尿布这两种风马牛不相及的商品摆在一起。而这样摆放的结果是，尿布和啤酒的销售数量都得到了提高。原来，美国的妇女通常在家照顾孩子，所以她们经常会嘱咐丈夫在下班回家的路上为孩子买尿布。而丈夫们购物总是行色匆匆，不可能仔细地在商场里逛上一圈，如果尿布和啤酒摆在一块，那么，男士们在买了尿布以后，就可以顺手带回两瓶啤酒。

市场的需求是无限的，用创新思维寻找市场、开拓市场，把那些不利条件转化成有利条件，把冷市场做热，才能创造意想不到的效益。

伴随着家电业的快速发展，我国的家电专利也走过了从无到有、从模仿到创新、从中国制造到中国创造的发展之路。作为中国厨卫生活领导品牌，帅康是杰出代表。

帅康一直视创新设计为其增强产品竞争力的重要策略，致力于工业设计，用设计创新带来产品创新，扩大市场。1993年，帅康创新出第一代深型吸油烟机，在防漏油、低噪声、易擦洗、增强吸力四方面取得了突破性进展，打破了薄型吸油烟机一统天下的历史。在1993~1996年短短三年时间内，帅康获得了市场占有率、覆盖率、销量三项指标全国同行第一的奇迹；2000年，帅康又相继推出免拆洗吸油烟机，因而成功引领了吸油烟机行业的第二次革命；2001年再次推出了带有中国芯的欧式吸油烟机，将国人对吸油烟机核心功能的需求与欧式机完美的外观结合起来，解决了欧式吸油烟机吸力小、噪声大、易漏油、清洗不便的难题；2007年帅康推出国内首个拥有影音播放功能的厨房影音烟机，让厨房成为烹饪之外的一个享乐场所……创新的设计，为帅康带来了多项国家专利。至今，帅康获得的国家专利已达519项。

帅康集团董事长邹国营认为，企业家要有创新的思想，创新的激情和强烈的创新欲望，没有创新的思想和激情的企业是无法做强的。在邹国营的带领下，帅康凭借着创新文化，不仅创造了自己在烟灶市场神话般的辉煌，更

创造了一个让整个行业为之赞叹的高价值品牌。

技术创新带来生存的本领，体制创新保持生存的活力，思维创新勾勒生存的愿景，唯有创新才能生存。

打破常规，不走寻常路

善变是狼的本能，它们会随着一切事物不断的发展而迅速改变自己的思维，当它们发现驯鹿数量骤减时，会尽量减少对驯鹿的捕杀，而以其他动物为目标，以保证捕猎对象的充足。

狼学专家博比·卡耐特《动物之王》中说："有时候，我会深深地感叹，狼在某些方面所具有的智慧，是人都不能与之相比的。狼群有自己的社会组织结构和组织纪律，狼群有自己的信仰，狼群有自己的生活准则和生活目标。为了自己的信仰，为了自己的生活准则和生活目标，它们愿意付出一切，甚至牺牲生命也在所不惜。但有的时候，它们却会毫不犹豫地改变平时遵循的一些原则。对变与不变的把握，充分体现了狼族的生存智慧。要知道：这些智慧即使是人也很少能够完全掌握。"

狼有时比人聪明，因为狼有灵活多变的智慧，懂得变通；而我们人类往往只会墨守成规，用老眼光去看待新世界。

现在，假设你家住在一个热闹的街角，邻近一所学校，每天放学后，几乎所有的学生都会抄近路从你家的花园经过，漂亮的花园不久被踩出了一条泥路。你为此头痛不已，为了阻止他们，试过了各种办法，如呵斥孩子、养条狗、竖篱笆等，但结果问题依然没有解决。这时，你会怎么办？

搬家？显然是小题大做。按照习惯性思维，我们会从"阻止"这个角度去解决问题，好像除此之外，别无他法。事实上，跳出习惯性思维，问题很容易解决。

"脚下本没有路，踩的人多了也便成了路。"在孩子们经常走过的地方铺一条路，既可以方便大家，又能避免花草被踩，何乐而不为呢？

在人们的工作生活中，都在从事着大量重复性的活动，这些重复性的活

动使人们逐渐形成习惯性的思维方式和比较固定的行为规范，也造成了思维障碍。常常听人说："这么多年我都这样做的，并没什么大错"等，这类话、这类事情的发生和出现往往是常规心态使然，以这种心态做事只能是一种维持，而不能创新、发展，最终将会导致这个人、群体、企业淘汰出局，直至灭亡。

我们不懂变通往往就是如此，习惯了墨守成规，被习惯性思维所束缚，被多数人的意见所束缚，被权威的结论所束缚，于是总是机械地用老办法去解决新问题，用陈旧的眼光去看待新事物，总是安然地走在别人走过的路上。

13世纪中叶，敌军进攻布鲁塞尔城，并要炸毁这座城市。他们在市政厅地下室中存放了许多炸药，一旦引爆，整个市政厅及周围的建筑都将化作废墟。导火索被点燃了，整个城市将顷刻间消失。就在这危急时刻，比利时小男孩于连发现了正燃烧着的导火线，他一时找不到灭火的东西，便急中生智，在导火线上撒下一泡尿，使布鲁塞尔城幸免于难。人们为了纪念这个机智的小英雄，专门请人雕刻了小于连的铜像，矗立在广场中心。

以水制火，是人们不自觉地形成的一种思路。在这样的危急时刻，如果我们还四处找水，布鲁塞尔城早已灰飞烟灭了。在很多困难和危急时刻，我们的思维常常需要突破习惯性思路的束缚。

就人类的整体智慧水平而言，每个人的想法常常具有趋同性。但是很多成功者恰恰是从这相同或相似的想法中跳了出来，别出心裁，产生出了不同寻常的想法。

爱因斯坦曾说："教育禁锢了我的思想，使我不能天马行空地想象。"这句话虽然大胆，但是细细品味，的确有其中的道理。做任何事，当我们无能为力，感到没有出路时，不能总是按老规矩、老观念、老习惯、老脑筋去办，而是要"变"，变则通，不变则永远不通。

不寻常的人走的一定是不寻常的路，成功必然要求你具有独到之处。

20世纪60年代，一种叫做"汉斯"的番茄酱风靡海外，因为它的味道比其他牌子好。但一段时间后，消费者纷纷抱怨番茄酱流速太慢，倾倒时间太长。番茄酱的销售也由此受阻。

怎么办呢？改变配方？降低浓度？不管怎么做，都会影响到"汉斯"番茄酱的特色。无奈之时，公司一位员工想出一个办法，即改变广告宣传重

点，在广告中公然宣称："汉斯"是流动最慢的番茄酱。至此，"汉斯"番茄酱的缺点被转化为了优点，更被广大消费者认可，市场占有率大大提升。

生活的逻辑就是这样奇妙，从不同的角度看问题便会产生不同的想法和不同的感觉。常常变换一下看问题的角度，越是新的角度，越能产生新的想法，越能使你更接近成功。

多年前，当我们还在用稻草灰洗头发时，没有人想到今天会有洗发水；多年前，当我们认为庄稼离不开土地时，没有人相信今天会有无土栽培；多年前，当我们用牛车时，没有人相信今天我们坐飞机两个小时能从广州到北京；多年前，当我们为收音机疯狂时，没有人会想到今天会有四通八达的网络……

很多时候，不要认为"不可能"，人类如今用到的高科技，不都是在人们认为"不可能"的基础上发明创造出来的吗？

在工作中，遇到思维定式的问题时，不要总是用机械的老办法去解决，不要总是用禁锢我们已久的思维定式去看待新世界。"从来就是如此"真的就对吗？

当前方似乎没有出路时，选择等待和救援并不是最好的方式，自己站出来，用革新的理念创造出生命的权利，这才是最好的生存方式。

做任何事情，没有规则不行，但过于因循守旧、墨守成规也不行。我们正在进行着一项全新的事业，老方法、老规矩常常不适用，时代需要我们打破常规，成功需要我们创新。经验告诉我们：跟在别人后面，只能捡剩的。

不换脑袋，就换人

狼常常会这样想：如果我是一只羊，我想吃的不仅仅是草，草场也越来越少，我该怎么办？那我会把我的牙齿磨尖，去寻找生肉。

狼群每年都会因为饥饿而死亡一部分，为了避免更多的狼死亡，为了使狼群都能得到足够的食物，狼群会自觉地控制自身的数量。

在狼群中，有一个不成文的规定，只有头狼和它的唯一配偶有繁衍后代的权力，其他的公狼和母狼都没有这样的权力。虽然其他狼没有生育的权力，但它们却有养育共同"子女"的义务，它们要让幼狼吃到充足的食物，以保证较高的成活率。这样会减少因为家族成员的频繁死亡带给它们的痛苦。

但是，这个不成文的规定并非一成不变。当自然环境骤然改变或人类的大量捕杀，致使狼群数量急剧减少时，狼群会迅速改变以往遵循的"生育政策"，不仅头狼和它的配偶可以繁衍后代，其他的公狼和母狼也可以生育后代，以保证狼群的生息繁衍。

从狼群对自身数量上的控制，我们也可以看出狼"变通"的智慧。在职场中，每个员工都应该有狼的智慧，具备狼性求新求变的精神。

一位企业家曾说："企业的竞争，归根结底就是脑袋的竞争。"的确，无论你是否承认，当代社会都步入了一个创新时代，企业需要善于用脑、勤于思考、勇于创新的员工。越来越多的企业认为：一流员工积极创新，末流员工故步自封。显然，不换脑袋，就换人，故步自封的员工必然是被企业淘汰的第一人。

在创新决定竞争力的时代背景下，企业各级领导大都已经深刻感受到了创新的紧迫性，但是剃头挑子一头热，我们时常会听到员工说："我只是个普通的员工，能创出什么新？"好像自己只是个局外人，创新与己无关似的。显然，大多数员工"等、靠、要"的惰性思想还较为突出，故步自封，不求创新或对创新感受不够。

这不仅影响了企业的快速发展，也影响到员工自身的成长。一个充满智慧、勤于思考的员工，不会在激烈的竞争中被淘汰，反而能得到企业最大限度的挖掘。

不换脑袋就换人，这是每个企业的人才经营理念。比尔·盖茨说过："微软公司的唯一资产就是员工的想象力。"微软在招聘员工时，常常会问："为什么下水道的盖子是圆的？""美国有多少辆汽车？""如何计算每天有多少水流进密西西比河？"等诸如此类的问题，来考察应聘者是否能创造性地思考问题。因为微软认为，能创造性思考问题，并能妥善解决问题的人，才能为企业创造价值。

没有做不好的工作，只有不会创新的员工。只要拥有创新的思路，工作中再大的障碍也会被夷为平地。

一家新建的海洋馆，由于造价偏高，门票价格也相应较高。因此开馆后，参观的人很少，生意非常冷清。海洋馆老板为此伤透脑筋也没有想出解决之道。这时，负责检票的员工给老板提了一个建议，老板按照这个方法去做后不久，海洋馆便起死回生，门庭若市了。原来，检票员的方法是：让儿童免费参观。

战术是死的，人是活的，懂得变通，才能取胜。世界瞬息万变，困难层出不穷，我们要想超越现状，有所突破，就只能创新。企业在发展过程中，总会不可避免地遭遇到各种问题的困扰。所以，企业迫切需要能及时解决问题的人才。

没有解决不了的事，只有不会变通的人。

1952年，由于受经济大潮的影响，日本东芝电器公司积压了大量的电扇销售不出去，7万多名职工为了打开销路，费尽心机地想了不少办法，依然进展不大。这时候，一位职员看到大街上五颜六色的小风车后，提议改变电风扇的颜色。因为1952年之前生产的电风扇统一都是黑色。

东芝公司仔细研究后采纳了该意见，并随即在第二年夏天推出了彩色电风扇。彩色电风扇一经上市，就引起了抢购风潮，几个月内就卖出了几十万台。提出建议的职员也因此得到了东芝公司的重用。

知识经济时代，要以智力资源和创造力资源的占有、配置，知识的生产、分配、使用为重要因素，它要求我们必须具有高知识水平、高技术能力和高创新能力。如果你不想被这个时代所淘汰，不想被企业淘汰，那么你必须踏上创新这条道路。

积极创新的员工，才会是跑得最快的员工，这样的人才会前程似锦。

海尔冰箱事业部钣金线经理李少杰，正是凭借创新能力，从一名普通员工做到了经理的位置。

钣金生产线是生产冰箱的第一道工序，海尔当时拥有世界上最先进的日本生产线，设计节拍为25秒/台，但是李少杰偏偏要挑战世界上最先进的生产线。他积极与日本专家交流，仔细推敲生产线的每一道工序，甚至亲自手持秒表，计算现场每个操作细节所花费的时间，包括操作工转身动作的耗时。在他的不懈努力下，硬是将冰箱钣金生产线的设计节拍降低为7.5秒。这个数字不仅将冰箱的生产能力提高了一倍，更创下了钣金线生产效率新的

世界纪录。

李少杰的创新性工作，在海尔集团内名列前茅，他的许多创新成果在集团内推广。大家因此给他起了一个极具代表性的绰号——"创新永动机"。

海尔集团创始人张瑞敏说："只有淡季的思想，没有淡季的市场。"的确，正如把梳子卖给和尚，把冰卖给爱斯基摩人，把防毒面具卖给森林中的马鹿一样，不一样的思路会导致不一样的做事方法。有时，我们只需转换一下思想，变通一下方法，就会收到完全不同的效果。

一块只值 9 美元的铜，可能卖到 28 美元、300 美元，甚至 30 万美元吗？可能。如果你把这块 9 美元的铜制成门柄，它就增值为 21 美元；如果制成工艺品，价值就变成 300 美元；如果制成一尊优美的胸像———位成功人士的纪念碑，它的价值就足以达到 30 万美元。从 9 美元到 30 万美元，这之间的差距仅仅是创造力。

假如你陷入了困境，不要消沉，不要焦虑，变通可以让你绕开前进道路上的一切障碍，最终到达目的地。不在变通中发展，就在故步自封中灭亡。毫无疑问，我们应该争当不断变通、积极创新的员工。

改变不了环境，就改变自己

狼驾驭变化的能力使它们成为地球上生命力最顽强的动物之一。

哈佛大学教授吉姆·古德温曾经在欧亚大草原上生活过三年，多次近距离地观察和研究过狼。他发现，狼有强大的消化能力，会把动物身上所有的东西都消化掉，包括毛皮和牙齿。

狼的消化能力是惊人的，而这正是狼适应环境的结果。起初，狼并不具有如此强的消化能力，但由于食物稀少，消化能力弱的狼会被饿死。要想生存，狼群只有尽可能地吃掉那些它们不能消化的东西。这样久而久之，狼便"练就"了一个强大的胃。这也是一种动物进化过程。

适应环境是动物生存的保障。近些年来，气候变暖，很多野生动物为适应环境而改变饮食、习性，甚至基因构成。2003 年，两份报告证实，超过

第四部分　赤裸的狼性本质——永恒卓越的五大文化

100 种的物种的活动范围正以每 10 年 4 英里的速度向北迁移，还有几千个物种迁徙或繁殖的时间比一个世纪前提前了几天至几周。

中国有句俗话："东西是死的，人是活的。"自然界的动植物尚能根据生存条件和生存需要，不断调整自身的生存状态，那么，人类又未尝不可呢?

萧伯纳说："聪明的人使自己适应世界，而不明智的人只会坚持要世界适应自己。"

一位庸庸碌碌、牢骚满腹的年轻人，向一位高僧学习移山之术。高僧很爽快地答应说："好吧，请随我来。"接着，高僧带着年轻人朝身体左侧的一座高山走去。翻过高山来到山下以后，高僧说："年轻人，这座山刚才在我们的左侧，现在移到了我们的右侧，这就是我的移山之术。"

世界上根本没有什么移山之术，唯一办法就是："山不过来，我就过去。"同样的道理，人不能改变环境，那么就改变自己。

英国威斯敏斯特教堂地穴中一个主教的墓碑上写着这样一段话：当我年轻自由的时候，我的想象力没有任何局限，我梦想改变这个世界。当我渐渐成熟明智的时候，我发现这个世界是不可能改变的，于是我将眼光放得短浅了一些，那就只改变我的国家吧！但是我的国家似乎也是我无法改变的。当我到了迟暮之年，抱着最后一丝努力的希望，我决定只改变我的家庭，我亲近的人。但是，他们根本不接受改变。现在在我临终之际，我才突然意识到：如果起初我只改变自己，接着我就可以改变我的家人。然后，在他们的激发和鼓励下，我也许就能改变我的国家。再接下来，谁又知道呢，也许我连整个世界都可以改变。

的确，当你改变自己之后，你会发现，你改变了环境，改变了世界，改变了周围的一切。

狂风肆虐，一棵大树被刮断了，但弱小的芦苇却没受一点损伤。大树疑惑地问："我这么粗壮都被刮断了，你这么纤细，居然会没事。为什么?"芦苇说："我自知软弱无力，便低下头给风让路，避免了狂风的冲击；而你却仗着自己强硬有力，拼命抵抗，结果被狂风刮断了。"

人应当像芦苇一样，不能改变环境时，就要低下"傲慢"的头，改变自己。这样才能化险为夷。改变自己的过程也许是艰难和痛苦的，但是经过这个历程，你将大大提高自己面对压力时所具备的承受能力。

对于客观存在的环境，成功者与失败者的态度往往会有很大差距。成功者会把"抱怨环境不如改变自己"作为座右铭。身处顺境时，成功者会提醒自己，"冬天"就在不远处，要添置好过冬的棉衣；身处逆境时，他们会去改变自己，以求在环境中生存。而失败者则抱怨自己命运多舛、生不逢时。其实，有些时候，不是环境不容你，而是你没有主动地去适应环境。

拿破仑曾经说过："一个人能飞多高，并非由人的其他因素决定，而是由他自己的心态所致。假如你对自己目前的环境不满意，想力求改变，则首先应该改变你自己。"

历史时刻在上演着大浪淘沙的戏剧性场面，许多英雄之所以能独占鳌头、名垂青史，最主要的原因就在于他们是懂得改变自己的人。要想成功，抓住机会很重要，但是最重要的还是改变自己，把自己变成适应这个时代、适应竞争的人。

现任韩国总统李明博，1941 年生于日本大阪，4 岁随家人返回韩国。大学毕业后加入现代集团，1977 年，36 岁的他成为现代集团的 CEO。2002 年当选为首尔市市长。他以当 CEO 的理念从政，政绩显著。2007 年 12 月 19 日当选韩国新一任总统。

一次，李明博在任现代建设集团 CEO 给新职员讲话："不要先判断这份工作是不是适合你，而是要改变性格去适应工作。"这时有个年轻人递上一个纸条，质疑说："这不是要改变身体适应床吗？"

李明博说："你说得对，改变身体适应床对于你可能不太舒服，但对于你事业的成功，却是非常实用、有效的方法。世界上没有任何一个地方准备出替你量身定制的工作，你不去适应工作，你就势必被工作所淘汰，成不了最后的胜者。"

的确，很多时候，我们都想让世界随着自己的意志改变，但是，环境永远不会来适应你，即使这是一个非常痛苦的过程。

许多新人在熟悉工作环境后，新鲜感慢慢退却，开始抱怨单位中一些不完善的地方，希望单位能够主动改变。可结果还是事与愿违。这时候，与其强求单位给你机会，不如改变自己，主动去适应单位。这时你会发现，改变自己，比改变单位来得容易得多。

要改变现状，就得改变自己。只有这样，才能克服更多的困难，战胜更

多的挫折，实现自我。如果不能看到自己的缺点与不足，只是一味地埋怨环境不利，从而把改变现状的希望寄托在改变环境上面，这实在是徒劳无益的。

人生在世，很多事情是我们无法改变的。但是，环境只能影响一个人的才能发挥，或者打击你的自信心，却不可能也绝不会主宰你的命运。当我们在前进的路上遇到任何无法改变的残酷现实时，我们要做的不应该是抱怨，更不是试图去改变环境，而是从主观上改变自己，给自己的脚穿上一双适应环境的"鞋"。

很久以前，人类并没有鞋，都是赤脚行走。一日，一位国王外出游玩，结果路上的石头把国王的脚硌得疼痛难忍。国王大怒，下令将国内的所有的道路都铺上一层牛皮。他认为这样不仅可以不让自己的脚受苦，全国人民也不必忍受这硌脚之痛。

但是，问题是哪来那么多牛皮呢？即使是把全国的牛都杀了，也不足铺路之用。正在大家犯难时，一位大臣向皇帝谏言："尊敬的国王陛下，您与其劳师动众地杀那么多牛，还不如用两小片牛皮包住您的脚，这样无论您走到哪里，都不必受石头硌脚之苦了！"国王一听，如梦初醒。

与其去"愚公移山"般地改变外界，不如"反求诸己"，首先改变自己。改变自己的思维方式，改变自己看问题的角度，从而改变自己的行为模式，以适应目前所处的环境。一个能顺应时代而懂得改变自己，并最终能主宰自己命运的人，美好的明天已经指日可待。

第四部分 赤裸的狼性本质——永恒卓越的五大文化

229

狼 性 宣 言

我要拥有自己独特的舞步，徒劳的模仿只会让我深陷恼人的束缚。

我要强调自己的与众不同之处，头脑和身体都超过以往的帝王与智者，我在人生的战斗中从不认输。

我要开创属于自己的征途，争夺残酷，前进的路上我从不踌躇。

我会记住，故步自封将永难成功。

我会记住，积极创新才能越战越勇。

我会记住，灵活变通才能勇攀高峰。

墨守成规是庸人在等待认输，我要挣脱一切阻碍我前进的束缚。

因循守旧是懒惰传染的病毒，我需要寻找一条通向成功的路。

不知变通是失败者命运的归宿，我要破除陈旧的禁锢，寻找不同的角度。

要么创新，要么死亡。竞争优势的秘密在于创新，任何时候，无不如此。